Pommersches Kochbuch

Herausgegeben

von

H. von Geibler

Mit 631 selbst erprobten Rezepten

Achte vermehrte und verbesserte Auflage

Kolberg i. Pom.
Prangesche Buchhandlung und Verlagsanstalt

Die Vorlage für diesen Reprint wurde dem Verlag freundlicherweise von der Universitätsbibliothek der Ernst-Moritz-Arndt-Universität Greifswald zur Verfügung gestellt.
Unser Dank gilt ebenfalls der Pommerschen Landsmannschaft (Pommerscher Zentralverband e. V.) in Lübeck, die uns bei Recherchen unterstützte.

Photomechanischer Nachdruck der Ausgabe von 1925
Die Reprintvorlage wurde dem Archiv des Hinstorff Verlages entnommen.

Die Deutsche Nationalbibliothek verzeichnet diese
Publikation in der Deutschen Nationalbibliografie;
detaillierte bibliografische Daten sind im
Internet über http://dnb.ddb.de abrufbar.
© für diese Ausgabe: Hinstorff Verlag GmbH, Rostock 2011
Lagerstraße 7, 18055 Rostock
Tel. 0381/4969-0 / www.hinstorff.de
4. Auflage 2011
Herstellung: Hinstorff Verlag GmbH
Druck und Bindung: GGP Media GmbH, Pößneck
Printed in Germany
ISBN 978-3-356-00614-8

1. Bouillon von Rindfleisch.

Das Rindfleisch wird geklopft und wenn es frisch ist, gar nicht gewässert, nur mit kaltem Wasser abgewaschen und mit kaltem Wasser und etwas Salz aufgesetzt. Wenn es kocht, recht tüchtig abgeschäumt, dann tut man einige Mohrrüben, Porree, Sellerie, etwas Petersilienwurzel, einige Körner englisch Gewürz, auf 1 Pfund 8 Körner, ½ Lorbeerblatt dazu und 2 Liter Wasser. Rindfleisch kocht etwa 3 bis 4 Stunden; es ist aber durchaus gut, es ganz langsam und zugedeckt kochen zu lassen, und sobald sich das Fett zeigt, es abzufüllen, es verkocht ganz und gibt der Bouillon einen schlechten Geschmack. Bei einem hermetisch geschlossenen Topf braucht man nicht zu viel Wasser auf das Fleisch zu gießen, da es weniger verdampft. Ist nun das Fleisch weich, nimmt man es heraus und legt es in einen Topf, gibt kochendes Wasser mit etwas Salz gemischt darüber und läßt es bis zum Anrichten darin stehen. Die Bouillon gießt man durch ein feines Sieb, füllt das Fett noch recht ab, läßt die Suppe noch etwas stehen und gießt sie dann behutsam in den Kochtopf, damit der Satz unten zurückbleibt. Hat nun die Bouillon eine hellbräunliche Farbe, dann ist sie gut; ist dies nicht der Fall, dann tut man ganz wenig gebräunten Zucker dazu. Von Hammelfleisch ist die Bouillon ebenso schön, nur muß man so früh wie möglich das Fett abfüllen. Bei Gesellschaften oder wenn man überhaupt eine starke Bouillon

---

Anmerkung für die Gewichtsmengen: 1 Kilogramm = 1000 Gramm; 1 Pfund = 500 Gramm; 1 Neulot = 10 Gramm. 1 Löffel Mehl, Zucker, Semmel ist ungefähr 20 Gramm, 1 Löffel Butter ungefähr 30 Gramm.

haben will, so rechnet man auf die Person ½ Pfund Fleisch. Bouillon von lauter Knochen schmeckt nicht gut und wird auch nie klar. Man kann sehr gut Rind- und Hammelfleischbouillon den Tag vor dem Gebrauch kochen und sie unzugedeckt am kühlen Ort fortstellen, sie verliert durchaus nicht an Geschmack, nur muß man mit dem Salz vorsichtig sein, Kalb- und Geflügelsuppe schmeckt nicht gut gewärmt. Wünscht man eine Krebssuppe, so macht man ein Schwitzmehl mit der Krebsbutter und läßt das mit der Bouillon gut verkochen, dann tut man noch ganz wenig geriebene Muskatnuß dazu und die gefüllten Krebsnasen tut man beim Anrichten in die Terrine. Statt der Porree kann man eine rote Zwiebel mit der Schale nehmen, es gibt der Bouillon eine gute Farbe.

2. Bouillon auf schnelle Art zu bereiten.

Es wird ½ Pfund gewiegtes Rind- oder Hammelfleisch mit 15 Gramm Butter auf gelindem Feuer 10 Minuten gedämpft, dann gießt man 1¼ Liter heißes Wasser dazu, wie auch Salz, ein halbes Lorbeerblatt, einige Gewürzkörner, etwas in dünne Scheiben geschnittenen Sellerie und Mohrrüben, kocht dieses eine Stunde gut zugedeckt. Soll die Bouillon klar bleiben, bräunt man sie mit etwas Liebig oder braunem Zucker, oder man nimmt 1 Eigelb, ½ Teelöffel Kartoffelstärke mit etwas Wasser klargerührt und tut dies kurz vor dem Anrichten zu der Bouillon. Die Brühe wird durchgegossen, damit der Fleischsatz zurückbleibt.

3. Kalbfleischsuppe.

Das Kalbfleisch muß 1 Stunde in kaltem Wasser gewässert und dann mit Wasser und Salz aufgesetzt werden. Nun wird das Fleisch geschäumt, herausgenommen und warm abgewaschen. Die Brühe gießt man durch ein Sieb, wäscht den Bouillontopf rein aus, tut das Fleisch wieder hinein und gießt die Brühe wieder darüber. Dann kommt dasselbe Wurzelwerk wie in Nr. 1, gibt etwas Estragon, auch einige Blätter dazu. Ist das Fleisch weich, gießt man die Brühe ab, tut etwas Schwitzmehl dazu, wie auch weich gekochten Reis, feine Graupen oder Klöße, Eier usw.; 2 Teelöffel Mehl und 10 Gramm Butter sind für 1 Liter Brühe ausreichend. Kalbfleisch kocht in einer Stunde.

4. Hühnersuppe.

Ein altes Huhn wird abends vor dem Tage, wo es benutzt werden soll, geschlachtet und bleibt die ganze Nacht in einem Eimer kalten Wassers liegen. Dann gebrüht und gerupft. Die Suppe wird ganz wie die vorige bereitet. Ein altes Huhn muß aber wenigstens 3½ Stunden kochen, es darf auch ebenso wie Rind- und Kalbfleisch nicht trocken stehen. Sodann muß es in kochendes Wasser, worin etwas Salz ist, gelegt werden. Die Leber darf nicht mitgekocht werden, sie macht die Suppe trübe, man kocht sie ganz wenig allein.

5. Taubensuppe.

Auch diese Suppe wird wie die vorige bereitet. Die Tauben kochen aber nur 2 Stunden, weshalb man nicht zuviel Wasser aufgießen darf. Man achte darauf, daß die Tauben gut gewässert und die Kröpfe recht reingemacht sind; mit den Lebern wie oben gesagt.

6. Schildkrötensuppe.

Der Hauptbestandteil dieser Suppe ist die amerikanische Schildkröte; in Ermangelung dieses seltenen Tieres nimmt man 1 Kalbskopf, und wenn es für 30 Personen sein soll, noch 3 Kalbsfüße dazu. Dieser Kopf und Füße werden eine Nacht gewässert, die Augen ausgestochen, das Maul recht aufgesperrt, damit die

Zunge etwas gereinigt werden kann. Dann warm abgewaschen, recht früh mit Salz in kaltem Wasser aufgesetzt, abgeschäumt, recht viel Gewürz und Lorbeerblätter dazugetan, dann ganz langsam kochen lassen, damit es recht weich wird. Dann nimmt man den Kopf usw. heraus, schneidet alles Gallertartige davon ab, dies in kleine schmale Stücke, aber keine Fleischstücke dazu, denn die Schildkröte besteht nur aus solchem gallertähnlichen Fleisch, von den Füßen ebenfalls dazu. Diese Masse tut man in einen Topf, gießt gute Bouillon dazu und etwas Madeira oder Portwein, läßt es auf heißer Stelle ziehen und ganz wenig dämpfen. Die Suppe besteht nun aus einer sehr kräftigen Bouillon von Rind- und Hammelfleisch, die man mit Gewürz, auch einigen Schoten, Muskatblüten, Lorbeerblättern, alles doppelt viel, ebenso Pfefferkörnern kocht; auch wenn man Jus von Kalbsbraten oder Roastbeef hat, nimmt man dazu, um die rechte Kraft hervorzubringen. Dann tut man so viel Schwitzmehl, daß die Suppe etwas sämig ist, und auch etwas braunen Zucker dazu, da die Farbe bräunlich sein muß. Das Schwitzmehl muß 1½ Stunde mit der Bouillon gut zugedeckt kochen. Kurz vor dem Anrichten tut man 1 Glas Madeira oder Portwein nebst dem Kalbskopf oder die wirkliche Schildkröte, die man in Büchsen kauft, dazu. In der Regel gibt man noch ganz kleine Fischklößchen, wie eine kleine Niere groß und in Wasser vorher gekocht, dazu.

7. Suppe à la reine.

Soll diese Suppe gut sein, muß sie von Hühnern und Rindfleisch bereitet werden. Wenn das Fleisch gar ist, kocht man die durchgegossene Brühe mit Schwitzmehl ¼ Stunde lang, sonst kocht das Mehl nicht klar. Auf 1 Liter Brühe nimmt man 3 Eigelb und ½ Teelöffel Kartoffelmehl, rührt beides mit etwas kaltem Wasser klar und quirlt die kochende Suppe dazu. Man setzt dann die Suppe wieder aufs Feuer und läßt unter stetem Umrühren das Ei gar werden; doch darf es nicht gerinnen. Ein klein wenig Muskatnuß darf man zu dieser Suppe nehmen. Nachdem das Huhn gut abgekühlt, wird das Fleisch behutsam von den Knochen gelöst, die Haut zurückgelassen und das weiße Fleisch mit einem scharfen Messer in kleine Streifen geschnitten. Man achte darauf, daß das Fleisch nicht nach der Faser, sondern quer durchgeschnitten wird.

Die Suppe wird kurz vor dem Anrichten erst mit den Eiern abgezogen und dann das geschnittene Fleisch hineingetan.

8. Suppe à la jardinière.

Sie besteht aus klarer Bouillon; man nimmt frühe, feine Gemüse: Spargel, Schoten, Mohrrüben, einige grüne Bohnen, kleingeschnitten, hinein. Man kann auch weich gedämpften, in Stücke geschnittenen Weißkohl oder Blumenkohl hineintun; jedoch immer nur eine Sorte.

Will man Hammelfleisch zur Suppe verwenden, verfährt man ebenso wie mit dem Rindfleisch, nur muß man das Fett abschöpfen, sobald es angeht. Läßt man das Fett zu lange mitkochen, bekommt die Brühe einen unangenehmen Geschmack.

9. Currysuppe.

2 Liter gute Hühnerbrühe wird kurz vor dem Anrichten mit etwas Schwitzmehl, das man mit ¼ Liter süßer Sahne hat aufkochen lassen, zusammengequirlt. Nun tut man einen Eßlöffel voll Zitronensaft und eine Messerspitze Currypulver in die Terrine, gießt die Brühe darüber, tut das vorher feingeschnittene Hühnerfleisch hinein und richtet nun gleich an.

10. Kartoffelsuppe.

Abgeschälte Kartoffeln werden weichgekocht und, nachdem das Wasser abgegossen, mit einer Keule gut zerdrückt. Nun gießt man kochendes Wasser hinzu, so viel man Suppe haben will, und rührt die ganze Masse durch einen Durchschlag. Dann legt man ein gutes Stück Butter und eine Zwiebel hinein, tut auch Salz dazu und läßt alles ¼ Stunde durchkochen. Nun nimmt man die Zwiebel heraus, tut feingehackte Petersilie und in Butter gebratene, fein würfelig geschnittene Semmel hinein.

Wenn man es liebt, kann man auch feingeschnittenen und gebratenen Speck, doch nicht viel, hineintun und Fleischbrühe zum Durchrühren nehmen.

11. Erbssuppe.

Die Erbsen werden gewaschen und mit kochendem Wasser (am besten mit weichem Wasser) aufgesetzt; sind sie weich, reibt man sie mit Schweinefleischbrühe durch einen nicht zu groben Durchschlag. Dann kocht man die Suppe mit etwas Thymian, Zwiebeln und Schweine- oder Gänseschmalz nebst dem nötigen Salz durch. Vor dem Anrichten nimmt man die Zwiebeln und Kraut heraus, tut in Würfel geschnittene und gebratene Semmel, sowie kleingeschnittenes Pökelfleisch in die Terrine und gießt die Suppe darüber.

Die Erbsen kochen gewöhnlich 2½ Stunden.

12. Linsensuppe.

Die Linsen werden ganz weich gekocht, dann mit guter Rind- oder Hammelfleischbouillon durchgeschlagen und mit Schwitzmehl durchgekocht. In Würfel geschnittene und gebratene Semmel oder auch in Scheiben geschnittene Blutwurst tut man hinein.

13. Wildsuppe.

Das Kleine vom Reh oder Hasen, als Hals, Rippenfleisch usw. wird gewässert und mit einem Stückchen

Butter oder der übrig gebliebenen Bratensauce und etwas Salz aufgesetzt, zugedeckt und recht bräunlich ½ Stunde gebraten, dann gießt man Wasser dazu und tut Wurzelwerk daran, wie zu anderer Bouillon, auch Lorbeerblätter und Gewürz, kocht es 2 Stunden, nimmt sodann das Fleisch heraus und tut Schwitzmehl dazu; gibt kleine gebratene Fleischklöße oder gebratene Semmel hinein; will man die Suppe recht gut haben, tut man 1 Glas Portwein dazu.

Die Bratenknochen kann man auch zu dieser Suppe verwenden, doch etwas frisches Fleisch ist nötig, um die Suppe kräftig zu machen.

14. Suppe mit Sauerampfer.

Ein gutes Teil ausgelesener Sauerampfer wird tüchtig gewaschen und in Wasser weichgekocht, dann durch einen Durchschlag gerührt; ein Stückchen Zucker und wenig Butter hineingetan, wie auch etwas Schwitzmehl mit einigem Eigelb abgezogen.

15. Weinsuppe mit Sago.

Zu dieser Suppe nimmt man den gewöhnlichen Kartoffelsago. Wenn 1 Liter Wasser kocht, schüttet man 150 Gramm Sago hinein, kocht denselben ganz klar auf gelindem Feuer. Sodann tut man ¾ Liter Rotwein oder auch Apfelwein, wie den nötigen Zucker und etwas Zitronenschale hinzu und läßt es gut durchkochen.

16. Biersuppe mit Brot.

Hierzu nehme man Weißbier, tue einige Stücke Brot, am besten Krusten dazu, dann etwas ganzen Kümmel, ein Stückchen Butter, lasse das Brot zugedeckt weichkochen, gieße es durch einen Durchschlag, mache den nötigen Zucker in Wasser naß und richte die kochende Suppe darauf an. Zu dieser Suppe wird oft gut gewässerter Hering gegeben; mache die Suppe braun mit Saft.

17. Schokoladensuppe.

Zu 1 Liter Milch nehme man 90 Gramm Schoko=
lade, tue dieselbe in die Milch, doch muß diese kochen,
und quirle es so lange am Feuer, bis die Schokolade
verkocht ist. Dann rühre man das Ganze mit 1 oder
2 Eigelb ab, setze den Schnee der Eier als Klöße auf
die Suppe und bestreue sie mit Zucker und Zimt.

18. Milchsuppe mit Klößen.

Die Milch wird mit etwas ganzem Zimt aufgesetzt
und gekocht. Sodann nimmt man Schwemmkloßteig,
worin man noch sauber gewaschene kleine Rosinen tut.
Kocht nun die Milch, so taucht man einen Löffel hinein
und sticht mit diesem die Klöße ab und kocht sie in der
Milch gar. Sind sie gut, nimmt man die Suppe vom
Feuer, und dann erst tut man das nötige Salz hinein.
Bei jeder Milchsuppe muß so verfahren werden; denn
läßt man das Salz mitkochen, oder lange noch die Suppe
damit stehen, ehe sie angerichtet wird, gerinnt sie immer.

19. Milchsuppe mit Klieben.

Die Milch wird in einer Kasserolle aufgesetzt; dann
quirlt man 2 Eigelb, 4 Löffel Mehl und etwas Salz
mit ein wenig kalter Milch gut durch, daß es ein bin=
dender Teig wird. Das Weiße der beiden Eier schlägt
man zu Schnee, tut ihn in den Teig und träufelt diesen
nun in die mittlerweile kochende Milch, jedoch so, daß
es nicht zu große Klieben werden. Einige Minuten
müssen die Klieben kochen, dann richtet man an. Diese
Menge Teig genügt zu 2 Liter Milch.

20. Weinsuppe.

Man nimmt 2 Teile Rotwein und 1 Teil Wasser,
etwas Zimt und Zucker; kocht der Wein, rührt man

etwas Kartoffelmehl klar und läßt es ein paarmal mit dem Wein aufkochen. Nun brät man Semmelscheiben in Butter gelbbraun, legt sie in die Terrine und richtet die Suppe darüber an. Zu einem halben Liter Suppe genügt ein Teelöffel voll Kartoffelmehl.

21. Ueber die Buttersuppen.

Alle diese Suppen, als Reis, Grieß, Hafergrütze usw. müssen langsam und recht sämig gekocht werden.

Zu dem Reis darf man die Butter erst hinzutun, wenn er fast weich ist. Sehr nötig ist es, auch den Reis erst mehrmals mit kochendem Wasser abzubrühen, denn nur dadurch wird er weiß und klar und verliert die jedem Reis eigentümliche Säure.

22. Hafersuppe.

Man rechnet auf 1 Liter Wasser 4½ Löffel Hafergrütze; die Grütze wird gewaschen und abgebrüht, dann langsam ganz weichgekocht, durch ein feines Sieb gerührt, dann 20 Gramm Butter, Salz, ein Stückchen Zimt und Zitronenschale, etwas Zucker dazugetan und gut durchgekocht. Kleine Rosinen kocht man weich und richtet sie in der Suppe, wie auch gebratene Semmelstückchen, an. Sehr gut schmeckt diese Suppe, wenn man, nachdem die Suppe durchgeschlagen ist, Borsdorfer Aepfel darin weichkocht und damit anrichtet; nur darf man dann keine Semmel nehmen.

23. Mehlsuppe.

Nachdem man das zur Suppe nötige Wasser aufgesetzt, quirlt man Weizenmehl mit kaltem Wasser recht klar (zu 1 Liter Wasser 2 Eßlöffel voll Mehl), gießt das kochende Wasser unter beständigem Rühren zu dem gequirlten Mehl, tut ein Stückchen Butter und etwas Salz hinzu und gießt dann das Ganze wieder in die Kasse=

rolle, worin es nun gut durchkochen muß. Geschmorte Pflaumen kann man sehr gut zu dieser Suppe geben.

Weizengrieß streut man in das zur Suppe bestimmte kochende Wasser, und Reisgrieß muß vorher abgebrüht werden.

24. Ueber die Obstsuppen im allgemeinen.

Alle Obstsuppen müssen, wenn sie eine gute Farbe behalten sollen, in einem Messingkessel gekocht werden, und zwar recht rasch, damit sie nicht lange in dem Metallgefäß stehen bleiben. Zum Sämigmachen nimmt man Kartoffelmehl.

25. Pflaumensuppe (ungeschält).

1½ Liter Pflaumen werden ausgesteint und mit 2 Liter Wasser und etwas Zimt und Zucker gut weichgekocht, auch mit Kartoffelmehl abgerührt. Sie muß etwas abgekühlt auf den Tisch kommen. Nach Belieben tut man entweder gebratene Semmelschnitte, Klöße oder gerösteten Zwieback hinein. Auch kann man Blancmanger dazu geben.

Mit Kirschen verfährt man ebenso, schlägt aber die Suppe durch, wenn man nicht die Kirschen aussteinen will. Zur Apfelsuppe werden die Aepfel geschält, und wenn man es liebt, Korinthen, wohl gewaschen und weichgekocht, in die Terrine getan, dann die durchgeschlagene Suppe darüber gegossen.

26. Kaltschale von Wein mit Reis.

Man nimmt von leichtem Rhein- oder Moselwein 2 Teile und 1 Teil Wasser, tut einige Zitronenscheiben und Zucker hinein. Der Reis wird gut abgebrüht, mit Wasser aufgesetzt, und wenn er anfängt zu kochen, wieder abgegossen. Wieder gießt man warmes Wasser auf, bis der Reis ziemlich weich ist. Dann tut man ihn in einen Durchschlag und gießt so lange kaltes Wasser darüber, bis er klar aussieht. Inzwischen hat man Korinthen gewaschen und einigemal aufkochen lassen. Sind sie erkaltet, tut man sie nebst dem Reis in den Wein. Eine Hauptsache hierbei ist, daß die Kaltschale recht kalt auf den Tisch komme. Hat man Eis, so tue man einige Stückchen hinein. Auf einen Suppenteller kann man einen Kinderlöffel voll Reis rechnen.

27. Kaltschale von Bier.

Es gehört Weißbier dazu, welches man mit Zucker, Zitronenscheiben und Korinthen schmackhaft macht. Die Korinthen werden natürlich erst gewaschen, aber auch etwas gekocht und wieder abgekühlt wie zur Weinkaltschale. Kurz vor dem Anrichten tut man etwas grob gestoßenen Schiffszwieback in die Terrine; hat man keinen, so röstet man etwas Roggenbrot, das man dann grob stößt, oder man schneidet einige Brotrinden klein würfelig.

28. Eiermilch.

1 Liter Milch wird mit Zucker, Zimt und Zitronenschale aufgesetzt; dann quirlt man 4 Eidotter mit einem Teelöffel voll Kartoffelmehl in etwas Milch klar, tut die kochende Milch unter beständigem Rühren dazu, gießt alles wieder in die Kasserolle und rührt wieder, bis es anfängt zu kochen. Das Weiße der Eier hat man indessen zu Schnee geschlagen, diesen legt man auf die kochende Milch und nimmt ihn nach einigen Augenblicken behutsam mit dem Schaumlöffel wieder herunter, um ihn erkalten zu lassen. Die abgerührte Milch gießt man in einen Topf, den man in frisches Wasser setzt, dann rührt man noch ein Weilchen, damit sie nicht gerinne. Den Eierschnee setzt man als Klöße auf die Suppe und bestreut sie mit feingestoßenem Zimt und Zucker.

29. Weißbiersuppe.

Man nehme Weißbier, Zucker und etwas Zimt, setze es auf, nehme auf 2 Flaschen Bier 4 Eigelb, 1½ Eßlöffel Kartoffelmehl, ¼ Liter Milch, quirlt es gut durch, tue das kochende Bier dazu und lasse es auf dem Feuer gar werden, doch nicht gerinnen. Darin gebratene Semmelscheiben.

30. Schwitzmehl.

Man tut Butter in einen Tiegel und schüttet so viel Mehl hinzu, wie die Butter gut aufnehmen kann; dann läßt man das Mehl darin gar werden. Doch darf es nicht anbrennen oder braun werden.

31. Brauner Zucker.

Hierzu nimmt man einen Tiegel, der stets zu diesem Zweck benutzt wird, tut einige Löffel gestoßenen Zucker hinein, setzt ihn auf gelindes Feuer und läßt den Zucker ohne jede Beimischung braun werden, ziemlich dunkel. Dann gießt man etwas Wasser hinzu, kocht es ein paarmal auf und tut es in eine Flasche.

Diesen Zucker braucht man zum Braunmachen von Bouillon und Saucen, und er hält sich wohl 4 Wochen lang.

32. Schwemmklöße.

Einen Tassenkopf voll Milch setzt man mit 33 Gramm Butter und etwas Zucker aufs Feuer; tut, wenn es kocht, einen gedrückt vollen Tassenkopf Mehl hinein und rührt den Teig so lange auf dem Feuer, bis er ganz von der Kasserolle los läßt. Darauf tut man den Teig zum Abkühlen in einen Napf und rührt 1 ganzes Ei, 2 Eigelb und etwas Salz dazu. Die Klöße werden mit dem Löffel abgestochen und in kochendem Wasser gargekocht.

33. Grießklöße.

Einen Taſſenkopf Milch, ebenſoviel Weizengrieß, 33 Gramm Butter, etwas Zucker, 1 ganzes Ei und 2 Eigelb. Die Bereitung ganz wie bei den Schwemmklößen.

34. Klöße zu friſchen Birnen oder Backobſt.

Für 6 Perſonen nimmt man ½ Pfund geriebene, ebenſoviel friſche Semmel, letztere wird in kleine Stücke geſchnitten, in 1⅛ Liter Milch eingeweicht und ſpäter durch einen Durchſchlag gerührt. 3 Löffel friſche Butter werden nun zu Sahne gerührt, 3 ganze Eier, die geweichte Semmel, Salz, ein wenig Muskatnuß und zuletzt die geriebene Semmel dazugetan. Mit ſilbernem Löffel abgeſtochen, in kochendes Salzwaſſer getan und 8 Minuten kochen laſſen.

35. Semmelklöße.

50 Gr. Butter werden geſchmolzen und mit 4 Eiern, 1 Taſſe Milch, etwas Zucker und Salz in einen Napf getan. Dann rührt man ſo viel geriebene Semmel und etwas Mehl dazu, daß es ein ſteifer Teig wird. Es iſt nötig, einen Kloß zur Probe zu kochen, weil man nicht weiß, wie die Semmel quillt. Die Klöße gibt man zu geſchmorten Birnen oder Backobſt. Sollen ſie allein erſcheinen, tut man fein würflig geſchnittene und in Butter gebratene Semmel mit in den Teig und füllt beim Anrichten in Würfel geſchnittenen und mit Zwiebeln gebratenen Speck darüber.

36. Fleiſchklöße.

1 Pfund Schweinefleiſch wird geſchabt und ſorgfältig ausgeſehnt in einen Napf getan; 2 Löffel geſchmolzene,

aber nicht heiße Butter, 2 Eigelb, ein wenig geriebene
Zwiebel, 6 Gewürzkörner, 4 Körner weißen Pfeffer, Salz,
2 Eßlöffel kaltes Wasser und für 3 Pfennig in Wasser
geweichte Semmel dazu und alles recht gut mit der Kelle
gerührt. 2 kleine Löffel geriebenen Parmesankäse. Dann
bestreut man ein Brett mit fein geriebener Semmel, legt
von dem Fleischteig kleine Häufchen, wie eine Kastanie
groß, darauf und dreht sie in der Hand rund. Jetzt
schmilzt man 3 Löffel Butter in einem Tiegel und dämpft
die Klöße gar und gelbbraun darin. Die eingeweichte
Semmel wird vorher recht ausgedrückt.

37. Fischklöße.

1 Pfund Hecht wird geschuppt, ausgenommen und
gereinigt, von den Gräten gelöst, so fein wie möglich
geschabt. Dann setzt man 2 Eßlöffel voll Butter in einem
Tiegel aufs Feuer, tut 1 starken Löffel voll Mehl hinein,
etwas geriebene Zwiebel, ein paar Körner weißen
Pfeffer, etwas Muskatnuß und ein paar gute Löffel
Milch nebst dem nötigen Salz dazu und rührt es auf
dem Feuer, bis es sich von dem Tiegel löst. Dann
läßt man diese Masse in einem Napf abkühlen, schlägt
2 Eidotter hinein und mengt den geschabten Fisch dann
gut durch. Endlich drückt man das Ganze durch einen
groben Durchschlag. Von dieser Masse formt man auf
einem mit Semmel bestreuten Brett kleine, wie ein
Groschen dicke Rollen. Indes hat man den Kopf und
das Ueberbleibsel des Fisches in gesalzenem Wasser gekocht; nun gießt man die Brühe ab, und wenn sie
wieder stark kocht, tut man die Röllchen hinein, aber
so, daß sie bequem liegen und kocht sie darin gar.
Behutsam nimmt man sie heraus — sie kochen nicht
lange —, legt sie auf ein Brett, läßt sie erkalten und
schneidet dann Scheiben oder beliebige Stückchen davon,
die man zu Fischfrikassee gibt. Man kann diesen Klößen
auch kugel= oder nierenförmige Gestalt geben.

38. Aepfelklöße.

Von fein geschnittenen Scheibchen weinsaurer Aepfel nimm 1½ Pfund, dazu 50 Gramm geriebene Semmel, 130 Gramm Mehl, 50 Gramm geriebene gekochte Kartoffeln, 50 Gramm Butter, 130 Gramm Zucker, 2 ganze Eier, 2 Eigelb und 5 Eßlöffel Milch. Alles dies rühre zu einem Teig und forme dann auf semmelbestreutem Brett runde Klöße, die in Wasser und Salz gargekocht, in eine Schüssel gelegt, mit Zucker und Zimt bestreut und mit geschmolzener Butter begossen werden. Die Klöße kochen wohl ½ Stunde.

39. Kartoffelklöße.

125 Gramm Butter zu Sahne gerührt, 125 Gramm Zucker und 4 ganze Eier dazugetan. Rote Kartoffeln (weil sie die mehligsten sind, werden gekocht, auf dem Reibeisen 1 Pfund gerieben, nebst 125 Gramm Mehl, einigen gebratenen Semmelwürfelchen, Zimt und Salz gut mit der Butter und den Eiern durchgerührt, runde Klöße geformt und in Salz und Wasser gargekocht.

40. Kartoffelklöße auf andere Art.

Ungefähr 2 Liter Kartoffeln (rote oder blaue) werden einen Tag vor dem Gebrauch abgekocht und abgepellt, am Tage des Gebrauches auf dem Reibeisen gerieben. 125 Gramm Speck wird würfelig geschnitten, recht heiß gemacht und darin eine große würfelig geschnittene Zwiebel gelbbraun, ebenso für 3 Pfennig würfelig geschnittene Semmel in Butter gebraten. Dies nebst Salz, 3 ganzen Eiern, 9 Löffel Mehl wird zu der Kartoffelmasse getan und tüchtig durcheinander gemengt. Dann werden mit der Hand große runde Klöße geformt, in Mehl gewälzt, in kochendes gesalzenes Wasser getan und etwa 10 Minuten lang gekocht, nur so lange, daß sie eben gar sind und ihre Form behalten.

Man gibt hierzu frisches, geschmortes Obst, Back=
obst oder braune Butter, saure Speckſauce oder ge=
bratenes Schweinefleiſch.

Zwiſchengerichte (Entremets).

41. Klops.

1 Pfund Rindfleiſch und 1 Pfund Schweinefleiſch
ſchabt man und wiegt es noch tüchtig durch, damit es
recht fein wird, dann ſehnt man es aus und nimmt
jedes Faſerchen heraus. Nun tut man das Fleiſch in
eine Schüſſel, begießt es mit 50 Gramm zerlaſſener
— nicht heißer — Butter, tut zwei ganze und 2 Ei=
gelb, 33 Gramm geriebene Semmel und 33 Gramm
geriebene gekochte Kartoffeln, etwas geſtoßenes engliſch
Gewürz und Pfeffer nebſt dem nötigen Salz dazu und
vermiſcht alles recht tüchtig mit der Kelle, indem man
³⁄₈ Liter kaltes Waſſer zugießt. Jetzt beſtreut man ein
Brett mit Semmel und ſetzt von dem Fleiſchteige Häufchen
wie eine Kartoffel groß darauf, formt ſie mit der Hand
zu einer Kugel und drückt ſie mit dem Meſſer etwas
breit. Dann werden 2 Löffel Butter in eine Kaſſerolle
getan, wenn ſie geſchmolzen, die Klopſe nebeneinander
hineingelegt und bei gelindem Feuer 8 Minuten auf
jeder Seite gedämpft. Dann nimmt man ſie heraus,
legt ſie auf eine flache Schüſſel, und in die Kaſſerolle
tut man einige gewiegte Zwiebeln, Zitronenſcheiben,
1 Löffel Mehl und läßt es gut durchſchwitzen; darauf
gießt man ſo viel Bouillon hinzu, bis man eine hin=
reichende und ſämige Sauce hat. Ein paar gut gewäſſerte
und feingewiegte Sardellen ſowie ein Löffel Kapern
machen die Sauce noch pikanter. Schließlich legt man die
Klopſe hinein, läßt ſie aber nicht mehr kochen. — Wenn
man keine Bouillon hat, nimmt man Waſſer.

42. Klops mit weißer Sauce.

1 Pfund Kalbfleisch aus der Keule und 1 Pfund Schweinefleisch werden ebenso behandelt, wie in der vorigen Nr. gesagt, nur macht man die Klopse kleiner und flacher, dämpft sie ebenso in Butter, und nachdem sie herausgenommen, tut man ½ Löffel Mehl daran und macht dies zu Schwitzmehl. Dann gießt man so viel Bouillon dazu, wie man Sauce braucht; ein wenig weißen Wein, Champignons, geriebene Muskatnuß und ein ganz kleines Stückchen Zucker, auch einige Sardellen tut man dazu, zieht die Sauce mit 4 Eigelb ab und gießt sie über die Klopse.

43. Ragout fin en coquilles.

Hierzu nimmt man das gekochte weiße Fleisch vom Huhn und schneidet es mit scharfem Messer in Würfel. Dann Kalbsmilch, welche gut gewässert und ½ Stunde ohne Salz gekocht ist, gehäutet, erkaltet, ebenso geschnitten wie das Hühnerfleisch. Endlich Krebse, die in Salzwasser abgekocht werden, ausgepellt, auch in Stückchen geschnitten. Zu der Sauce nimmt man 1 Löffel Butter, worin man 1 Löffel Mehl zu Schwitzmehl macht, dann gießt man Bouillon und etwas weißen Wein dazu, so daß es eine nicht zu sämige Sauce wird; nun tut man etwas Zitronensaft, Champignons, 1 Löffel geriebenen Parmesankäse, Salz daran und läßt alles dies einige Minuten kochen. Indes quirlt man 4 Eidotter mit kaltem Wasser klar, zieht die kochende Sauce damit ab, schüttet das geschnittene Fleisch usw. hinein und setzt die Kasserolle auf eine heiße Stelle, wo sie ½ Stunde stehen, aber nicht kochen muß. Dann füllt man das Ragout in Muscheln, bestreut sie mit Parmesankäse und träufelt Krebsbutter darüber. Noch besser ist es, wenn man statt der Krebse Austern nimmt. Diese werden nur einige Minuten in Butter gedämpft und kurz vor dem An=

richten mit der Butter zu der Masse getan; dann aber keine Krebsbutter übergefüllt. Man kann dieses Ragout auch von Fisch, Krebsen und Kalbsmilch, ebenso von Kalbsbraten machen. Statt der Champignons kann man etwas Sardellen nehmen, doch nie beides. Die Sauce darf nicht scharf sauer sein.

Die Austern werden nur in heißer Butter umgedreht, nicht gebraten. Die Sauce, die von den Austern entsteht, träufelt man über die Muscheln.

44. Frikassee von Kalbfleisch.

Man nimmt das Fleisch von der Brust, schneidet es in kleine Stücke, wässert es ½ Stunde in kaltem Wasser, setzt es mit kaltem Wasser und Salz auf, schäumt es gut ab, nimmt dann die Fleischstücke heraus, wäscht sie in warmem Wasser ab, gießt die Brühe durch ein Sieb, tut das Fleisch wieder hinein, dann dasselbe Wurzelwerk nebst Gewürz und Lorbeerblatt wie zur Bouillon, kocht es weich, wozu 2 Stunden nötig sind; macht Schwitzmehl dazu, auch kann man in Wasser abgekochte Morcheln dazutun oder auch Semmelklöße. Frikassee von Huhn wird auf dieselbe Weise bereitet, nur, wenn man es feiner haben will, zieht man die Sauce mit Eigelb ab und tut Zitrone dazu.

45. Fleischpudding.

Man kann hierzu das gekochte Rindfleisch verwenden, nimmt davon 1 Pfund, wiegt es fein, schabt ½ Pfund mageres Schweinefleisch dazu, dann 50 Gramm geschmolzene Butter, 6 Eigelb, 1 Löffel kaltes Wasser, ein wenig Pfeffer, Gewürz und etwas geriebene Zwiebel, rührt alles gut durch und tut zuletzt den Schnee der Eier dazu. Die Form wird mit Butter ausgestrichen, mit Semmel bestreut und 1½ Stunde gekocht. Man gibt eine pikante Sardellen-, Kapern- oder Champignonsauce dazu.

46. Fricandeaus von Kalbfleisch.

Von einer Kalbskeule zieht man die Haut ab und schneidet einfingerlange, dreifingerbreite, dreifingerdicke Stücke heraus, diese klopft man mit der Keule tüchtig und spickt sie mit feinen Speckstreifen. Auf 4 Pfund Fleisch rechnet man 3 Löffel Butter, die man in eine Kasserolle tut, und wenn sie heiß ist, legt man die Fricandeaus und den Speck nach unten hinein. Man streut etwas Salz und ½ Löffel Mehl darüber, tut einige Gewürzkörner und Lorbeerblatt daran und läßt sie ¼ Stunde dämpfen, nicht braten. Nach und nach gießt man etwas kochendes Wasser zu, bis die Fleischstücke ganz in Sauce liegen. Im ganzen müssen sie 1½ bis 2 Stunden dämpfen; ½ Stunde vor dem Anrichten tut man etwas braunen Zucker daran, auch einige Musserons schmecken sehr gut.

47. Krebsbutter.

Die Füße und das Stück, was man von den Scheren abbricht, stößt man in einem Mörser recht fein, tut Butter in einen Tiegel, die gestoßene Masse dazu und läßt dies bei gelindem Feuer eine Weile dämpfen, bis die Butter ziemlich rot aussieht. Dann gießt man heißes Wasser darauf und läßt es gut durchkochen. Alsdann gießt man alles durch ein Suppensieb und spült mit heißem Wasser nach, bis alle Fetteile aus der gestoßenen Masse heraus sind. Die Butter setzt sich dann auf dem Wasser, von dem man sie behutsam abfüllt.

48. Gefüllte Krebsnasen.

Man macht einen Teig, wie zu den Semmelklößen und tut noch einige feingewiegte Krebsschwänze hinzu; die Masse füllt man in die zuvor gut gereinigten und abgetrockneten Krebsnasen; tut Butter in einen Tiegel und läßt sie langsam dämpfen, bis der Teig gar ist.

Man gibt sie in Bouillon oder zu Fischfrikassee. Vor dem Anrichten schneidet man die Nase mit einem scharfen Messer lang durch.

49. Krebsgericht.

Die Krebse werden in kochendes Salzwasser geworfen, gargekocht, ausgepellt, auch die schwarzen Fäden aus den Schwänzen genommen. Zu einem Schock Krebse setzt man 2 Tassen Milch aufs Feuer, rührt 1 Löffel Mehl in kalter Milch klar und kocht dies in der Milch auf dem Feuer gar, es muß so dick wie eine Mehlsuppe sein. Dann tut man ½ Prise gestoßene Muskatblüte, etwas Zucker und vorher bereitete Krebsbutter, auch etwas Salz hinein, schüttet die ausgepellten Krebse dazu und läßt die Kasserolle warm stehen, aber nicht mehr kochen. Man rechnet 1 Schock Krebse als Zwischengericht genügend für 6 Personen. — Krebse mit kaltem Wasser aufzusetzen oder ihnen bei lebendigem Leibe den Darm herauszuziehen, ist eine unverantwortliche Grausamkeit.

50. Gratin von Hecht (für 12 Personen).

Man rührt 125 Gramm Butter zu Sahne, tut 3 ganze Eier, etwas gestoßenes englisch Gewürz, 1¼ Pfund geschabten rohen Hecht durch einen Durchschlag gestrichen, für 13 Pfg. in Wasser eingeweichte, durch ein Tuch gedrückte und durch den Durchschlag gerührte Semmel, eine geriebene Zwiebel, etwas Salz und geriebenen Parmesankäse hinein. Nun rührt man die Masse tüchtig zusammen, streicht die Form mit Butter aus, bestreut sie mit Semmel, füllt die Masse hinein und läßt sie im Wasserbade garkochen. Man gibt eine Kapern= oder Champignonsauce dazu.

51. Rinderschmorstück.

Man nimmt ein Stück aus der Keule, ohne Knochen, aber mit etwas Fett, klopft es tüchtig mit einer Keule,

wäscht es ab, spickt es tief mit Speck, legt es in einen
Schmortopf mit etwas Butter, läßt es auf beiden Seiten
braun werden, gießt heißes Wasser auf, tut Salz daran
und schäumt es gut ab. Dann legt man ein paar Zitronen=
scheiben, ein Lorbeerblatt und einige Gewürzkörner dazu,
deckt den Topf recht fest zu und läßt 3—4 Stunden
ununterbrochen langsam schmoren. Eine halbe Stunde
vor dem Anrichten füllt man etwas von dem Fett in
einen Tiegel, bereitet ein Schwitzmehl, tut etwas Soja
dazu und läßt es damit ½ Stunde durchschmoren. An=
gerichtet auf einer warmen Schüssel mit Zitronenscheibe
und ein wenig Sauce überfüllt.

52. Bouletten.

Sie schmecken am besten von den Resten des Kalbs=
bratens bereitet, doch kann man auch Hammel= und
Rinderbraten, ja selbst gekochtes Rindfleisch dazu ver=
wenden. Man hackt das dazu bestimmte Fleisch recht
fein und mengt es mit geriebener Semmel, Salz, Gewürz
und Pfeffer, auch nach Geschmack etwas Zwiebel und
etwas Petersilie; auf etwa 1 Pfund Fleisch rechnet man
2 Eier und 1 Löffel kaltes Wasser; damit knetet man
mit der Holzkelle einen steifen Teig, formt daraus flache,
etwa fingerdicke Bouletten, die man in gebräunter Butter
bratet und zu Gemüse oder mit einer beliebigen pikanten
Sauce gibt. Nimmt man ⅓ frisches, fettes Schweine=
fleisch in den Teig, so werden diese Bouletten bedeutend
saftiger und besser.

53. Englisches Fleischmus.

1 Pfund Rindfleisch wird fein geschabt und ausge=
sehnt; zwei Löffel Butter im Tiegel schäumend heiß ge=
macht — nicht braun werden lassen —, das geschabte
Fleisch, den Saft einer halben Zitrone und das nötige
Salz in die heiße Butter getan und einmal umgerührt.
Sobald das Fleisch grau wird, ist dies Kraftmus fertig

und man tut es in eine erwärmte, tiefe Schüssel und gibt es gleich auf den Tisch. Läßt man es länger auf dem Feuer, so wird es hart. Man gibt Kartoffelpüree dazu.

54. Frische Rinderzunge mit brauner Sauce.

Wenn die Zunge in Wasser und Salz weichgekocht ist, nimm die Haut ab, schneide die Zunge in Scheiben, etwa einen halben Finger dick; mache Farceklößchen (siehe diese) und bereite nun folgende Sauce: Rühre zum Schwitzmehl so viel starke Bouillon wie nötig, tue fein gewiegte Sardellen und Zitronenscheiben hinein, schütte, wenn es anfangen will zu kochen einige Kapern dazu, bräune mit Soja oder braunem Saft und lege Zunge und Klößchen hinein, lasse aber nicht mehr damit kochen. Will man dieses Gericht feiner haben, so umlegt man den Rand der Schüssel mit warmem Blätterteig. Auch kann man weichgekochte Maronen darunter nehmen.

55. Zungenessen von Kalbszunge.

Hierzu nehme man Kalbszungen, abgekocht, in Scheiben geschnitten, Kalbsmilch ebenso, dann Fisch- oder Fleißklöße, auch beides dazu, die Sauce von Ragout fin en coquilles. Man kann es auch mit Krebsbutter beträufeln beim Anrichten und mit Blätterteig umlegen.

56. Hamburger Rauchfleisch.

Am Abend vor dem Gebrauch wäscht man es gut ab und setzt es im Schinkenkessel mit reichlich so viel Wasser auf, daß es gut handhoch übersteht; man schäumt es ab und läßt es dann ganz langsam ziehen. Am anderen Morgen muß es langsam ununterbrochen weiterkochen. Nach einigen Stunden kostet man die Brühe, und ist sie zu salzig, schöpft man 3—4 Liter davon ab und gießt eine gleiche Quantität kochendes Wasser zu.

Auf ein Stück von etwa 20 Pfund tut man einen Eßlöffel voll Bullrichsalz hinein, wonach es schneller und besser weich wird. Hat es den rechten Grad von Weichheit erreicht, nimmt man es mit dem Heber, der zum Schinkenkessel gehört, heraus, schneidet es in glatte, nicht zu dicke Scheiben, indem man darauf achtet, daß jede Scheibe etwas Fett erhält; läßt sich das nicht machen, so legt man ein Stückchen Fett darauf. Es wird in zwei Reihen auf einer langen Schüssel angerichtet und mit in Butter und Zucker braun glacierten kleinen Zwiebeln garniert. Man gibt Erbssauce und kleine gebratene Kartoffeln dazu oder Erbspüree und Sauerkohl.

57. Wiener Schnitzel.

Man schneidet aus der Kalbskeule länglich viereckige Stückchen, etwa einfingerlang, dreifingerbreit und zweifingerdick; klopft diese Stückchen, um sie mürber zu machen, auf beiden Seiten, gibt ihnen wieder eine gute Form, bestreut sie mit Salz, wälzt sie in Ei und paniert sie mit geriebener Semmel. Dann werden sie wie Koteletten in der Pfanne gebraten. Auf einer flachen länglichen Schüssel angerichtet, wird jedes Schnitzel mit einem halben Scheibchen Zitrone, einer Pfeffergurke und einigen Kapern garniert. Die heiße Butter verdünnt man mit ein wenig Wasser, läßt sie aufkochen und gießt sie über, jedoch ohne die Zitronen, Gurken und Kapern zu begießen. Man gibt kleine Bratkartoffeln dazu.

58. Rouladen von Rind- oder Hammelfleisch (Szrâsy).

Von dem Fleisch werden handgroße Scheiben geschnitten, geklopft, mit etwas Butter bestrichen, mit geriebenem Roggenbrot, Pfeffer und gewiegten Zwiebeln bestreut, zusammengerollt und mit einem Faden fest zugebunden, den man beim Anrichten abnimmt. Diese

Rouladen werden in einem Schmortopf mit kaltem Wasser und Salz aufgesetzt, so viel Wasser, daß es übersteht; dann kocht man sie 2—3 Stunden und tut in der letzten etwas Soja oder braunen Saft hinzu. Die Sauce muß sämig sein, ist dies nicht der Fall, so helfe man mit etwas Schwitzmehl nach. Durch Rotwein und Champignons kann man die Rouladen noch verbessern, aber nötig ist es nicht.

59. Beefsteak.

Das beste Fleisch dazu ist vom Mürbbraten. Man nimmt das Fett fort, zieht die Haut ab, schneidet gegen die Faser fingerdicke Scheiben, klopft sie mit dem hölzernen Fleischhammer oder mit der flachen Seite des Hackbeils auf beiden Seiten (ohne das Fleisch zu zerfetzen), legt sie auf ein Brett und bestreut sie kurz vor dem Braten mit Salz und Pfeffer; dann tut man Butter und gewiegte Zwiebeln in eine Pfanne, und wenn diese anfangen braun zu werden, legt man die Beefsteaks hinein, die man nun 3 Minuten auf jeder Seite braten läßt. Auf einer flachen warmen Schüssel richtet man sie an, füllt die Sauce über und garniert sie mit kleinen Bratkartoffeln. Hat man nur Fleisch aus der Keule, so muß es geschabt und mit einem Messer geformt werden.

60. Steak von Hammelfleisch.

Das magere Hammelfleisch wird geschabt, gewiegt und gut ausgesehnt, dann mischt man es mit einigen Löffeln kalten Wassers und legt Häuschen auf ein Brett und macht die richtige Form des Beefsteaks, dann bestreut man sie mit Salz und gestoßenem Pfeffer und brät sie, wie schon beim Beefsteak erwähnt ist.

61. Hammelkoteletten mit feinen Kräutern.

Auf 4 Pfund gute Hammelkoteletten nimmt man zur Sauce 125 Gramm Sardellen, für 20 Pfg. Kapern, etwas Zitronenschale, einmal um die Zitrone geschält und dann feingewiegt. Die Sardellen abgewaschen und ebenfalls feingewiegt, wie auch 2 Eßlöffel voll gewiegter Petersilie, ½ Eßlöffel voll Basilikum, ½ Eßlöffel Estragon, ganz wenig Raute und Schnittlauch. Dies alles wird zu einem Brei gerührt. Die Koteletten werden von allem Fett befreit, der Knochen darf nur ½ fingerlang hervorstehen, alles andere wird abgehauen, vom Knochen wird das Fleisch alles heruntergeschabt, und die Kotelette mit der flachen Seite des Beils etwas geklopft auf beiden Seiten, aber ja nicht das Fleisch zerschlagen. Dann tut man kurz vor dem Braten etwas gestoßenen Pfeffer und Salz darauf; läßt die Butter hellbraun werden, legt die Koteletten hinein, befüllt die Knochen öfters mit Butter, damit sie nicht rot aussehen und brät die Koteletten etwa 2 Minuten bei hellem Feuer auf jeder Seite, legt dieselben auf eine gewärmte Schüssel, und zwar so, daß die kleinen Knochen alle nach außen kommen und eine Kotelette halb auf der andern liegt; sind sie alle gebraten, tut man ganz schnell den grünen Brei in die Pfanne und läßt dies schnell auf dem Feuer durchkochen, gießt ihn dann über die Koteletten, richtet dieselben sofort an und gibt kleine gebratene oder gebackene Kartoffeln dazu. Durchaus nötig ist, daß man vorher etwas Kalbsbratenjus oder etwas starke Bouillon mit ein wenig Schwitzmehl sämig macht und dies ganz wenig mit Liebig bräunt, davon nimmt man etwas zu der Sauce, dadurch wird es mehr und nicht so sehr fett.

62. Fischfrikassee.

Hecht oder Zander wird gut abgewaschen, ausgenommen, das Rückenblut ausgekratzt und in Wasser mit Salz, Zwiebeln und Gewürz abgekocht. Den Hecht setzt man kalt, den Zander mit kochendem Wasser auf, damit er nicht zu weich und schön blättrig wird. Ist der Fisch gar, legt man ihn auf ein Brett und zieht

Schuppen und Haut ab, läßt ihn erkalten und zerlegt ihn in längliche nicht zu kleine Stücke, die Leber wird auch dazu genommen. Nun bereitet man Fischklöße, welche man, wie auch Kalbsmilch (diese muß abgekocht werden), in Scheiben schneidet. Nimmt man Krebse dazu, so bleiben Schwänze und Scheren ganz, aber natürlich müssen sie ausgepellt sein. Die Sauce macht man wie zu den Kokillen mit kräftiger Bouillon, tut Champignons und den Fisch hinein und läßt alles auf warmer Stelle ½ Stunde stehen, nicht kochen. Beim Anrichten legt man Blätterteig um die Schüssel und träufelt Krebsbutter über das Frikassee.

63. Gespickte Kalbsmilch mit Trüffeln.

Nachdem die Kalbsmilch gut gewässert und ¼ Stunde ohne Salz gekocht, läßt man sie auf einem Brett kalt werden. Dann häutet man sie, nimmt alles Sehnige und Faserige fort und spickt sie mit ganz feinen Speckstreifchen, tut Butter in eine Kasserolle, legt die Milch auf die Speckseite, streut etwas Salz darauf und läßt sie wieder dämpfen, nicht braun braten; nach ¼ Stunde wendet man die Milch um, bestreut auch diese Seite mit Salz und läßt sie wieder dämpfen, aber nicht länger als ¼ Stunde. Inzwischen macht man Schwitzmehl (zu 2 Pfund Kalbsmilch 1 Löffel Mehl), tut kräftige Rindfleischbrühe, 1 Zitronenscheibe dazu; dann die in Scheiben geschnittenen Trüffeln mit ihrer Sauce, ½ Glas Weißwein, Madeira oder Portwein, auch etwas braunen Saft oder braunen Zucker; statt der Bouillon ist Kalbsbratenjus sehr gut verwendbar. Diese Sauce gießt man über die Kalbsmilch und läßt sie ½ Stunde ziehen, nicht kochen. Dies Gericht wird mit Blätterteig garniert. In Ermangelung von Trüffeln kann man auch Champignons nehmen. Man kann auch Fischklöße dazutun, die vorher abgekocht und gut abgelaufen sein müssen; sie werden dann wie eine kleine Niere geformt. Die Kalbsmilch kann man im Winter mehrere Tage vorher abkochen, doch muß sie an einem kühlen Ort unzugedeckt in der Brühe stehen, worin sie gekocht ist.

64. Gespickte Kalbsleber.

Sie wird ½ Stunde gewässert, die Haut abgezogen und mit feinem Speck gespickt. Dann tue 2 Löffel Butter in einen Schmortopf, lege, wenn sie brät, die Leber hinein, mit der gespickten Seite nach unten, bestreue sie mit Salz und lasse sie so langsam 1 Stunde schmoren. Zuletzt tut man grob gestoßene Wacholderbeeren und etwas Sahne dazu.

65. Enten mit Maronen.

Die Enten werden gebraten und in nicht zu große Stücke zerlegt. Bei Gesellschaften nimmt man nur Brust, Keulen und Flügel und läßt das übrige zurück. Dann tut man einige Löffel Butter in eine Kasserolle, macht das zu Schwitzmehl und tut so viel Bouillon dazu, daß die Sauce nicht zu dick wird. Ist keine Bouillon da, nimmt man von der Bratensauce der Enten und etwas Wasser. Ferner ½ Glas Rotwein, 2 Zitronenscheiben, 1 Stückchen Zucker und ½ Löffel Soja. Dieses muß nun ¼ Stunde langsam kochen. Dann legt man die Entenstücke hinein und läßt es noch ½ Stunde ziehen. Die Maronen werden ausgeschält und ½ Stunde in Wasser gekocht, vorsichtig abgezogen und in einem Tiegel mit etwas brauner Entensauce gedämpft. Beim Anrichten legt man die Entenstücke in die Mitte der Schüssel, die Maronen dazwischen und garniert es mit Blätterteig. Man kann auch kleine gebratene Fleischklößchen und in Scheiben geschnittene Kalbsmilch dazutun.

66. Schinken in Burgunder.

Der Schinken wird mit heißem Wasser abgewaschen und dann mit einem Messer gut abgeputzt und abgeschabt.

Hat man keinen Schinkenkessel mit Heber, so bindet man ihn fest in ein Tuch, und setzt ihn dann mit reichlichem Wasser auf. Wenn er kocht, tut man einen Löffel Bullrichsalz dazu und läßt ihn langsam garkochen, wohl 6 Stunden. Das Langsamkochen ist Hauptsache. Ist er weich, nimmt man ihn am Tuchknoten heraus und läßt ihn abdampfen; dann erst nimmt man das Tuch ab, zieht die Schwarte herunter und schneidet ihn in nicht zu dünne Scheiben, die auf eine lange Schüssel in zwei Reihen gelegt werden. Die Sauce gießt man darüber und legt braun glacierte Zwiebeln herum. Man gibt gebratene runde Kartoffeln dazu. Nun ist es eine Hauptsache, daß, wenn man den Schinken mittags essen will, man ihn dann schon den Abend vorher aufsetzt und ruhig ohne zu kochen auf der heißen Stelle stehen läßt.

67. Hühner- oder Taubenfrikassee.

Man verfährt damit zuerst wie mit dem Kalbsfrikassee, zerlegt das Geflügel aber natürlich erst, nachdem es weich gekocht. Dann macht man eine Sauce von Schwitzmehl, Brühe, etwas Muskatnuß, 1 Zitronenscheibe und richtet sie über dem Fleisch an. Will man die Sauce lieber pikant, nimmt man statt Zitrone Champignons.

68. Pute mit Austernsauce.

Die Pute wird gut gewässert und gereinigt, heißes Wasser durch den Kropf gegossen, bis es unten durchläuft, und weichgekocht. Die Sauce ist dieselbe wie zu den Kokillen; die Austern oder Champignons müssen immer erst in Butter dämpfen, ehe man sie zu der Sauce tut, sonst werden sie pilzig.

69. Farcierte Pute.

Nachdem das Tier wohl gereinigt ist, schneidet man die Haut auf dem Rücken lang auf und nimmt geschickt die Rücken= und Brustknochen heraus; Flügel= und Keulenknochen bleiben darin. Die Farce bereitet man wie den Teig zu den Fleischklößchen, fügt aber noch in Scheiben geschnittene oder getrocknete, weichgekochte Trüffeln hinzu; hiermit füllt man die Pute, näht sie zusammen und dämpft sie in Wasser gar. Angerichtet wird sie auf einer langen Schüssel, worauf man die in Scheiben geschnittene Pute in zwei Reihen legt und die Sauce überfüllt. Zu dieser darf man nicht ganz von der Putensauce nehmen, sie schmeckt zu strenge, es muß halb kräftige Bouillon sein, etwas Schwitzmehl, Soja, weiß, rein und feingeschnittene Trüffeln oder Champignons; es kann auch ebenso eine weiße Sauce gegeben werden, wie die zu den Kokillen bereitet wird.

Pasteten und Fleischspeisen.

70. Pariser Fischpastetchen.

Man macht eine Farce, nur etwas steifer, wie sie zu Fischklößchen beschrieben ist; diese Farce wird ausgerollt und mit einem Glase runde Platten ausgestochen; diese Platten bestreicht man mit Eiweiß und legt dann in die Mitte ein Häufchen recht feingeschnittenes und recht pikantes Ragout, wie es zu den Kokillen beschrieben ist, klebt nun die Pastetchen zusammen und drückt sie am Rande recht fest zu; tut dann Fleischbrühe in eine Kasserolle und wenn sie kocht, tut man die Pastetchen hinein und läßt sie langsam garkochen, wozu nur eine kurze Zeit gehört, dann hebt man dieselben mit einem Schaumlöffel heraus, legt sie auf eine Schüssel und gießt eine recht kräftige Sauce, wie zu den Kokillen beschrieben ist, darüber, auch kann man die Sauce noch durch etwas Sardellen, Zitronen und Kapern pikanter machen.

71. Pastete von Rebhühnern.

Die Rebhühner werden in Butter weichgebraten; dann schneidet man die Brüste mit einem scharfen Messer aus, dreht behutsam die Knochenscheiben heraus und löst aus den Keulen ebenfalls die Knochen aus. Zu der Farce nimmt man 1 Pfund Kalbsleber, ¾ Pfund fettes, ¾ Pfund mageres Schweinefleisch, 2 ganze Eier und 3 Eigelb, für 5 Pfennig in Wasser geweichte und wieder gut ausgedrückte Semmel, 8 Pfefferkörner, 10 Gewürzkörner, 6 Nelken, alles feingestoßen; 1 Löffel feingewiegter Musserons, 2 Eßlöffel voll geriebenen Kräuterkäse, eine kleine Prise Thymian und so viel Salz, daß es angenehm schmeckt. Die Leber wird feingewiegt und durch einen Durchschlag gerührt, so auch die Semmel; das Fleisch geschabt und sorgsam ausgefasert; dann alles in einen Napf getan und mit einer Reibkeule ½ Stunde durchgerührt. Nun streicht man die Form mit Butter aus, legt Farce hinein, dann von dem Fleisch der Rebhühner, streut in Scheiben geschnittene Trüffeln darüber, dann wieder Farce und so fort. Die letzte Lage muß Farce sein. Dann legt man frisches Schweinefett darauf und setzt die Form in eine Bratpfanne, gießt Wasser in die Pfanne und schiebt sie in den geheizten Bratofen, wo die Pastete 2 Stunden unzugedeckt backen muß. Das Wasser darf nicht zu hoch in der Pfanne stehen, damit es nicht in die Form kochen kann, man muß lieber einigemale heißes Wasser zugießen. Ist die Pastete gar, nimmt man die Fettscheiben herunter und stellt die Pastete kalt; sie schmeckt am besten, wenn sie 4 Tage vorher bereitet ist. Man gibt sie zu Tische in derselben Form und Gelee dazu. Ebenso bereitet man die Pastete mit Krammetsvögeln oder Hasen. Zu dieser Portion Farce gehören 4 Rebhühner, 12 Krammetsvögel oder 1 Hase. Der Hase wird gut, aber nicht zu stark gegebraten; dann löst man das zarte Rückenfleisch ab und schneidet es in kleine fingerlange Stücke, die Breite bleibt; das gute weiche Fleisch der Keulen nimmt man auch

dazu und legt alles, wie oben beschrieben, in die Formen
ein. Die Krammetsvögel werden ohne Wacholder ge=
braten, dann löst man die Brüstchen wie das Keulenfleisch
ab, tut auch die Leber dazu und verfährt wie oben.

In Ermangelung von Trüffeln kann man auch
Champignons, die in Butter gedämpft sind, nehmen.
Getrocknete Trüffeln werden in Wasser mit ein wenig
Bullrichsalz weichgekocht, dann die harte Schale rings=
herum abgeschält.

72. Leberfarce in Gelee.

1 Pfund Kalbsleber, 1 Pfund mageres, ¾ Pfund
fettes Schweinefleisch werden geschabt und ausgesehnt;
3 kleine Semmeln geweicht, ausgedrückt, durch den
Durchschlag gerührt, alles dies in einen Napf mit 3 Ei=
gelb, 6 Pfefferkörnern, 6 Nelken und 10 Gewürzkörnern,
alles gestoßen und zusammengerührt; hierzu kommen noch
für 15 Pfennig gut gewässerte, abgezogene und von den
Gräten gelöste, feingewiegte Sardellen, 2 Eßlöffel
Kräuterkäse und etwas geriebene Zwiebeln. Die Leber
wird zuerst feingewiegt, durch den Durchschlag gerührt
und alles zusammen dann in eine Form getan, die
einen fest schließenden Deckel hat (damit der Wasserdampf
nicht hineinzieht) und in Wasser gestellt gargekocht.
Dann stellt man sie bis zum andern Tage kalt. Nun
kocht man einen Schweinemürbbraten in Wasser, Salz,
etwas Gewürz und Lorbeerblatt langsam weich, läßt ihn
ebenfalls erkalten und schneidet ihn mit scharfem Messer
in Scheiben. Dann legt man eine Form hübsch mit
Zitronenscheiben, sauren Kirschen und dergl. aus, legt
einige Stücke von dem Fleisch, dann Scheiben von der
Farce, die man so gut wie möglich aus der Form her=
ausschneidet und fährt so lagenweise fort; packt aber
Fleisch und Farce nicht fest, weil das Gelee dazwischen
laufen muß, auch streut man Kapern, Champignons,
Pfeffergurken, alles Pikante dazwischen. Ist alles ein=
gelegt, stellt man die Form fest auf die Stelle, wo sie

zum Erkalten stehen bleiben soll, und gießt nun behutsam das Gelee auf, d. h. den Rand der Form, weil sonst leicht das Gelee durch die Farce unklar wird. Deshalb darf man auch die Form nicht mehr rühren. Das Gelee wird folgendermaßen bereitet:

73. Fleischgelee (Aspic).

1 Pfund Rindfleisch wird mit Wurzelwerk, ein paar Körnern Gewürz, 1 Lorbeerblatt zu 1 Liter Bouillon eingekocht; dann ein paar Löffel guten Weinessig damit gekocht. Da hinein pflückt man 30 Gramm Gelatine und läßt es ½ Stunde ziehen, nicht kochen. Ist die Brühe zu hell, tut man einige Tropfen gebräunten Zucker hinzu und gießt das Gelee durch ein Tuch, bis es klar ist. Beim ersten Durchgießen muß man das Durchgelaufene noch einmal zurückgießen, damit es klar wird.

74. Wilder Schweinskopf.

Der Kopf muß am Genick, so weit als möglich nach dem Ziemer zu, ausgeschnitten werden. Dann schickt man ihn in die Schmiede und läßt die Borsten absengen, wodurch er die nötige Schwärze bekommt. Dann wird er abgewischt, mit kaltem Wasser abgewaschen, ein gerundetes Stück Buchenholz, welches vorher in Wasser gelegen hat, ins Maul gesteckt. Nun bindet man den Kopf in ein Tuch und läßt ihn in einem Kessel 7—8 Stunden langsam kochen. Salz, Gewürz, Lorbeerblätter, 1 Eßlöffel Bullrichsalz tut man gleich dazu, in der letzten Stunde auch etwas Weinessig; doch darf die Brühe nicht sauer, sondern nur säuerlich schmecken. Ist er weich, wird er behutsam auf ein Brett gelegt, und wenn der Kopf halb abgekühlt, das Tuch abgebunden. Ist die Haut auf der oberen Seite geplatzt, und der Kopf soll ganz auf die Tafel kommen, hilft man sich, indem man von der anderen Seite die Schwarte abschneidet und die Lücke oben damit verdeckt; man mag sie sein annähen. Statt des Holzes steckt man ihm eine Zitrone ins Maul, in die Ohren Myrte oder Buchsbaum, in die Augenhöhlen ein halbes, hartgekochtes Ei, ein großes Gewürzkorn in den Dotter. Man gibt eine Remoladen= oder eine Kirschsauce dazu. Er wird immer kalt serviert. Ein zahmer Schweinskopf, ganz ebenso behandelt, ist auch sehr gut; man tut nur bei dem Kochen eine kleine Handvoll Wacholderbeeren in die Brühe, wodurch der Wildgeschmack erzielt wird. Doch darf der Kopf nicht von einem sehr fetten Tiere sein. Die Brühe hebt man auf und legt das, was übrig bleibt, hinein, damit es nicht trocken werde.

75. Kroketts.

1 Löffel Butter wird mit 2 kleingeschnittenen Zwiebeln ganz weich und weiß gekocht, dazu 3 Eßlöffel Mehl gerührt; dies läßt man gut auf dem Feuer abschwitzen, tut dann ½ Liter gute Bouillon dazu, wie auch 8 ungewässerte Sardellen und einige Körner Gewürz. Man kocht die Sauce so lange, bis die Sardellen ganz verkocht sind, tut zuletzt ½ Glas weißen Wein dazu und rührt die Masse durch einen feinen Durchschlag. Dann setzt man die Sauce aufs Feuer, tut 3½ Blatt weiße Gelatine hinein und wenn dieselbe zergangen, rührt man sie mit 3 Eiern ab. Nun tut man 1 gutes Pfund recht feingeschnittenes Hühnerfleisch und Kalbsmilch dazu, man kann auch etwas Kalbshirn mit dazu nehmen, wie auch 2 Teelöffel Kapern, läßt die Masse gut auf heißer Stelle durchziehen, aber nicht kochen, schüttet sie auf eine flache Schüssel, bereitet es aber immer, wenn möglich, den Tag vor dem Gebrauch.

Mehrere Stunden vor dem Backen muß man die Kroketts formen; man nimmt 1 Löffel voll auf ein mit feiner Semmel bestreutes Brett und macht kleine Rollen, einen Taler dick und einen guten Finger lang, stößt mit den Rollen immer etwas auf das Brett, damit sie unten breit sind; sie müssen alle gleiche Länge haben. Kurz vor dem Ausbacken werden die Krofetts in Ei getaucht und in feiner Semmel oder Paniermehl gewälzt, so daß jede Stelle mit Semmel bedeckt ist. Man backt sie in kochendem Rinderfett aus; das Fett muß vorher lange schon braten, damit es eine hellbraune Farbe hat.

Dann wird ein gutes Teil Petersilie gebunden und am warmen Ofen oder in der Luft trocken gemacht, so daß die Blätter nicht naß in das Fett kommen. Sie werden dann sofort wieder herausgenommen und die Krofetts damit garniert.

76. Kalbskopf.

Den vom Schlächter reingebrühten Kopf wässert man einige Stunden, die Augen sticht man aus. Dann wird er in Wasser und Salz, einigen Gewürzkörnern und Lorbeerblättern weichgekocht. Alsdann löst man alle Haut und Fleisch von den Knochen ab und schneidet es in nicht zu kleine Stücke; die Zunge wird abgezogen und in Scheiben geschnitten. Alles dies legt man in eine nicht ganz flache Schüssel und gießt braune Rosinensauce darüber. Den Rand der Schüssel garniert man mit Krutongs und dem Kalbshirn. Dieses wird folgendermaßen bereitet: man nimmt das in dem Kopf mitgekochte Gehirn heraus, befreit es von jeder Blutfaser, wiegt es fein, tut Salz und Pfeffer dazu, streicht es so auf Semmelscheiben, die vorher in Butter gebraten sind, und legt sie um die Schüssel, wie auch Pfeffergurken und harte Eier in Viertel geschnitten.

77. Kalbshirn (kalt).

Das Kalbshirn wird gut gewässert, dann in Salz und Wasser rasch gekocht, noch einmal in kaltes Wasser geworfen und noch einmal aufgekocht. Dann läßt man es kalt werden und schneidet es mit einem Messer in nicht zu dünne Scheiben, diese legt man in eine Schüssel, streut etwas Pfeffer darüber und begießt das Ganze mit Estragonessig.

78. Pain von Kalbsleber.

Eine schöne, etwa 2 Pfund schwere Leber wird gewässert, von Haut und Sehnen befreit, so fein wie möglich gehackt und durch ein Haarsieb gestrichen; ¾ Pfund frischer Speck und 1½ Pfund mageres Schweinefleisch werden geschabt und ebenfalls durchgestrichen. Dann rührt man 100 Gramm frisches Weißbrot oder Semmelkrume mit kräftiger Bouillon zu einem Brei, dazu 100 Gramm geriebenen Parmesankäse, 1 kleinen Eßlöffel recht feingewiegte Schalotten, welche mit Butter weichgedämpft wurden, ferner 1 Prise Basilikum, 1 Prise Thymian, 2 Prisen grobgestoßenen Pfeffer und 2 Löffel Sardellenbutter. Nach Belieben nimmt man Trüffeln oder Champignons (nur nicht saure) in diese Masse. Wenn alles gut zusammengerührt ist, wird eine Form mit butterbestrichenem Papier ausgelegt, die Masse hineingefüllt, auch mit bestrichenem Papier bedeckt, die Form in eine flache Kasserolle mit Wasser gestellt, damit in den Bratofen geschoben und 1 Stunde gebacken. Wenn er kalt ist, wird er gestürzt und mit Aspik garniert.

79. Sülze.

2 Pfund Kalbfleisch aus der Keule, 2 Pfund mageres Schweinefleisch, 1 Pfund Rindfleisch, 3 Kalbsfüße werden zusammen in einem Topf gekocht; nach dem Schäumen und wenn das Fleisch schon eine Weile gekocht hat, etwas gestoßener Pfeffer, Gewürz, ganz wenig Majoran und einige Zwiebeln hineingetan. Das nötige Salz tut man vor dem Schäumen dazu; das Kalbfleisch, da es zuerst weich wird, nimmt man zunächst heraus, dann das Schweinefleisch und kocht die Kalbsfüße sehr weich.

Ist alles ganz weich, gießt man die Brühe durch ein Haarsieb und läßt sie bis zum anderen Tage stehen. Dann nimmt man das Fett ganz ab und gießt die Brühe vorsichtig, daß alles Dicke zurückbleibt, in eine

Kasserolle, läßt sie mit etwas gutem Weinessig aufkochen und gießt sie über das inzwischen in Würfel geschnittene Fleisch. Das Ganze tut man in eine beliebige Porzellanform und stürzt es, wenn es ganz kalt ist. Es darf nicht zu wenig Brühe sein, sonst wird es zu steif. Man gibt eine Remoladensauce dazu.

80. Gänsesülze oder Weißsauer.

Die dazu bestimmten Stücke der Gans, als Brust, Keulen und obere Flügel werden gewaschen und ½ Stunde gewässert, dann mit so vielem kalten Wasser aufgesetzt, daß es nur eben übersteht, denn es kocht nicht viel ein, das nötige Salz gleich dazu. Man schäumt es gut ab, füllt das Fett ab, nimmt das Fleisch heraus, wäscht es in warmem Wasser und nimmt noch jede Spule, die sich etwa zeigt, heraus. Dann legt man das Fleisch wieder in die Brühe, tut Lorbeerblätter, englisch Gewürz und so viel Essig wie nötig dazu, um das Gelee (Aspik) schmackhaft zu machen. So kocht man das Fleisch weich, nimmt es heraus, hackt die vorstehenden Knochen sauber ab und läßt es erkalten. Die Brühe wird gemessen, und auf 1 Liter 22 Gramm Gelatine in ganzen Platten hineingetan, umgerührt, bis sie geschmolzen, aber nicht kochen lassen; ½ Stunde läßt man den Topf auf warmer Stelle stehen, dann gießt man die Brühe durch eine Serviette, legt das erkaltete Fleisch in die dazu bestimmten Gefäße, gießt die klare Brühe über und läßt es erkalten. Das Fett, welches herauskocht, muß recht früh abgeschöpft werden.

Füße und Knochenstücke der Gans, die man noch übrig hat, kocht man mit, um die Brühe kräftiger zu machen. Man hüte sich, zu wenig Essig zu nehmen, da das Nachgießen nicht gut ist.

Enten kann man ebenso bereiten, auch dazu passendes, nicht fettes Schweinefleisch (Eisbein). Das Gelee muß mit braunem Zucker ein wenig gefärbt werden, auch werden die Keulen und Brust mit 3—4 Nelken gespickt.

Zum Aufbewahren der Sülze muß man Schmalz übergießen, möglichst kleine Gefäße nehmen und dieselben am frostfreien Ort, nicht im Keller, und unzugebunden stehen lassen.

81. Gänseleberpastete.

Die Lebern werden einen ganzen Tag gewässert, das Wasser einigemal frisch darüber gegossen; dann die Lebern herausgenommen und mit einem Tuche abgetrocknet. Nun zieht man die Haut behutsam ab, schneidet die Lebern in 2 Teile, bestreut sie mit Salz und läßt sie so ½ Stunde stehen, dann trocknet man sie wieder gut ab und legt sie mit der Farce ein. Zu der Farce braucht man, wenn es 2 Pasteten sein sollen, also 2 Lebern, 1 Pfund fettes, 1 Pfund mageres Schweinefleisch, am besten vom Mürbbraten, 1 Pfund Kalbfleisch, 50 Gramm geriebenen Parmesan, ganz wenig gestoßenen Pfeffer und ganz wenig Thymian und Salz, nebst 2 kleinen Milchbroten das Stück 2 Pfennig. Von diesen wird die braune Rinde abgeschält, dann die Brötchen in kaltes Wasser gelegt; wenn sie durchweicht sind, in einem Tuch recht ausgedrückt, dann durch einen Durchschlag gerührt. Das Fleisch und Fett wird so fein wie möglich geschabt und alle Fasern sorgsam herausgenommen. Dann rührt man dies alles gut durcheinander, legt dann einen Teil Farce in diese Form, ein Stück Leber darauf, dann die Trüffeln hinein; dann wieder Farce, Leber und noch einmal Farce. Darüber legt man noch ein Stück Papier, deckt einen Deckel über, setzt die Form in die Bratpfanne, gießt etwas Wasser hinein und läßt so die Pasteten ganz langsam 2 Stunden im Ofen kochen. Will man getrocknete Trüffeln nehmen, so muß man sie vorher mit etwas Wasser und 1 Messerspitze Bullrichsalz aufsetzen und langsam 2—3 Stunden kochen lassen, bis sie weich sind, dann schneidet man das Harte ringsherum ab. Wenn die Pasteten aus dem Ofen kommen, läßt man sie erkalten und sieht, ob sie ganz mit Fett bedeckt sind, ist dies nicht der Fall, gießt man noch etwas zerlassenes Fett darüber, bis alles dicht bedeckt ist, sonst hält sich die Pastete nicht; doch muß man vorher mit einem Messer am Rande der Büchse einige Löcher machen und die Büchse herumdrehen, damit die Flüssigkeit herausläuft und dann alles mit Fett zugießen.

82. Haschee.

Die Kalbslunge und das Herz werden, nachdem sie gut gewässert, mit Wasser aufgesetzt, und mit Salz dazu, geschäumt, recht weichgekocht und feingewiegt. Nun bereitet man Schwitzmehl, zu 1 Lunge und Herz etwa von 1 kleinen Löffel Butter und ½ Löffel Mehl, rührt von der Lungenbrühe dazu, schüttet das gewiegte Fleisch hinein, tut Salz und feingestoßenen Pfeffer dazu, oder man macht es sauer mit Essig.

Von dem Ueberbleibsel des Kalbsbratens kann man das Haschee auch sehr schmackhaft bereiten; dann macht man das Schwitzmehl mit dem Rest der Sauce, wiegt das Fleisch fein und verfährt wie oben gesagt.

83. Gulasch.

¼ Pfund Speck wird würfelig geschnitten und zerlassen und darin je ½ Pfund Hammel-, Rind- und Schweinefleisch grob würfelig geschnitten nebst 16 großen Zwiebeln bräunlich gebraten. Man glaube nicht, daß dies zuviel Zwiebeln sind, sie verkochen nachher ganz und gar. Dann gießt man ein gut Teil kochendes Wasser dazu, tut Salz und reichlich Pfeffer daran — oder statt dessen 1 kleinen Teelöffel Paprika (roten Pfeffer), wenn man den Geschmack liebt — und läßt es weichschmoren. Zuletzt tut man nach Belieben viel oder wenig rohe geschälte Kartoffeln dazu, läßt sie darin weichkochen und richtet alles auf einer Schüssel an.

84. Französisches Hammelfleisch (Haricot de mouton).

Fleisch aus der Keule wird in Scheiben geschnitten, gesalzen und in Butter schön gelbbraun gebraten. Dann nimmt man es heraus, macht in derselben Butter ein recht braunes Schwitzmehl und verdünnt durch reichlich kochendes Wasser. Inzwischen hat man ein gut Teil gelbe Rüben, am besten Karotten und eine Handvoll Teltower Rübchen geputzt, erstere in kleinfingerlange Stücke geschnitten und tut dies nebst 4 in Scheiben geschnittenen Zwiebeln und etwas würfelig geschnittener Sellerie nun schichtweise mit dem Fleisch in die Sauce, etwas Thymian, ein Lorbeerblatt, einige Pfefferkörner und Salz hinzu und läßt es 2 Stunden ordentlich, doch nicht zu stark kochen. Wird die Sauce zu dick, so gießt man kochendes Wasser dazu. Man richtet alles zusammen auf einer Schüssel an.

85. Gekröse.

Man bekommt es zwar schon gereinigt vom Schlächter, doch muß man es noch gut nachsehen und abschaben. Dabei schneidet man es in fingergliedlange Stückchen, wäscht es warm und setzt es mit Wasser auf, läßt es sehr weich kochen. Man kann einige Stücke Sellerie mitkochen, auch beim Anrichten darin lassen. Zuletzt tut man etwas Schwitzmehl und feingewiegte Petersilie dazu und vergißt das Salz nicht. — Es kann auch mit der sauersüßen gelben holländischen Sauce gegeben werden.

86. Geschmorte Kalbsbrust.

Ohne das Fleisch in Stücke zu schlagen, knickt man die Knochen so ein, wie man bei Tische vorschneiden will. Nachdem dann die Brust wohl abgewaschen, füllt man sie mit Backpflaumen und geriebenem Roggenbrot. Dann näht man mit starkem Zwirn das Fleisch zu. Ich sage starkem Zwirn, weil sich dieser vor dem Anrichten leichter wieder herausziehen läßt. Nun legt man die Brust in heiße Butter, streut Salz auf und brät sie erst auf beiden Seiten gelbbraun, dann gießt man nach und nach 1 Löffel Bier dazu (Weißbier), nur darf es kein bitteres sein, und so schmort man die Brust weich. Beim Anrichten füllt man einen Löffel von der Sauce über, damit sie recht schön glänzend braun aussehe; die übrige Sauce wird in der Sauciere serviert.

Man kann auch mit Semmelfarce füllen.

87. Rippenspeer.

Diesem Stück vom Schwein knickt man ebenfalls die Rippen in handgroße Stücke, wie man nachher vorschneiden will. Man kann das Rippenspeer ebenso wie die Kalbsbrust, aber auch wie die Gans mit Aepfeln, Zwiebeln und Kraut füllen. Es wird mit etwas Wasser aufgesetzt und ihm nachher eine Brotkruste gegeben, wie sie bei dem Schweineschinken beschrieben ist, und es schmeckt auch eine Pflaumenmussauce sehr gut dazu. Es bedarf wohl 2½ Stunden, bis es weich ist.

88. Kalbskoteletten.

Zu diesem nimmt man das Rückenstück und trennt den noch daran befindlichen Rückgratknochen los, hackt ihn mit einem Hackmesser ab; da nun aber noch die Rippen mit ihren Knorpeln an der Fleischseite vorstehen, so hackt man auch letztere von der inwendigen Seite vollends mit der Spitze eines Hackmessers ab. Alsdann häutet man das Fleisch und schneidet die Koteletten, einen guten Finger breit, Stück für Stück ab, so daß jede ihren Rippenknochen behält. Letzterer wird am Ende 3 Zentimeter lang recht rein abgeputzt, die dicke Haut am Knochen der Koteletten von beiden Seiten gleichfalls abgeschnitten, und endlich werden sie mit der Fläche eines in Wasser getauchten Hackmessers oder eines hölzernen Hammers um die Hälfte dünner geklopft, aber nicht zerschlagen, denn sie dürfen die Form nicht verlieren. Es ist gut, diese Vorbereitung schon am Morgen zu machen, sie werden dann bis zum Gebrauch kaltgestellt (aufeinander gelegt), und werden mürber, als wenn man sie unmittelbar vor dem Braten erst zurichtet. Zum Braten läßt man die Butter in der Pfanne schön gelbbraun werden und legt dann die panierten, d. h. erst in geschlagenes Ei oder Eiweiß getauchten, dann in geriebener Semmel, welche mit dem nötigen Salz gemischt, dick eingewälzten Koteletten hinein. Sie dürfen nicht zu lange braten, müssen auf jeder Seite schön gelbbraun sein.

Den Fleischabfall der Koteletten kann man verwerten, indem man ihn einfach mit in der Suppe kochen läßt, oder mit vielem Wurzelwerk, auch einer Zwiebel, mit Wasser aufsetzt und gut zugedeckt recht lange kochen läßt und zuletzt durch ein Haarsieb gießt. Die Brühe ist dann zu Saucen sehr gut verwendbar.

89. Hammelkoteletten.

Mit diesen verfährt man wie mit denen vom Kalbe, nur muß noch sorgfältig alles Fett entfernt werden. Hat man sie nun so zugerichtet, streicht man auf jede Kotelette 2 Tropfen Provenceröl und packt sie so aufeinander bis zum Gebrauch. Dies macht sie sehr zart. Diese Koteletten werden nicht mit Semmel paniert, aber mit etwas Pfeffer bestreut und 2 Minuten auf jeder Seite gebraten, aber man bestreut sie erst kurz vor dem Braten damit. Ohne Oel werden sie auch gut.

90. Hammelkoteletten auf dem Rost.

Sie werden ebenso zugerichtet wie oben. Auf den Rost legt man ein mit Butter bestrichenes starkes Papier, die Koteletten bestreicht man auch mit Butter und streut das nötige Salz und Pfeffer darüber, aber nicht zuviel. Ist die Butter eingezogen, bestreicht man mit einem Pinsel immer wieder von neuem. Diese Koteletten dürfen aber natürlich nicht paniert sein. Beim Anrichten kann man ihnen eine kleine Papierkrause um den Stiel legen, die immer nach dem Rande der Schüssel zu serviert wird. Auch Viertel=Zitronenscheiben legt man herum.

91. Schweinekoteletten.

Wie die Kalbskoteletten. Das Fett wird abgeschnitten und etwas länger gebraten.

92. Koteletten von jungen Hühnern.

Die Hühner werden sehr sauber gereinigt, dann hackt man den Hals ab, löst ganz behutsam das Fleisch von der Brust von beiden Seiten los, aber so, daß der ganze Flügel mit daran bleibt, dann schneidet man den Spitzflügel fort und zieht von den anderen Flügelknochen die Haut ab, dies bildet nun die Kotelette, man darf nur noch die kleine Spitze von dem Fleisch der Brust rund=schneiden, damit eine gute Form herauskommt, dann wird die Haut abgezogen und gut geklopft, einige Minuten in recht heißer Butter gedämpft, aber nicht braun gebraten. Diese Koteletten gibt man zur Garnierung von feinstem Frikassee, das von kleinen Fischklößchen, Champignons, Kalbsmilch und Krebsen mit der Sauce wie zu den Kokillen. Das übrige von den Hühnern verwendet man zur Suppe, die Lebern werden ganz wenig gedämpft und in das Frikassee genommen.

93. Koteletten von Zander.

Der Zander wird von der Haut und den Gräten befreit, in Stücke geschnitten, welchen man die Form von Koteletten gibt, salzt und so einige Stunden liegen läßt. Dann trocknet man sie einzeln mit einem reinen

Tuche sorgfältig ab, bestreut sie mit grob gestoßenem Pfeffer, kehrt sie in Ei gut um, paniert sie gehörig mit geriebener Semmel und brät sie gelbbraun in Butter. Von Hecht und Seefisch kann man sie ebenfalls bereiten.

94. Koteletten von Fischfarce.

Hierzu nehme man einen Teil feingewiegten Fisch, gleichviel von welchem Fisch, dann ebensoviel frischen gut ausgesehnten Rindernierentalg, ferner einen Teil eingeweichte und dann recht trocken ausgedrückte Semmel; diese wird jedoch erst mit 125 Gramm Butter und 4—6 Eiern, je nachdem die Menge der obigen Masse ist, auf dem Feuer zu einem steifen Rührei abgerührt und dann, sobald es kalt geworden, mit Salz, etwas gestoßenem Pfeffer und geriebener Muskatnuß zu dem Fisch und Rindernierentalg getan, welchen man vorher recht feingehackt hat. Die ganze Masse arbeite man noch tüchtig in einem Reibenapf durch. Dann teilt man diese Farce in so viele Teile, als man Koteletten haben will, rollt jeden Teil auf einem mit Mehl bestreuten Brett kegelförmig zusammen und drückt ihn dann mit dem Hackmesser in Kotelettenform breit. Diese Koteletten hält man eine Minute in kochendes Wasser, zieht sie dann sogleich durch kaltes Wasser und legt sie endlich auf ein reines Tuch. Dann werden sie mit Ei und geriebener Semmel paniert und in Butter gelbbraun gebraten. Man garniert mit diesen sowohl wie mit den erst beschriebenen Koteletten die feinen Frikassees von Kalbsmilch usw., kann sie aber auch zu Gemüsen, wie Schoten, Spargel und Mohrrüben geben.

Will man Reste von gekochtem Fisch verwenden, verfährt man wie mit den Bouletten von Kalbsbraten.

95. Angeschlagene Kalbskeulen.

Bereite die Reste des Kalbsbratens, von denen jedoch alles Braune abgeschnitten wird, wie bei den Bouletten

angegeben ist, mit Semmel, Butter, Eiern und etwas
Pfeffer und Salz. Lege nun den unteren Keulenknochen
des Bratens in die Pfanne und forme den Fleischteig
wie eine Keule daran herum. Ist der Teig nicht haltbar
genug, tue etwas Sahne und mehr Semmel hinein. Es
ist gut, wenn der Teig einige Stunden vor dem Braten
bereitet ist, dann hält er besser, indem die Semmel dann
schon mehr Feuchtigkeit angezogen hat. Ist die Keule
geformt, bestreiche sie noch mit Ei und bestreue sie mit
Semmel. Dann gießt man heiße Butter in die Pfanne
und backt die Keule gelbbraun. Am besten ist als Sauce
dazu die Bratensauce des Kalbsbratens; hat man davon
nichts mehr, kann man mit starker Bouillon, Schwitz=
mehl und Soja eine Sauce, oder eine Bóchamelle=Sauce
mit etwas reichlich Zitronensaft dazu machen.

96. Kalbsbraten aufschwitzen.

Hat man keine Sauce mehr, um ihn zu wärmen,
schneidet man ihn in kleine und recht feine Stückchen,
besser Scheibchen. Dann tut man ein wenig frische Butter
in eine Schüssel, darauf eine Lage des Bratens, bestreut
diesen, jedoch ganz wenig, mit feingeriebenem Brot und
träufelt etwas Zitronensaft über; dann wieder etwas
Butter, wieder Braten und so fort, obenauf Zitronensaft
und Butter. Nun deckt man es zu und schiebt die
Schüssel in den Ofen. Im Winter kann man die Ofen=
röhre dazu benutzen, wenn sie heiß genug ist. Sardellen
dazwischen schmeckt auch sehr gut.

97. Ramequins.

Zu 160 Gramm Semmel, von der man die braune
Rinde abgerieben, nehme man 100 Gramm Butter,
½ Liter Sahne und etwas Salz, rühre es auf dem
Feuer zu einem steifen Brei, tue 60 Gramm geriebenen
Parmesankäse, 5 Eigelb, 6 gereinigte und feingewiegte
Sardellen, endlich den Schnee der Eier dazu; fülle diese

Masse in butterbestrichene Papierkästchen, backe kurz vor dem Anrichten diese Ramequins im Ofen auf einem Blech goldgelb und gebe sie in den Kästchen zur Tafel. Diese Masse genügt zu 15 Kästchen.

98. Papierkästchen.

Man gebraucht sie zu den Ramequins und anderen Hors d'oeuvres; sie werden folgendermaßen angefertigt:

Nimm feines weißes Papier, kniffe davon längliche Vierecke, etwa 6½ Zentimeter lang, 5 Zentimeter breit und 2 Zentimeter hoch, biege den oberen Rand ein wenig nach außen herum und klebe sie mit weißem Mundlack zusammen.

Fische.

99. Sautée von Lachs in Papierkästchen.

Champignons, Petersilie, Schnittlauch, Estragon und wenig Schalotten zusammen feingehackt. Den Lachs schneidet man in feine Scheiben, schmilzt diese in Butter mit den gehackten Kräutern von beiden Seiten gar und legt sie in die Papierkästchen. Indes tut man zu den Kräutern einige Löffel recht starke Brühe, schärft es mit Zitronensaft und zieht es mit Eiern ab, füllt diese Sauce über die in den Kästchen liegenden Filets von Lachs und gibt sie so zur Tafel.

100. Sautée von Zander in Papierkästchen.

Es wird ganz wie das Sautée von Lachs bereitet, nur muß man den Zander zuvor aus den Gräten heraus und dann in feine Scheiben schneiden.

101. Ausgebackene Sardellen.

Die gut gewässerten Sardellen werden von den Gräten befreit und halbiert; dann belegt man die eine Hälfte mit etwas in Milch geweichter und wieder ausgedrückter Semmel, streut darauf geriebenen Parmesankäse und legt die andere Hälfte darüber, taucht nun die Sardellen in dem dazu bestimmten Teig und backt sie in Fett, am besten Rindertalg, gelbbraun aus; die Sardellen müssen in dem Fett schwimmen können.

Zu dem Teig nimmt man ½ Pfund Mehl, 1 Eßlöffel Oel, rührt das mit so viel Weißbier klar, daß es wie ein dicker Eierkuchenteig ist. Die Sardellen müssen vorher mit einem Tuche abgetrocknet werden.

102. Ausgebackene Sardellen.

Nachdem sie gut gewässert, gereinigt und von den Gräten gelöst sind, trocknet man sie mit einem Tuche und verfährt dann wie bei den Barsen mit demselben Teig (s. Nr. 133). Beides, Barse wie Sardellen, so zubereitet, werden nach der Suppe gegeben. Der Teig genügt für 36 Sardellen (s. auch Nr. 101).

103. Ueber alle Fische, die in Salz und Wasser gekocht werden,

als Seefische, Steinbutten, Zungen=, Schellfische, Dorsche; die werden geschuppt und in sehr kaltem Wasser gewaschen, das Rückenblut recht herausgenommen und in der Regel auch ganz gekocht.

Der Fisch muß so lange im Wasser liegen, bis er aufgesetzt wird; dann tut man diese Fische in recht kochendes Wasser, wo vorher schon viel Salz, Zwiebeln, Lorbeerblätter und Gewürz hineingetan ist, kocht sie schnell so lange, bis das weiße Korn aus den Augen quillt, dann ist der Fisch gar.

Zander und Forellen kocht man ebenso, nur die große Maräne wird nicht geschuppt; zu diesen Fischen ißt man fast immer zerlassene Butter, Mostrich, gewiegte Eier oder Meerrettich. Die Steinbutten werden auf der steinigen Seite abgezogen.

104. Hecht oder Karauschen mit Petersilie.

Der Hecht wird geschuppt, ausgenommen, tüchtig in kaltem Wasser gewaschen und mit einem scharfen Messer der Rücken durchgerissen. Dann schneidet man die Hälfte in dreifingerbreite Stücke, legt sie auf einen Teller, der umgekehrt auf einer Schüssel liegt, damit sie gut ablaufen; die Leber, behutsam von Galle befreit, dazu. Nun tut man in eine Kasserolle geschnittene Zwiebeln, recht reichlich, einige Körner Gewürz, 6 Körner Pfeffer, 1 Lorbeerblatt; darauf legt man den Fisch mit reichlich Salz und gießt dann so viel kaltes Wasser auf, daß es mit dem Fisch gleichsteht. Wenn es kocht, schäumt man ihn gut ab, nimmt dann auf einen Hecht von 2 Pfund 160 Gramm Butter, reibt sie zu Sahne, rührt einen kleinen Löffel Mehl und etwas süße Sahne oder Milch dazu, und ist der Fisch halb gar, nimmt man von seiner Brühe, verrührt damit die Butter, Mehl usw. und tut es zu dem Fisch. Zuletzt etwas gewiegte Petersilie, die jedoch gut durchkochen muß. Sollte die Sauce zu salzig geworden sein, tut man noch ein wenig Milch dazu. Man richtet an, indem man die Köpfe in die Mitte der Schüssel, die Leber darauf legt und die Fischstücke rundherum, immer mit der Haut nach oben. Man kann auch die abgeschälten Kartoffeln zuerst auf die Schüssel legen, den Fisch darauf und die Sauce darüber. Die Karauschen gibt man auch in Wasser und Salz gekocht und dann heiße Butter und gehackte Raute und Petersilie dazu.

105. Schüsselhecht.

Man nimmt einen großen Hecht; er wird geschuppt, ausgenommen, gewaschen, die Rückengräte herausgenommen, der Kopf nicht mitgekocht. Den halbierten Fisch schneidet man in dreifingerbreite Stücke, legt sie in eine recht breite Kasserolle, die Leber dazu, tut Salz, aber sehr wenig, feingewiegte Zwiebeln recht viel, einige Gewürzkörner, Zitronenscheiben, etwas geriebene Semmel, auf 3 Pfund Fisch ein gutes ½ Pfund Butter, 125 Gramm gewässerte, abgezogene und feingewiegte Sardellen und 1 Glas Weißwein dazu — in Ermangelung des Weins ein wenig Wasser. Der Fisch wird auf gelindem Feuer 1 kleine Stunde gedämpft, aber zuweilen die Kasserolle gerüttelt, damit er nicht ansetze.

106. Brathechte.

Die kleinen Hechte werden hierzu genommen, geschuppt, ausgenommen, tüchtig gewaschen, mit Salz reichlich bestreut, eine Weile liegen gelassen und abgetrocknet, sonst werden sie nicht braun, die Leber und etwas Petersilienblätter in den Bauch, dann in Mehl gewälzt. Nun tut man Butter in eine Pfanne, macht sie gelbbraun, dann erst legt man die Hechte hinein und brät sie auf gelindem Feuer hellbraun und gar. Wer die Petersilie nicht mag, kann sie fortlassen.

107. Krummhechte.

Es sind dieselben kleinen Hechte, denen man, nachdem sie, wie oben gesagt, gereinigt sind, den Schwanz in das Maul legt und nun auf die beschriebene Weise in Wasser und Salz, Zwiebeln usw. schnell kocht. Zerlassene oder braune Butter dazu.

108. Gespickter Hecht.

Nur recht große Hechte sind hierzu tauglich. Sie werden geschuppt, ausgenommen usw. Dann zieht man recht behutsam mit einem scharfen Messer die Haut ab, spickt 2—3 Reihen ganz feingeschnittenen Speck hinein, streut Salz darüber und tut reichlich Butter in die Bratpfanne. Hat sie eine Weile gebraten, legt man den Fisch hinein, überfüllt ihn recht oft mit der Butter, und wenn sie anfängt braun zu werden, kann man etwas Sahne dazutun, damit der Fisch recht saftig wird. 1 Stunde muß er im Ofen braten. Man gibt eine kräftige Sauce von Champignons oder Kapern dazu. Auch kann man den Fisch mit Fischfarce füllen (wie bei Weißkohl beschrieben wird). Dann aber muß er zusammengenäht werden. Im übrigen wird er ebenso bereitet, wie oben angegeben. Man kann auch große Zander anstatt des Hechtes nehmen; er ist noch zarter.

Der Fisch muß auf eine Spanplatte gelegt werden, die man vorher in Wasser gereinigt hat.

109. Zander mit Parmesankäse.

Ein ziemlich großer Zander wird gut gereinigt, die Haut abgezogen, halbiert, die Rückengräte herausgenommen und in zweifingerbreite Stücke geschnitten. Reichliche Butter wird in die Kasserolle getan, wenn diese kocht, der Fisch hineingelegt, mit Salz bestreut und auf gelindem Feuer weichgedämpft. Ist er gar, legt man ihn zierlich rund auf die erwärmte Schüssel, wie er zur Tafel kommen soll, und träufelt etwas Zitronensaft darüber. In der Butter, worin der Fisch gedämpft, schwitzt man einen Löffel Mehl, tut feingewiegte und in Butter weich, aber weiß geschwitzte Zwiebeln dazu, rührt Sahne, soviel man Sauce haben will, dazu und treibt es durch ein Haarsieb. Alsdann rührt man noch geriebenen Parmesankäse hinein und gießt die Sauce heiß über den Fisch. Auf 1 Liter Sauce nimm 60 Gramm Parmesan.

110. Karpfen oder Blei mit Bier.

Der Karpfen wird in kaltem Wasser gut abgewaschen, vorsichtig ausgenommen, damit die Galle nicht platzt. Mit scharfem Messer reißt man dann dem Fisch den

Rücken auf, schuppt ihn aber nicht und schneidet zweifingerbreite Stücke. Nun wird der Karpfen aber nicht mehr gewaschen, denn das Blut ist gut. Schneide nun eine gute Anzahl Zwiebeln in die Kasserolle, tue Gewürz und Lorbeerblatt dazu und den Fisch mit nötigem Salz darauf, die Schuppenseite immer nach oben, gieße Weißbier oder auch süßes Braunbier — nur niemals bitteres — dazu, bis es mit dem Fisch gleichsteht. Kocht der Fisch, so schäume man ihn ab, tue geriebenes Brot, ein paar Zitronenscheiben, ein gutes Stück Zucker dazu. Ist er fast weich, den Rotwein und etwas braunen Zucker oder Saft, wie auch ein wenig Fliedermus und für 15 Pfennig Pfefferkuchen dazu. Rüttele zuweilen die Kasserolle, damit er nicht anbrenne, und fülle die Sauce öfter über, damit das Brot gut verkoche. Ist der Fisch fast gar, streue 120 Gramm Butter, in Stückchen gedrückt, oben über und lasse ihn ein paarmal aufkochen; dadurch bekommt der Fisch das glänzende Aussehen. Von dem Eingeweide nimmt man die Galle geschickt fort; das andere kocht man mit ein wenig Bier und Salz ab und legt es zuletzt erst zu dem Fisch. Beim Anrichten muß die Schuppenseite immer nach oben liegen. Ein großer Karpfen oder Blei liegt am schönsten auf einer Bratenschüssel.

Tritt der Augapfel heraus, so ist der Fisch gar.

111. Karpfen blau.

Der Karpfen wird gewaschen, nicht geschuppt, alles Blut aus dem Rücken herausgekratzt, dann legt man ihn auf eine Schüssel, kocht etwas Essig und Salz auf und begießt damit den Fisch auf beiden Seiten recht kochend; dann legt man ihn ganz in einen Fischkessel in kochendes Wasser und kocht ihn mit Salz, Zwiebeln und Gewürz gar; das Eingeweide auch. Man gibt dazu zerlassene Butter und rohen Meerrettich, oder bereitet den Meerrettich, wie unter den Saucen beschrieben ist, mit Essig und Zucker.

112. Aal.

Man tötet den Aal durch Schlagen auf den Schwanz, dann schneidet man am Kopf die Haut los, hängt ihn an einen Haken und zieht ihm die Haut ab. Dann nimmt man ihn aus, hütet sich, daß die Galle nicht platze, nimmt das Rückenblut heraus, wäscht ihn sehr, schneidet ihn in Stücke und setzt ihn in kaltem Wasser mit Salz, Zwiebeln, Gewürz, etwas Salbei und Lorbeerblatt aufs Feuer. Der Aal muß langsam kochen, sonst wird er hart; auch kocht er länger als jeder andere Fisch.

113. Roulade von Aal.

Der Aal wird mit Sand recht tüchtig gescheuert, der Rücken aufgerissen und behutsam die Rückengräte herausgeschnitten, dann wäscht man ihn gut ab und trocknet ihn mit einem Tuche. Von 2 hartgekochten Eiern nimmt man das Gelbe, wiegt es fein und so auch Petersilie, reibt den Aal etwas mit Salz, beschüttet ihn mit dem Ei, der Petersilie und dem Pfeffer, fängt dann bei dem Kopfende an, aufzurollen, so fest wie irgend möglich, wickelt dann einen Streifen Leinwand darum und bindet mit Bindfaden die Rolle fest zu. Nun setzt man die Rolle mit kaltem Wasser, Salz, Zwiebeln, Gewürz und Lorbeerblatt auf und läßt sie langsam 1½ Stunde kochen. Dann legt man die Rolle auf ein Brett, deckt ein zweites darüber und beschwert es mit einem Stein, Bolzen oder Gewicht. Ist der Aal unter dieser Presse ganz kalt geworden, und die Brühe auch, so nimmt man etwas von dieser, schärft sie mit Essig, tut sie in ein irdenes Gefäß, legt die Rolle hinein, bis man sie essen will; alsdann nimmt man den Aal aus der Leinwand, schneidet mit einem scharfen Messer auf einem Brett Scheiben wie ein kleiner Finger dick, legt sie auf eine Schüssel und gießt Romoladensauce darüber. Auch kann man die Schüssel mit halben harten Eiern und Pfeffergurken verzieren. Der Kopf wird abgeschnitten.

114. Aal und Hecht.

Der Aal wird tüchtig mit Sand abgerieben, ausgenommen, aber nicht abgezogen, ordentlich rein gewaschen, in kaltem Wasser aufgesetzt und mit Salz, Zwiebeln und Gewürz nebst einem Lorbeerblatt langsam weichgekocht. Der Hecht, geschuppt und gereinigt, wie bekannt, ebenso wie der Aal in Stücke geschnitten, mit denselben Gewürzen in einem andern Gefäß gekocht. Der Aal muß 1 Stunde, der Hecht bei schnellem Feuer nur ½ Stunde kochen. Sind beide Fische gar, nimmt man ein gutes Teil Butter, rührt sie zu Sahne, dann so viel Mehl als nötig, um eine sämige Sauce zu bereiten; diese tut man nebst etwas von der Aalbrühe (jedoch nicht so viel wie Hechtbrühe) an den Hecht, legt den Aal hinein, tut Zitronenscheiben und Kapern dazu und läßt es so ein paar Minuten kochen.

Das Gericht darf nur wenig säuerlich, ja nicht sauer schmecken.

115. Barse mit Petersilie.

Sie werden geschuppt und gereinigt wie der Hecht; die Leber und der Rogen werden mitgekocht, dann ebenso verfahren wie bei dem Hecht.

116. Nackte Barse.

Sie werden ausgenommen und gut gewaschen, aber nicht geschuppt, mit kaltem Wasser aufgesetzt, mit Salz, Zwiebeln und Gewürz gargekocht, auf ein Brett gelegt und geschickt die Schuppen mit der Haut abgezogen. Die roten Bauchflossen steckt man ihnen ins Mäulchen und läßt sie kalt werden. Nachher legt man sie zierlich in eine Schüssel, gibt jedem Bars eine halbe Zitronenscheibe auf den Rücken, verziert die Schüssel nach Belieben mit Krebsschwänzen, kleinen Pfeffergurken und dergl., oder auch mit Aspik. Man bereitet den Aspik auch von der Fischbrühe, indem man sie mit Essig etwas schärft, auf 1 Liter 30 Gramm Gelatine dazutut und klar durchlaufen läßt. Eine Remoladensauce wird dazu gegeben.

117. Schlei.

Er läßt sich sehr schwer schuppen, wenn man nicht folgenden Kunstgriff dabei beobachtet. Man mache einen Bolzen glühend, fasse ihn mit einem Haken und fahre damit über den Fisch hin; dann läßt er sich leicht schuppen, wird ausgenommen und gewaschen, alsdann in Bier gekocht wie der Karpfen.

118. Schlei mit Dill und Milch.

Dazu wird er, nachdem er wie oben gereinigt, in Salz und Wasser usw. gekocht, dann eine Sauce von zu Sahne gerührter Butter, Mehl, Milch und gehacktem Dill gemacht und damit durchgekocht.

119. Stinte in polnischer Sauce.

Den Stinten wird der Kopf abgeschnitten, dann werden sie mehrmals in kaltem Wasser gewaschen und mit Wasser und Salz rasch gekocht, in einen Durchschlag gelegt und ganz abtropfen gelassen. Dieses Wasser gießt man fort und bereitet die unter den Saucen beschriebene braune Specksauce, welche man beim Anrichten über die Stinte gießt.

120. Maräne.

Sie wird nicht geschuppt, gut gereinigt, ausgenommen, denn das Eingeweide, wie Leber usw. ißt man nicht, in Wasser und Salz, Zwiebeln und Gewürz gekocht. Die Maräne wird ganz gekocht, und mit geschmolzener Butter, Meerrettich, Ei oder Mostrich gegeben. Soll die Maräne kalt gegessen werden, kocht man sie in Stücken und läßt sie in der eigenen Brühe, mit Essig abgeschärft, erkalten. Dann gibt man Remoladensauce dazu; will man sie in Aspik legen, muß man die Schuppen ablösen.

121. Forellen.

Sie werden abgeschuppt, ausgenommen, gewaschen, in kochendem Wasser mit Salz usw. aufgesetzt, schnell gekocht, frische Butter, auch Oel und Essig dazu gegeben. Auch kann man eine geschlagene holländische Sauce (siehe Saucen) nehmen.

122. Lachs.

Der Lachs wird sehr gewaschen, ausgenommen, alles Rückenblut ausgekratzt, mit einem Messer auseinander getrennt und die Gräte herausgenommen, dann in kochendes Wasser gelegt, worin reichlich Salz, Zwiebeln, Gewürz und Lorbeerblätter getan werden. — Wird der Lachs ganz gekocht, so tut man gut, in der Bauchseite, wo man den Fisch ausnimmt, einen Schnitt mit dem Messer zu machen, damit er besser durchkocht, und das Salz gut einzieht. Man gibt zerlassene Butter, Mostrich oder Champignons und Remoladensauce dazu.

123. Lachs zu räuchern.

Der Lachs wird abgewaschen, ausgenommen, am Rücken aufgerissen und vorsichtig die Rückengräte herausgenommen. Dann wischt man ihn mit einem Tuche rein ab, legt die Hälfte in eine Mulde, bestreut sie recht gut mit Salz und nimmt für einen Lachs 2 Teelöffel voll gestoßenen Zucker und für 5 Pfennig Salpeter dazu, wovon man die Hälfte auf jede Hälfte des Lachses streut; das andere Lachsstück legt man darüber, salzt es ebenso, und wenn sich Lake gebildet hat, fülle man sie öfter darüber, lasse ihn 24—30 Stunden in der Lake liegen, nehme ihn heraus, trockne ihn gut ab und hänge ihn in den Rauch, wo er 1—2 Tage, je nachdem der Rauch stark ist, räuchern muß. Der Rauch von Sägespänen ist der beste.

124. Gebratene Stinke zu Sauerkohl.

Nachdem die Stinte, wie schon gesagt, gereinigt sind, werden sie in kochendem Wasser einmal abgewellt und gleich in den Durchschlag getan. Sind sie gut abgelaufen, wälzt man 3—4 zusammen in Mehl und brät sie dann in heißer Butter gelbbraun.

125. Gebratene Heringe (gesalzene).

Sie müssen einen ganzen Tag wässern, werden dann gut abgetrocknet, in Mehl gewälzt und in gelbbrauner Butter gebraten, mit Zitronensaft beträufelt und zur Tafel gegeben.

126. Gebratene Heringe (frische).

Sie werden geschuppt, ausgenommen, bis auf Milch oder Rogen, welche darin bleiben müssen, gewaschen, ablaufen gelassen, tüchtig mit Salz bestreut, worin sie 2 Stunden liegen müssen. Dann nimmt man sie heraus, streift das Salz ab, bohrt einen Draht durch die Augen und hängt sie so ein paar Stunden in Zugluft, damit sie etwas trocknen. Dann wälzt man sie in Mehl, macht Butter in der Pfanne braun und brät sie darin gar, aber nicht zu weich. Sind sie erkaltet, packt man sie in einen Steintopf und legt immer etwas englisch Gewürz nebst Lorbeerblättern dazwischen und ebenso noch obenauf. Essig wird mit etwas Wasser aufgekocht, und wenn es kalt geworden, übergossen. Der Essig darf eben nicht zu scharf sein. Nach 1—2 Tagen sind die Heringe gut.

127. Kaulbarse.

Sie werden geschuppt. Die unter dem Bauche befindliche Oeffnung wird ein wenig erweitert und der

Darm da herausgezogen, alles übrige bleibt darin. Gekocht wie die Forelle. Zerlassene Butter wird dazu gegeben.

128. Kleine Maränen.

Die Maränen werden geschuppt, ausgenommen und gewaschen, in kochendes Wasser gelegt, mit Salz, Zwiebeln, Gewürz und Lorbeerblatt schnell gekocht, dazu zerlassene Butter; will man sie kalt essen, tut man zu der Sauce Essig und hebt die Maränen darin auf; auch Remoladensauce schmeckt gut dazu.

129. Forellen mariniert.

Auch sie werden geschuppt und ausgenommen, mit Salz, Gewürz und Zwiebeln in Wasser abgekocht, dann herausgenommen, Essig mit der Forellenbrühe aufgekocht, oder noch besser, gleich etwas Essig beim Kochen dazugetan. Die Forellen in den Topf gepackt, wenn sie kalt sind, und die ebenfalls erkaltete Essigbrühe darüber gegossen.

130. Gesalzenen Hering zu marinieren.

Er wird gewaschen und 24 Stunden gewässert. Dann packt man ihn in einen Topf, Zwiebelscheiben, Gewürz und Lorbeerblätter immer dazwischen und gießt mit Wasser verdünnten, aufgekochten und wieder erkalteten Essig darüber. Gibt man sie zur Tafel, schneidet man sie in Stücke und legt ebenfalls in Stücke geschnittene Salzgurken und Zitronenscheiben herum. Hat man mehrere Milchheringe dabei, so verrührt man die Milch mit etwas Essig oder Essig und Oel und gießt sie über die angerichteten Heringe.

131. Marinierte Heringe auf andere Art.

Die Heringe werden 2 Tage gewässert, dann in einen Topf mit Gewürz, viel Lorbeerblättern, Scheiben von schönen sauren Gurken oder Pfeffergurken und einigen Zwiebelscheiben eingelegt, Weinessig mit etwas Wasser auf=

gekocht, kalt über die Heringe gegossen und einige Tage stehen gelassen. Man kann auch zu diesen Heringen eine Remoladensauce geben.

132. Aal zu räuchern.

Der Aal wird tüchtig mit Sand abgerieben, gut abgewaschen und ausgenommen, dann eingesalzen; so bleibt er 24 Stunden stehen; hierauf wird er aus dem Salz genommen und in kochendes Wasser gelegt, worin er ¼ Stunde bleibt. Dann wird er herausgenommen, ein Bindfaden durch die Augen gezogen, und so hängt man ihn über einen Stock, den man über eine Tonne gelegt hat. Die Tonne muß ohne Boden sein; so stellt man sie auf ein paar Steine, macht Rauch mit Sägespänen und deckt die Tonne mit einem nassen Sack oben recht dicht zu, damit der Rauch drinnen bleibe. Wird der Sack schnell trocken, feuchtet man ihn immer wieder an. In 3—4 Stunden ist der Aal gut und wird dann an einem luftigen Ort aufbewahrt.

133. Ausgebackene Barse.

Die Barse werden gar, aber durchaus nicht zu weich gekocht, und zwar mit den Schuppen, wie schon in Nr. 116 beschrieben, ebenso abgezogen, in einen Teig getaucht und in Fett ausgebacken, am besten Rinderfett. Das Fett von der Suppe kann genommen werden. Den Teig bereitet man, indem man ½ Pfund Mehl, 1 ganzes und 3 Eigelb, 1 Eßlöffel voll Provenceröl mit ¼ Liter Milch klarrührt, so daß das Ganze einer dicken Eierkuchenmasse gleicht. Sind die Barse in diesen Teig getaucht und schön braun ausgebacken, tut man Petersilie in das kochende Fett, zieht sie nach einer Minute wieder heraus und verziert die Schüssel damit.

134. Krebse.

Die Krebse werden gut gewaschen und in kochendem Wasser mit recht viel Salz und etwas Kümmel so lange gekocht, bis sie gut rot aussehen und gar sind. Dann lasse man sie vor dem Anrichten ½ Stunde in der Brühe stehen.

135. Hummer.

Wird ganz wie die Krebse gekocht, nur viel länger und es kommt kein Kümmel dazu.

Gemüse.

136. Petersilienkartoffeln.

Roh geschälte Kartoffeln werden abgekocht, aber nicht verkocht; zugleich gießt man Fleischbrühe in einen breiten Schmortopf, gut reichlich feingewiegte Petersilie und das Suppenfett hinein, ist keins da, muß man Butter nehmen, denn die Kartoffeln dürfen nicht zu mager sein. Die Brühe wird mit der Petersilie gut durchgekocht, dann die Kartoffeln hineingeschüttet und warm stehen gelassen, nicht mehr kochen. So gibt man sie zu Rindfleisch.

137. Petersilienkartoffeln auf andere Art.

Die gewaschene Petersilie trocknet man mit einem Tuche und wiegt sie fein; dann tut man Butter in einen Tiegel, und wenn sie heiß aufsteigt — sie darf nicht braun werden —, schüttet man die Petersilie hinein. Inzwischen hat man Eigelb — auf einen Löffel Butter rechnet man 2 Eigelb — mit einem halben Löffel Mehl in 2 kleine Tassen Milch gut gequirlt, und dies rührt man eine halbe Minute, nachdem die Petersilie in die Butter getan, dazu.

Die Kartoffeln, am besten frische, sind indes mit der Schale gekocht, werden nun rasch abgepellt, in diese Sauce getan und gleich angerichtet. Hierzu gibt man gekochten Schinken oder Koteletten.

138. Geriebene Kartoffeln.

Roh geschälte Kartoffeln werden ohne Salz gekocht und das Wasser rein abgegossen, dann drückt man sie mit einer Reibkeule klein, tut sie in einen großlöchrigen Durchschlag und treibt sie durch in einen heißen Schmortopf, tut Butter, warme Milch und Salz dazu und rührt sie so lange, bis sie angerichtet werden. Man richtet sie auf einer flachen Schüssel an, drückt mit einem Löffel kleine Vertiefungen und füllt in Butter gebratene Zwiebeln hinein.

Sind die Kartoffeln recht schön, kann man sie ohne Butter, nur mit Milch machen.

139. Gebackene Kartoffeln.

12 recht große Kartoffeln werden mit der Schale gekocht, dann geschält und auf dem Reibeisen gerieben. Nun tut man 3 Eigelb und etwas Salz dazu, rührt dies recht gut und formt davon runde Kartoffeln oder drückt es auf einem Brett auseinander in der Stärke eines dicken Eierkuchens, sticht dann mit einem Weinglase Platten aus und bildet aus diesen Halbmonde. Diese Formen werden durch Eiweiß gezogen, dann in fein gesiebte Semmel getan und in heißem Fett, das vorher gut kochen muß, ausgebraten. Jedoch darf es nicht lange vor dem Anrichten sein, da sie sonst hart werden. Zum Ausbraten ist am besten gutes Rinderfett.

140. Béchamelle-Kartoffeln.

Man macht die bei den Saucen beschriebene Béchamelle-Sauce, kocht die Kartoffeln in der Schale, pellt sie schnell warm ab, schneidet sie in Scheiben und tut sie so in die Sauce, mit der man sie warmstellt, aber nicht kochen läßt.

141. Kartoffeln mit Speckfauce.

Die roh geschälten Kartoffeln werden mit Salz gekocht, abgegossen und beim Anrichten mit brauner Speckfauce übergossen.

142. Gebratene Kartoffeln.

Man nimmt dazu die kleinsten Kartoffeln, kocht sie in der Schale, pellt sie rasch ab und brät sie dann gleich in Butter gelbbraun, indem man Salz darüber streut. Geschnittene Kartoffeln brät man mit Butter und gewiegten Zwiebeln.

143. Heringskartoffeln.

Man dämpft einige feingewiegte Zwiebeln in Butter weich, tut etwas Mehl dazu und läßt es garschwitzen, rührt dann so viel Milch oder auch saure Sahne dazu, wie man Sauce braucht. Nun tut man erst den feingewiegten, natürlich vorher gewässerten, Hering oder Sardellen nach Belieben, und dann die abgekochten und zerschnittenen Kartoffeln dazu und läßt sie in der Sauce noch etwas stehen.

144. Grüne Erbsen (Schoten).

Die grünen Erbsen werden in kaltem Wasser abgewaschen, dann in einen Schmortopf oder eine verzinnte Kasserolle, worin das Wasser kocht, nach und nach hineingeschüttet, damit das Wasser im Kochen bleibt. Man schäumt sie ab, und wenn sie fast weich sind, macht man, auf 4 Personen, ½ Löffel Butter mit etwas Mehl zu Schwitzmehl und tut es nebst Zucker und Salz an die Schoten, kocht sie damit klar und nimmt zuletzt noch etwas Petersilie daran. Junge Schoten kochen eine Stunde. In Büchsen aufbewahrte Schoten kocht man auf folgende Weise: Die Schoten werden in einen Durchschlag zum Ablaufen geschüttet, dann macht man Schwitzmehl und tut die Schoten da hinein. Nachdem sie aufgekocht sind, sieht man, ob Sauce genug ist, sonst tut man einige Löffel von der Schotenbrühe, wenn sie gut schmeckt, Bouillon oder Wasser dazu. Zuletzt kommt Zucker und Salz daran, wie oben beschrieben.

145. Schneidebohnen.

Sie werden abgezogen, feingeschnitten, kalt gewaschen und nach und nach in kochendes Wasser geschüttet, damit es im Kochen bleibt. Man schäumt sie ab, und wenn sie weich sind, auf 2 Liter Bohnen 1½ Löffel Butter und 1 Löffel Mehl zu Schwitzmehl, wenn man es liebt, auch Zucker.

146. Brechbohnen.

Sie müssen recht sorgfältig abgezogen, dann in 3 Zentimeter lange Stückchen gebrochen oder geschnitten werden. Man kocht sie nach dem Schäumen mit Hammelbrühe, Pfefferkraut, Petersilie und Salz. Das nötige Schwitzmehl bereitet man mit dem Hammelfett oder Rinderfett.

147. Saure Bohnen.

Brechbohnen werden in Wasser recht weichgekocht, dann abgegossen. Würfelig geschnittener Speck wird zerlassen, ein knapper Löffel voll Mehl darin nicht zu braun gemacht, kochendes Wasser darauf gegossen, etwas Essig und Salz dazu getan und mit den Bohnen einmal aufkochen gelassen. Dazu Koteletten, Bouletten oder Hammelfleisch.

148. Schneidebohnen mit Milch.

Die Bohnen werden geschnitten, in kochendem Wasser aufgesetzt und so hineingeschüttet, daß es immer im Kochen bleibt, wenn sie weich sind, in einen Durchschlag getan; dann nimmt man auf 2 Liter 1½ Löffel Butter, tut sie mit einem kleinen Löffel Mehl in einen Tiegel, macht es zu Schwitzmehl, tut so viel Milch dazu, daß es eine dicke Sauce wird, fügt etwas Zucker und ein ganz wenig gestoßene Muskatblüte dazu, dann schüttet man die Bohnen hinein und läßt sie ganz wenig damit durchkochen.

149. Weiße Bohnen mit Aepfeln.

Die Bohnen werden in weichem Wasser aufgesetzt und langsam weichgekocht. Hat man kein sauberes weiches Wasser, tut man, wenn die Hülsenfrüchte kochen, eine Messerspitze voll Bullrichsalz dazu. Sind sie weich, gießt man das Wasser ab und drückt die Bohnen durch einen Durchschlag, tut sie in einen Tiegel und gibt Butter, Salz und wenig geriebene Zwiebeln hinein, womit man sie durchkochen läßt. Inzwischen hat man Aepfel geschält, in Viertel geschnitten, mit Zucker bestreut und mit einem Stückchen Butter in einem Tiegel weichdämpfen lassen. Dann richtet man die Bohnen an und legt einen breiten Rand von den Aepfeln um die Schüssel. Den Saft der Aepfel gießt man über die Bohnen. Nach Belieben tut man bei Tische etwas Essig zu den Bohnen, auch kann man sie ganz mit einer Specksauce geben.

150. Spargel.

Er muß gut geschält werden, sonst wird er nie weich auf den Tisch kommen; ist er dann gewaschen, bindet man ihn in Bunde von 15 Stück mit einem Faden zusammen und tut ihn in kochendes Wasser. Er kocht gewöhnlich eine Stunde, und kurz vor dem Garwerden erst tut man Salz in das Wasser. Dann darf er nicht lange mehr stehen, sonst wird er gelb. Beim Anrichten nimmt man natürlich die Fäden ab und legt ihn behutsam auf eine lange Schüssel, die Köpfe alle nach einer Seite. Einige Löffel Butter füllt man über, aber nur auf die Köpfe. Man mag auch geriebene Semmel, welche in Butter gelbbraun gebraten ist, überfüllen. Auch gibt man noch nebenbei geschmolzene Butter oder eine holländische Sauce dazu.

151. Gebrochener Spargel.

Hierzu verwendet man den weniger starken Spargel, schält und schneidet ihn in 3 Zentimeter lange Stücke. Nachdem er wie oben weich gekocht, bereitet man ein Schwitzmehl, gießt etwas Brühe hinzu und läßt es mit feingewiegter Petersilie, Zucker, Salz, wenig Muskatblüte aufkochen und tut den Spargel hinein, der nur einmal damit durchkochen muß. Eine holländische Sauce schmeckt auch gut dazu.

152. Spargel mit Mohrrüben.

Der Spargel wird, wie in der vorigen Nummer gesagt, in Wasser gekocht; die Mohrrüben bleiben ganz, werden besonders gekocht, und wenn sie geschäumt, ganz wenig gesalzen. Nachher verfährt man wie mit dem gebrochenen Spargel; man kann aber von der Mohrrübenbrühe dazu nehmen.

153. Spargel, Mohrrüben und Krebse.

Der Spargel geschält und geschnitten, die Mohrrüben ganz gelassen, jedes für sich gekocht. Die Krebse gekocht und ausgepellt, und die Krebsbutter, wie beschrieben, bereitet. Dann macht man ein Schwitzmehl, gießt so viel Milch, wie Sauce nötig, dazu, süßt diese, tut auch ein wenig gestoßene Muskatblüte daran, schüttet den Spargel, die Rübchen und das Krebsfleisch hinein, salzt das Gericht etwas und tut nun noch so viel von der Krebsbutter daran, bis es schön rötlich aussieht. Man achte darauf, daß nicht etwas von dem Wasser des Spargels oder der Mohrrüben in die Sauce komme, sie wird sonst gleich zu dünn und verliert an Geschmack.

Man kann auch noch weiche Morcheln dazu nehmen.

154. Morchelgemüse.

Man schneidet die Enden der sandigen Stiele ab, wäscht sie in recht vielem Wasser mehrmals, bis kein Sand mehr zu Boden fällt, und setzt sie dann mit heißem Wasser auf. Sie kochen in 1½ Stunde weich. Dann füllt man sie in einen Durchschlag und läßt sie ablaufen, legt sie auf ein Brett und wiegt sie fein. Dann tut man 1 Stück Butter in den Tiegel, die Morcheln, etwas gestoßenen Pfeffer und Salz dazu, wie auch ein paar Löffel Fleischbrühe oder Sahne.

Man kann auch trockene Morcheln zu diesem Gericht verwenden, doch müssen diese 3—4 Stunden langsam kochen, in recht reichlichem Wasser, das man aber auch den frischen Morcheln geben muß. Die trockenen Morcheln mag man am Abend vorher in weiches Wasser legen und etwas Bullrichsalz beim Kochen dazutun.

155. Spinat.

Nachdem er verlesen, wäscht man ihn in Wasser mehreremal. Dann wird er abgekocht, in einen Durchschlag zum Ablaufen getan. Während man ihn dann feinwiegt, wird ein gutes Stück Butter im Tiegel heiß gemacht; dann tut man den Spinat hinein und gibt etwas feingehackten Schnittlauch und einige Löffel Brühe oder Wasser hinzu; damit kocht er etwas durch. Wer es liebt, mag ein Teilchen Sauerampfer mit darunter nehmen. Auch kann man, um ihn herzhafter zu machen, geriebene Semmel braten und darunter mischen.

Nachdem er auf die Schüssel getan, legt man halbe hartgekochte, zierliche Eier herum. Auch Setzeier kann man darauf legen, oder ihn mit Krutongs, d. h. gebratenen Semmelscheiben, garnieren.

156. Kohlrabi.

Er wird geschält, doch läßt man bei den jungen Kohlrabi die oberen Blätter stehen. In Wasser halb weich gekocht, nimmt man ihn heraus, gießt das Wasser fort und läßt die Kohlrabi im Tiegel, worin man Schwitzmehl, Fleischbrühe und Salz zu einer Sauce bereitet, vollends gardämpfen. Man kann sowohl das Fett der Rindfleischbouillon wie auch vom Hammelfleisch dazu verwenden. Jung, daß man die Knollen ganz und die Blättchen oben stehen lassen kann, sind sie am schönsten. Abgekochte Kartoffeln werden auf die Schüssel gelegt und die Kohlrabi darüber angerichtet. Sind sie älter, werden sie in Scheiben geschnitten, die harten, holzigen weggelassen und von den Blättern nur das weichste noch dazu genommen.

157. Kohlrabi auf Spargelart.

Die großen Kohlrabi werden geschält und in längliche Stückchen wie Brechspargel geschnitten, in Wasser weichgekocht, in einen Durchschlag getan, gut ablaufen gelassen und dann die holländische Sauce, wie man sie zum Spargel gibt, übergegossen.

158. Gemüse von Champignons.

Nachdem die Champignons geputzt, d. h. die Fächer herausgenommen sind, und die Haut abgezogen ist, tut man sie feingewiegt in einen Tiegel mit einem Stück Butter. Es darf nicht zu wenig Butter sein. Die Champignons entlassen etwas Saft, doch füllt man noch einen Löffel kräftiger Fleischbrühe hinzu und läßt sie so

mit etwas Salz, wenig Pfeffer und feingewiegter Peter=
silie dämpfen, doch nicht zu lange, sonst werden sie pilzig
und schmecken fettig; ¼ Stunde genügt, dann müssen
sie bald angerichtet werden.

159. Panierte Champignons.

Zu diesem Zweck dürfen sie noch nicht zu viel Fächer
haben, müssen recht frisch und fleischig sein. Sie werden
wie die vorigen geputzt, in Ei getaucht und in Semmel
gewälzt, dann in heißer Butter schnell gebraten, so daß
der Saft darinnen bleibt. Dann werden sie gleich an=
gerichtet. Man kann wie zu den Kroketts gebratene
Petersilie zu der Verzierung der Schüssel nehmen. So gibt
man sie nach der Suppe auch mit Zitronen.

160. Artischocken.

Die äußeren harten Blätter werden abgenommen,
dann in 4 Teile geschnitten, die Wolle inwendig mit
einem scharfen Messer recht rein herausgeputzt, die Stücke
in Salzwasser und ein wenig Essig gargekocht und auf
einer Schüssel, welche mit einer Serviette belegt ist, an=
gerichtet. Eine holländische Sauce wird besonders dazu
gegeben. Man kann die Artischocken auch ganz lassen,
dann bindet man vor dem Abkochen einen Faden darum
und nimmt ihn beim Anrichten ab. Zerlassene Butter
gibt man dazu. Die Blätter werden nicht weich, man
bricht sie von dem Stiel und streift nur das an ihnen
sitzende Fleisch mit den Zähnen ab, nachdem man es in
die Sauce oder Butter getaucht hat. Der Boden der
Artischocke ist das schmackhafteste Stück, und man kann
diesen Boden auch mit pikanter brauner Sauce servieren
und rundherum mit den Blättern und gebackener Kalbs=
milch garnieren.

161. Sauerkohl.

Der Magdeburger Sauerkohl wird nicht gewaschen,
man legt ihn in den Schmortopf und gießt Wasser dar=

auf, daß es übersteht. So läßt man ihn kochen und tut nach einer Weile weinsaure, geschälte und in Viertel geschnittene Aepfel hinein. Erst wenn er beinahe weich ist, tut man Schweineschmalz dazu, auf 1 Pfund Kohl etwa 100 Gramm Schmalz, und läßt ihn damit weichkochen. Wenn es nötig ist, noch ein wenig Essig, Salz und Zucker nach Geschmack dazu. Soll der Sauerkohl als recht feines Gemüse erscheinen, belegt man ihn mit Austern, welche zuvor in Butter gedämpft sind. Eine Messerspitze Natron mit dem Kohl zu kochen ist gut.

162. Rotkohl.

Er wird feingeschnitten, gewaschen und mit kochendem Wasser aufgesetzt. Nachdem er einigemal aufgekocht, gießt man das Wasser ab, tut wieder etwas heißes Wasser dazu, aber nicht viel, und läßt ihn mit Aepfeln und Schmalz, sowie Kümmel, wie den Sauerkohl, kochen. Bevor er ganz weich ist, tut man etwas Essig, Zucker und das nötige Salz dazu. Etwas Rotwein dazu schmeckt auch sehr gut; noch besser ist der kräftige Essig von eingemachten Kirschen oder Pflaumen. Diesen Kohl gibt man zum Hasen- oder Gänsebraten oder auch zur Bratwurst.

163. Weißkohl.

Den Kohlkopf schneidet man, nachdem die äußeren harten Blätter abgenommen, in 4 Teile. Dann schneidet man das untere harte Ende ab, wäscht ihn mit Wasser und setzt ihn mit kochendem Wasser auf, kocht ihn etwa ¼ Stunde, gießt das Wasser fort und tut Rind- oder Hammelfleischbrühe auf den Kohl, tut etwas Salz, Kümmel und, wenn man will, einige geschnittene Zwiebeln daran, auch das Fett von der Suppe; ist es nicht genug, muß man natürlich mit Butter nachhelfen. So dämpft man ihn zugedeckt recht weich und fügt zuletzt etwas Schwitzmehl hinzu. Er kocht 2—2½ Stunden.

164. Wirsing- oder Savoyerkohl.

Man schneidet den Kopf in 4 Teile, sieht gut nach, ob auch keine Raupe darin steckt, was leicht vorkommt, und wenn die Viertel ganz angerichtet werden sollen, bindet man sie mit einem Faden. Dann kocht man ihn wie den Weißkohl, aber nicht mit Hammel=, sondern nur mit Rinderbrühe und dem Fett oder Butter. Auch tut man keinen Kümmel und Zwiebeln, aber einige Pfeffer=körner dazu, zuletzt Schwitzmehl. Man gibt ihn zum Rindfleisch; soll er mit Enten genossen werden, verwendet man auch die Entenbrühe zum Kohl, und schmort dann die Enten braun oder läßt sie auch weiß.

165. Weißkohlpubbing.

Man kocht 2—3 Kohlköpfe halb gar und macht in=zwischen einen Teig von Fleisch, 2 Pfund Schweinefleisch, oder halb Rind=, halb Schweinefleisch, 2 Eier, etwas ge=riebene Semmel, Butter, Gewürz, Zwiebeln, streicht eine Puddingsform mit etwas Butter und geriebener Semmel aus und packt schichtweise den zuvor erkalteten Kohl und Fleisch einen Finger hoch jedes in die Form. Dies kocht man 2 Stunden im Wasserbade. Man stürzt diesen Pudding auf eine Schüssel und gießt die Brühe von dem Kohl, der in Fleischbrühe gekocht wird, dar=über, die vorher mit Schwitzmehl gut sämig gemacht wird. Mit dem Kohl wird etwas Kümmel, in Musselin gebunden, mitgekocht.

166. Rosenkohl.

Die kleinen Köpfchen werden von den Außenblättern befreit, dann ganz wie der Wirsingkohl gekocht, nur kocht der Rosenkohl ganz kurze Zeit, auch muß man ihn behut=sam behandeln, damit die Köpfchen ziemlich ganz bleiben und doch weich werden. Man belegt den Kohl mit ge=bratener Ente, gibt Spickgans oder Zunge dazu.

167. Farcierter Kohl.

Man nimmt einen großen festen Weißkohlkopf, schneidet, nachdem die äußersten Blätter abgenommen, am Fußende ein Loch wie eine kleine Untertasse groß, hebt dieses Deckelchen auf und höhlt nun den Kopf gut aus, nimmt sich jedoch in acht, daß man kein Loch hineinsticht, auch darf man ihn nicht zu tief aushöhlen. Zu der Farce wird 1 Pfund mageres, ½ Pfund fettes Schweinefleisch genommen, fein geschabt und ausgesehnt; 3 Eigelb, 33 Gramm geschmolzene Butter, abgekühlt, auf das Fleisch gegossen; ferner für 3 Pfennig geweichte Semmel, 8 Körner Pfeffer, 6 Gewürzkörner, 3 Nelken gestoßen, etwas Salz und ½ Tasse kaltes Wasser, alles dies recht tüchtig durchgearbeitet, dann füllt man den Kohlkopf damit, legt den vorhin abgeschnittenen Deckel und noch ein großes Blatt darüber und bindet mit feinem Faden den Kopf gut zusammen. Man muß den Faden verschlingen, damit er nicht abgeht. Nun setzt man den Kopf in einem Schmortopf auf, die gebundene Seite nach oben, gießt Fleischbrühe darauf, tut einige Zwiebeln und Gewürzkörner dazu und läßt ihn so mehrere Stunden zugedeckt dämpfen. Sollte die Sauce nicht sämig genug sein, tut man ein wenig Schwitzmehl daran. Der Kohl wird behutsam an dem Faden herausgenommen, auf eine Schüssel gelegt und der Faden abgenommen. Ein Teil der Sauce wird in der Sauciere angerichtet.

168. Weißkohl mit Milch.

Der Kohl wird feingeschnitten wie zu Sauerkohl, dann in Wasser abgekocht und in einen Durchschlag getan. Nun bereitet man eine Sauce, dazu nimmt man Butter und etwas Mehl, macht Schwitzmehl davon, gießt Milch dazu, wie auch etwas Zucker und ein wenig gestoßene Muskatblüte, kocht es gut durch, tut den Kohl hinein und läßt ihn noch etwas mit der Sauce dämpfen, dann wird das Salz erst dazugetan. Bouletten, Saucischen, auch Bratwurst, Schinken oder Spickgans schmeckt gut hierzu.

169. Blumenkohl.

Er wird in vielem Wasser und etwas Salz weichgekocht und ist am schönsten mit der zu Spargel und Krebsen beschriebenen Sauce. Man legt dann den Kohl in die Mitte der Schüssel, ausgepellte Krebse herum und die Sauce darüber. Auch ohne Krebse kann er mit Sahne bereitet werden, man macht dann die Sauce wie zu dem Weißkohl mit Milch und füllt sie über. Sind die Köpfe nicht schon geschlossen, so daß man Raupen darin vermuten kann, pflückt man lieber die einzelnen Blumen ab und bereitet ihn mit Fleischbrühe, Schwitzmehl, Muskatblüte und Zucker. Auch mit der holländischen Sauce kann man ihn geben.

170. Farcierte Gurken.

Nicht zu große Gurken werden geschält, auseinandergeschnitten, etwas gesalzen, ein wenig liegen gelassen, dann abgetrocknet, mit einer Farce, wie zum farcierten Weißkohl beschrieben, gefüllt, zusammengebunden, in Bouillon oder in Wasser weichgedämpft, dann sämig gemacht mit Schwitzmehl; man kann die Sauce auch etwas mit braunem Zucker braun machen und ganz wenig Zitronensaft und Zucker dazu tun, doch darf es nicht süß schmecken.

171. Maronenpüree.

Hierzu kann man sie, nachdem die Holzschale abgenommen, wie Kartoffeln in Wasser kochen; ist dann die Haut entfernt, drückt man sie erst mit einer Kelle und etwas Fleischbrühe weich und dann durch einen Durchschlag. Hierauf gibt man ein Stückchen frische Butter und etwas Salz dazu.

172. Schwarzwurzeln.

Sie werden rein geputzt, in Salz und Wasser weichgekocht, das Wasser abgegossen, die Wurzeln trocken angerichtet, mit einer dicken Buttersauce (siehe diese unter Saucen) überfüllt und mit Koteletten umlegt. Sie können aber auch, nachdem sie, wie oben gesagt, weichgekocht und abgegossen sind, in eine Sauce von Fleischbrühe mit feingehackter Petersilie, wenig geriebener Semmel und etwas Zucker getan werden. Auch kann man sie wie Spargel an Kalbsfrikassee tun, dann bricht man sie auch in ebensolche Stückchen.

173. Sellerie.

Als Gemüse bereitet man ihn folgendermaßen: Er wird rein abgeschält und in 4 Teile geschnitten, mit Butter oder frischem Suppenfett, etwas Zucker, Salz und Bouillon weichgekocht; dann tut man Schwitzmehl daran. Man richtet ihn mit Koteletten an. Saucischen, Spickgans paßt auch dazu.

174. Farcierter Sellerie.

Der Sellerie wird sauber geputzt und ausgehöhlt, dann mit feiner Farce, wie zu Fleischklößchen bestimmt, gefüllt, oben ein Stückchen aufgebunden, dann in Fleischbrühe weichgekocht und etwas Schwitzmehl mit Butter dazugetan, sowie das nötige Salz.

175. Geschmorte Gurken.

Große Gurken werden geschält, auseinandergeschnitten, nachdem die Körner herausgenommen sind, in 3 Zentimeter lange Stücke geschnitten. Man bestreue sie mit Salz und lasse sie so ½—1 Stunde zugedeckt stehen, gieße dann das Gurkenwasser ab und setze sie nun mit einem guten Stück Butter, etwas Weinessig und Zucker, auch grob gestoßenem Pfeffer auf das Feuer und lasse sie so, ohne etwas zuzugießen, weich und kurz einschmoren. Hierzu gibt man eine Hammelkeule und geschälte, abgekochte Kartoffeln. Man kann auch eine braune Specksauce machen und die Gurken darin weichdämpfen. Gehackter Estragon kurz vor dem Anrichten dazugetan, ist sehr gut. So dienen sie als Gemüse zu beliebigem Fleisch.

176. Grünkohl.

Nachdem er von den Stielen gepflückt und tüchtig gewaschen ist, läßt man ihn in kochendem Wasser weich werden, tut ihn in einen Durchschlag zum Ablaufen und wiegt ihn dann fein. Nun wird er mit Schmalz, Brühe von Schweine- oder Gänsefleisch, Zucker und dem nötigen Salz weichgedämpft. (Es ist gut, wenn er etwas Frost bekommen hat.) Man belegt ihn mit Maronen, die weichgekocht und mit Butter und Zucker glaciert sind, oder mit runden gebratenen Kartoffeln und gibt gepökeltes Gänsefleisch oder Schweinefleisch, wie auch Bratwurst dazu.

177. Teltower Rüben.

Die Rüben werden geschabt und in lauwarmem Wasser, worin etwas Mehl getan ist, gewaschen, dann in einem Schmortopf in weichem kochenden Wasser aufgesetzt; man wirft immer nur wenig Rüben hinein, damit das Wasser im Kochen bleibt; sind die Rüben weich, tut man Zucker, Salz und etwas braunen Saft oder Zucker dazu und etwas Schwitzmehl, wenn sie nicht sämig genug sind, wie auch einige Pfefferkörner. Man belegt die Rüben mit Saucischen oder gebratener Ente und kleinen Koteletten, auch kann man in Zucker und Butter glacierte Maronen dazwischen legen.

178. Teltower Rüben mit Hecht.

Hierzu sucht man die dicksten der Rüben aus und schneidet sie, nachdem sie geputzt sind, in Scheiben. Bei dem Kochen verfährt man ganz wie oben, nur dürfen sie nicht braun werden, auch nur ganz wenig Zucker bekommen. Den Hecht reinigt und schneidet man, als solle er mit Petersilie gekocht werden, kocht ihn in Salz, Wasser, Zwiebeln und Gewürz ab. Zuletzt tut man von der Hechtbrühe etwas zu den Rüben und legt die Hechtstücke rund um die Schüssel, die Rüben in die Mitte und die Leber oben auf. Die Sauce muß gut sämig sein, auch kann man den Zucker ganz fortlassen.

179. Püree von gelben Erbsen.

Die Erbsen werden in weichem, kalten Wasser aufgesetzt, wenn sie weich sind, mit Schweinefleischbrühe durchgeschlagen; dann tut man etwas Thymian, eine Zwiebel, etwas Schmalz und Salz daran und kocht es gut durch. Man gibt das Püre zu Hamburger Pökelrinderbrust, Pökelschweinefleisch. Nach Belieben gibt man gelbbraune, in Butter gebratene Zwiebeln in kleinen Vertiefungen darüber.

180. Püree von Erbsen mit Sauerkohl.

Beide Gemüse werden wie schon beschrieben, bereitet und auf einer Schüssel geteilt angerichtet.

181. Linsen.

Sie werden wie Erbsen gekocht, nur nicht durchgeschlagen, dann mit Fleischbrühe und Butter, sowie einigen Pfefferkörnern weichgekocht. Wenn man es liebt, tut man bei Tische etwas Essig hinein und gibt Rindfleisch oder Pökelfleisch dazu.

182. Linsen auf andre Art.

Koche sie in Wasser weich; schneide ein gutes Teil Zwiebeln und ein Stück Speck in Scheiben, lasse dieses hellgelb braten und tue etwas Mehl dazu. Ist auch dieses etwas gebraten, fülle gute Fleischbrühe auf, tue Weinessig, Salz, etwas Pfeffer und Zucker dazu und lasse es zu einer bündigen Sauce kochen, womit man die Linsen vermischt, welche man mit Saucischen, Koteletten, Jauerscher Bratwurst und dergl. anrichtet.

183. Linsen- oder Bohnenpüree.

Wird wie das Erbsenpüree bereitet.

184. Reis mit Huhn.

Nachdem der Reis mehreremal mit heißem Wasser gebrüht, abgegossen und wieder heißes Wasser übergegossen ist, läßt man ihn halb weichkochen, füllt dann das Fett mit etwas Hühnerbrühe darauf, tut ein Stück Butter dazu, läßt den Reis weichdämpfen, ohne viel zu rühren, denn die Körner müssen nicht verkochen. Etwas Salz und Muskatnuß muß mitkochen. Von der Leber und dem Magen des Huhnes macht man mit gestoßenem, vorher geröstetem Roggenbrot, Ei, Butter und Gewürz, einen Kloßteig. Leber und Magen natürlich feingewiegt. Diesen Kloßteig rollt man auf einem mit Mehl bestreuten Brett zu einer kleinen Wurst, kocht diese in Wasser gar und schneidet sie in Scheiben. Man richtet das zerlegte Huhn in der Mitte zierlich an, von dem Reis einen dicken Rand herum und darauf die Klößchen.

185. Brühreis.

½ Pfund verlesener und gewaschener Reis wird in einen Schmortopf getan, kräftige Rindfleischbrühe daraufgegossen, eine große geschnittene Zwiebel, einige Pfefferkörner und 2—3 Lorbeerblätter dazugetan. Dann läßt man ihn langsam garkochen, ohne viel zu rühren. Man richtet ihn auf einer Gemüseschüssel an und gibt geriebenen Parmesankäse oder Sardellensauce und das gekochte Rindfleisch dazu.

186. Milchreis.

Der Reis wird gewaschen, dann aufgesetzt, einmal aufgekocht, in einen Durchschlag getan; dann nimmt man auf ½ Pfund Reis 1 Liter Milch, setzt sie auf, wenn sie kocht tut man den Reis hinein und läßt ihn weichkochen; kann man es vermeiden, nicht viel zu rühren, ist es gut, damit der Reis recht körnig bleibt. Man tut nach Belieben Salz und Zucker dazu und bestreut ihn beim Anrichten mit Zimt und Zucker.

187. Reis mit Aepfeln.

Nachdem der Reis abgebrüht ist, kocht man ihn in Wasser und Butter weich, ebenso dick wie den Milchreis. Weinsaure Aepfel werden geschält, geviertelt und in Butter und Zucker gargedämpft. Dann wird der Reis gesalzen und gezuckert, über die Aepfel gegossen und so noch ein Weilchen zugedeckt gedämpft, damit er den Aepfelgeschmack auch annimmt. Gut ist es, wenn man dem Reis durch weißen Wein und Zitronensaft noch mehr Kraft gibt.

188. Makkaroni.

Zur Suppe werden sie in 3 Zentimeter lange Stücke gebrochen, in kochendem Wasser aufgesetzt, worin sie langsam weichziehen müssen, dann gut abgetropft, in die Bouillon getan oder besonders angerichtet und mit Käse bestreut.

189. Makkaroni mit Parmesan.

Kennzeichen der echten Makkaroni ist eine gelbliche, hornartig durchscheinende Farbe und eine bogenförmige Krümmung in der Mitte. Alle anders aussehenden sind unechte Ware. Sie werden in längere Stücke gebrochen, wie oben, in kochendes Wasser geworfen (in kaltem werden sie zu weich) und langsam weichgekocht. Eine bis 1¼ Stunde gehört dazu. Dann auf eine Schüssel eine Lage Makkaroni, etwas Salz, heiße Butter übergegossen, reichlich mit Parmesankäse bestreut, wieder Makkaroni und so fort, zuletzt Butter und Käse.

190. Makkaroni mit Hecht.

½ Pfund Makkaroni in 3 Zentimeter lange Stücke gebrochen, in kochendem Wasser aufgesetzt und weichgekocht dann im Durchschlag recht trocken ablaufen lassen. Zu gleicher Zeit wird ein Hecht von etwa 2½ Pfund in Wasser und Salz, etwas Gewürz und Zwiebeln weichgekocht. Ist er gargekocht, nimmt man die Gräten heraus und teilt ihn in Stückchen, wie zum Salat. 1¼ Liter Béchamella-Sauce ist inzwischen recht dick bereitet; dann nimmt man eine Mehlspeisenform, legt eine Lage Makkaroni hinein, streut Parmesankäse darüber und gießt ein paar Löffel Béchamella-Sauce darüber, dann eine Lage Hecht; nun wieder Makkaroni, Käse, Sauce usw. Zum Schluß müssen wieder Makkaroni kommen, dann Sauce, Käse, zuletzt 1 Löffel frische Butter übergepflückt; so schiebt man die Form in den mäßig geheizten Bratofen und läßt sie 1 gute Stunde backen. Es genügt für 12 Personen.

191. Birnen und Klöße.

Man macht einen guten Kloßteich von Semmel, wie er unter Klößen beschrieben, und kocht die abgestochenen Klöße in Wasser gar. Die geschälten Birnen kocht man in Wasser, Zucker und Zimt schön weich und rührt sie mit Kartoffelmehl ab, richtet sie über die Klöße an. Durch langes Kochen färben sie sich von selbst rot, will man sie schneller rot haben, tut man etwas Kirschsaft dazu. Mit Backobst verfährt man ebenso, es muß natürlich aber länger kochen.

192. Schwarzsauer.

Man verwendet dazu das Klein der Gänse und Enten, als Hals, Kopf, Flügel, Füße, Magen und Herz. Nachdem es gut geschäumt ist, wird es in Wasser und Salz recht weichgekocht. Zugleich kocht man gebackene Birnen, Aepfel, Kirschen und Pflaumen weich, tut Zucker, ein paar Nelken, Gewürz und Zimt, alles feingestoßen, dazu, wie auch Fett und Gänsebrühe; dann macht man Semmelklöße und kocht sie in Wasser gar. Nun bereitet man die Sauce, indem man 1 Teil von der Fleischbrühe des Kleins und 2 Teile von der Obstbrühe in eine Kasserolle tut; ein wenig Mehl wird mit dem Blute, welches man schon beim Schlachten mit Essig gemischt hat, verrührt und dann unter stetem Rühren zu der Brühe getan. Man kostet, ob es kräftig genug sauer und süß schmeckt, sonst muß man noch von beidem nachtun. Fängt die Sauce an zu kochen, ist sie gut, sonst gerinnt das Blut sehr leicht; die Sauce muß aber nicht zu dünn sein. Man legt das Obst hinein und läßt es mit der Sauce durchziehen. Das Fleisch richtet man in der Mitte der Schüssel an und legt Obst und Klöße herum.

193. Mostricheier.

Die Eier werden nicht zu hart gekocht, einen Augenblick in kaltes Wasser gelegt, um sie besser abpellen zu können; sind sie abgepellt, schneidet man sie der Länge nach durch, legt sie auf eine Schüssel und gießt die Sauce darüber. (Siehe diese unter Mostrichsauce.)

194. Rührei.

Die ganzen Eier werden mit etwas Salz gut gequirlt; dann tut man ganz wenig Butter in eine saubere Pfanne, und wenn sie heiß ist, das gequirlte Ei hinein. Sobald es anfängt, in der Pfanne anzusetzen, sticht man mit einem Blechlöffel kleine Stücke ab. Das Rührei muß aus kleinen Stücken bestehen. Es darf nicht zu hart werden, deshalb muß es auch gleich auf flacher Schüssel angerichtet werden; wenn es noch länger steht, wird es hart. Wasser oder Milch zu den Eiern zu quirlen, ist nicht zu empfehlen, es wird dadurch weichlich; wohl aber etwas feingeschnittenen Schnittlauch, wenn man es liebt. Man gibt auch das Rührei mit Bücklingen; dieselben werden abgezogen, in Stücke gepflückt und in Butter heiß gemacht, diese legt man in die Mitte der Schüssel, das Rührerei herum.

195. Rührei mit Parmesankäse.

Man mache von 5 Eiern, 10 Gramm Butter, etwas grob gestoßenem Pfeffer und Salz ein nicht zu festes Rührei, richte es auf einer Schüssel an, bestreue es mit Parmesankäse, beträufle es mit etwas Butter, in starker Bouillon geschmolzen, und halte eine glühende Schaufel ein paar Augenblicke darüber.

196. Setz- oder Spiegeleier.

Lege ein Stück Butter auf eine flache Porzellanschüssel und setze dieselbe auf kochendes Wasser. Ist die Butter zergangen, schlägt man die Eier auf, läßt sie behutsam auf die Schüssel laufen, streut Salz über und läßt sie steif werden. Mehr als ½ Stunde gehört nicht dazu, sonst werden sie hart. Man kann sie auch vorsichtig in einer Pfanne machen.

197. Verlorene Eier.

Man setzt Wasser auf, tut etwas Salz und Essig hinein; wenn es kocht, schlägt man die Eier entzwei, läßt sie rasch in das stark kochende Wasser laufen und einige Minuten kochen. Dann nimmt man sie mit einem Schaumlöffel heraus, legt sie auf ein Brett, schneidet das Faserige von dem Weißen ab und tut sie in die Bouillon oder die dazu bestimmte Sauce.

198. Eier mit Speck.

Man brät Speckscheiben in der Pfanne gelbbraun und schlägt die Eier rasch darüber. Ist das Weiße fest geworden, richtet man es an; das Gelbe muß weich bleiben. Ist zuviel Schmalz in der Pfanne, gießt man etwas ab. Die Speckscheiben werden mit angerichtet.

199. Sardelleneier.

Die hartgekochten Eier werden halb durchgeschnitten, und gut gereinigte und gewässerte Sardellen kreuzweise darübergelegt. Man gibt sie kalt zum Tee.

200. Gebackene Eier à la Béchamelle.

Man bereitet die Béchamelle-Sauce recht dick, kocht verlorene Eier, wie oben angegeben, füllt in eine weite, mit Butter ausgestrichene Mehlspeisenform einige Löffel von der Sauce, legt die Eier nebeneinander hinein, füllt die übrige Sauce darüber, bestreut sie mit Parmesan und pflückt noch einige Stückchen Butter über, stellt es so in die Tortenpfanne oder Bratofen und läßt es gelbbraun backen.

201. Sardellenschnitte.

Die Sardellen werden 1 Stunde gewässert, von den Gräten abgezogen, über den Rand einer Schüssel gelegt, damit sie gut ablaufen. Nun schneidet man Semmelscheiben, röstet sie, aber so, daß sie nicht zu hart werden, läßt sie kalt werden, bestreicht sie mit Butter, schüttet auf die eine Hälfte feingewiegte Petersilie, oder auch Petersilie mit etwas Raute gemischt, auf die andere

Hälfte fein gewiegtes, zuvor hartgekochtes Eigelb. Dann legt man eine halbe Sardelle lang über die Semmel, zwei Viertel quer über. Diese Schnittchen gibt man nach der Suppe oder zum Tee.

202. Sardellenbutter.

1 Pfund Sardellen wässert man und zieht sie sorgfältig von den Gräten, läßt sie gut ablaufen und legt sie noch auf ein Tuch zum Trocknen. Dann wiegt man sie so fein wie möglich und sucht noch alles Faserige heraus; jetzt tut man sie in einen Napf, ½ Pfund Butter dazu und rührt nun Butter und Sardellen so lange miteinander nebst einem hartgekochten Eigelb, bis alles ganz verrührt ist. Man kann auch von geriebenen Zwiebeln 4—6 Tropfen darunter rühren; dann formt man ein beliebiges Stück und stellt es kalt.

Saucen.

203. Braune Sauce zu Rindfleisch oder Ragout.

Man schwitzt Butter und Mehl im Tiegel, gießt so viel Bouillon oder Wasser dazu, daß es nicht zu dick wird; tut eine Zitronenscheibe und entweder Champignons, Kapern oder Perlzwiebeln hinein, fügt etwas Weißwein dazu, bräunt die Sauce mit Soja oder braunem Zucker und läßt sie recht klarkochen, wozu fast ½ Stunde nötig ist. Es geht auch sehr gut ohne Wein.

204. Erbssauce zu Hamburger Rauchfleisch.

Die Erbsen werden in Wasser weichgekocht und mit Fleischbrühe durchgerührt, ein Stück Butter, Salz, etwas

Thymian und eine Zwiebel dazugetan; diese nimmt man jedoch beim Anrichten heraus.

205. Meerrettichsauce.

Der Meerrettich wird gerieben und mit gut gewaschenen Korinthen, Fleischbrühe und etwas Butter in einem Tiegel angesetzt und einigemal aufgekocht; dann rührt man ein wenig Mehl in Sahne oder Milch klar hinzu und läßt es damit durchkochen. Nach Geschmack nimmt man Zucker und Salz hinein; ohne Milch schmeckt die Sauce auch gut.

206. Meerrettichsauce mit süßer Sahne.

Den geriebenen Meerrettich läßt man einmal in kochendem Salzwasser aufkochen, gießt dann das Wasser ganz ab, läßt ihn kalt werden und rührt dann eine gleiche Menge geschlagener süßer Sahne dazu; Zucker nach Geschmack. Man gibt diese Sauce zu blauen Karpfen.

207. Burgunder Sauce zu Schinken.

1 Löffel Butter und 1 Löffel Mehl werden abgeschwitzt, etwas Bouillon und etwas Schinkenbrühe, 1 Zitronenscheibe, ein wenig Zucker, einige Zwiebeln, etwas Soja oder brauner Zucker, nebst einem Glase Burgunder dazugetan und gut durchgekocht. In Ermangelung des Burgunders kann man ½ Flasche Rotwein nehmen. Vor dem Anrichten nimmt man die Zwiebeln heraus. Die Sauce muß rötlich braun aussehen und darf nicht zu dick sein.

208. Zwiebelsauce zu Hühnern.

Zu einem Löffel Schwitzmehl tut man Bouillon, in Scheiben geschnittene Zwiebeln, Salz, geriebene Muskatnuß. Sind die Zwiebeln recht weichgekocht, treibt man die Sauce durch einen Durchschlag und richtet sie an.

209. Speckſauce.

Schneide Speck in feine Würfel, brate ihn in einem Tiegel gelbbraun, tue gewiegte Zwiebeln und etwas Mehl dazu, laſſe dies auch durchbraten, gieße ſo viel heißes Waſſer dazu, daß es eine ſämige Sauce wird, bräune dieſe mit braunem Zucker oder Saft und mache ſie mit Eſſig und Zucker ſauerſüß.

210. Morchelſauce.

Die Morcheln werden geputzt, in einem großen Gefäß mit ſehr reichlichem Waſſer mehreremal gewaſchen, damit kein Sand darin bleibe. Dann werden ſie weichgekocht, ablaufen gelaſſen, feingewiegt und in einem Tiegel, worin man ein fettes Schwitzmehl bereitet und ſo viel Bouillon hinzugerührt hat, daß es eine ſämige Sauce bildet, mit dem nötigen Salz, ein paar Körnern geſtoßenem Pfeffer und wenn man es liebt — ganz wenig gewiegtem Schnitt= lauch durchgekocht.

211. Auſternſauce zu Fiſch oder Pute.

1 Löffel Butter, ½ Löffel Mehl wird zu Schwitz= mehl gedämpft, Bouillon und etwas Weißwein dazu= gegoſſen, daß es eine ſämige Sauce wird; dann kommt etwas Salz, Zitronenſaft, 1 Löffel geriebener Parmeſan= käſe und ganz wenig Zucker dazu; dies alles läßt man einige Minuten kochen. Indeſſen quirlt man 3 Eigelb in wenig kaltem Waſſer klar und zieht die Sauce damit ab. Die Auſtern dämpft man in Butter und tut ſie dann zu der Sauce mit ihrer Butter, läßt ſie nun aber nicht mehr kochen, ſondern nur in der Sauce ziehen. Hat man keine Auſtern, nimmt man Champignons. Der Zucker darf nie vorſchmecken.

212. Holländische Sauce zu Hühnern.

Nimm ½ Löffel Butter nebst etwas Mehl und schwitze dies auf dem Feuer, tue Fleischbrühe, Zitronensaft oder Essig, Zucker und wenig Muskatnuß dazu; quirle dann 4 Eigelb in kaltem Wasser klar und ziehe die kochende Sauce damit ab.

213. Holländische Sauce mit Milch.

Zu ½ Liter Milch quirlt man 4 Eigelb, ½ Löffel Mehl, etwas Zucker und 30 Gramm Butter, kocht dies unter beständigem Rühren gar. Hat man diese Sauce vom Feuer genommen, gießt man etwas guten Weinessig dazu, daß sie angenehm sauersüß schmeckt und rührt dieselbe, bis sie angerichtet wird. Ein wenig geriebene Muskatnuß kann man dazu nehmen, wenn man es liebt.

214. Béchamelle-Sauce.

8 Zwiebeln werden in Scheiben geschnitten, mit einem Löffel Butter auf gelindem Feuer weichgedämpft, dann tut man 1 Löffel Mehl hinein, schwitzt es ab und gießt 1 Liter Milch dazu, läßt es gut durchkochen, rührt es durch einen Durchschlag, gibt eine Prise gestoßenen Pfeffer und Salz dazu und läßt die Sauce nicht mehr kochen. Gelbe oder weiße Zwiebeln sind die besten dazu.

215. Béchamelle-Sauce auf andre Art.

Zu einer Portion für 6 Personen nehme man 6 Zwiebeln, schneide sie in Scheiben und dämpfe sie in 1 guten Löffel Butter, mit 1 kleinen Löffel Mehl und 125 Gramm mageren Schinken, den man in kleine Würfel schneidet, weich, aber nicht braun. Dann lasse man dies alles mit einigen ganzen Pfefferkörnern in ½ Liter Sahne oder Milch gut aufkochen, gieße es durch ein Haarsieb, salze,

wenn es noch nötig ist, mit einer feingewiegten Sar=
delle und mache die Sauce durch etwas saure Sahne
(in deren Ermangelung mit Zitronensaft) säuerlich, aber
nur wenig.

216. Kräutersauce.

Man nimmt dazu 1 gute Handvoll Estragon, ¼ Hand=
voll Petersilie, ebensoviel Körbel, 2 Stielchen Basilikum
und ½ Handvoll Portulak. Alles dies wäscht man gut
ab und wiegt es fein; dann wird Schwitzmehl gemacht,
die Kräuter hineingetan und so viel Bouillon dazugegossen,
bis es eine sämige Sauce ist. Gut zu Rindfleisch, auch zu
Koteletten und Tauben.

217. Kalte Sauce zu Gänse- oder Schweinesülze.

Man wiege 1 Teil weinsaure Aepfel recht fein, den
vierten Teil feine Zwiebeln dazu, rühre dies mit Essig und
etwas Wasser, wie auch ganz wenig Provenceröl gut
durch. Will man die Sauce pikanter haben, tut man ein
wenig Mostrich dazu, auch Zucker, wenn man es süß liebt.

218. Remoladensauce.

Koche 8 Eier hart, pelle sie aus und tue das Gelbe
in einen Napf, drücke es mit der Kelle zu Brei und
rühre 2 rohe Eigelb und 8 Löffel Provenceröl dazu, bis
alles ganz fein ist; dann tue etwas guten Mostrich,
3 Löffel Weinessig und etwas Fleischbrühe oder Wasser
nebst 2 Löffel gestoßenem Zucker hinzu; dann rühre alles
durch ein feines Sieb und gib noch eine Prise gestoßenen
Pfeffer, nebst feingewiegter Petersilie und Schnittlauch,
oder ein wenig geriebene Zwiebel dazu. Diese Sauce
nimmt man, um Fischsalat zu bereiten, auch zu Schweins=
kopf und kaltem Aal und Lachs. Wenn Eiermangel

ist, kann man saure Sahne zu Hilfe nehmen, es schmeckt sehr angenehm; Schnittlauch oder Zwiebel kann auch fortbleiben.

219. Mayonnaise.

Zu 4 Eigelb rührt man mit einem Holzlöffel einen Tassenkopf voll feines Provenceröl tropfenweise hinein; tut einen Tassenkopf voll Bouillon, das nötige Salz, etwas gestoßenen weißen Pfeffer, einen Tassenkopf voll Weißwein und Estragonessig nach Belieben dazu und rührt alles zu einer sämigen Sauce zusammen; zuletzt tut man noch 2 Blätter aufgelöste Gelatine hinein.

220. Mayonnaise auf andere Art.

Man nimmt 1 Löffel Mehl, schwitzt es mit einem Löffel Provenceröl, bis das Mehl gequollen und gar ist, und stellt es kalt. Dann rührt man diesen Brei recht fein mit 2—3 Eigelb, 4 Löffel Provenceröl, 3 Löffel Fleischbrühe und macht es pikant mit Estragonessig und weißem Pfeffer. Die Sauce muß lange gerührt werden; in kaltes Wasser oder Eis gestellt, wird sie weißer und besser.

221. Mayonnaisensauce.

6 ganze Eier, 6 Löffel Provenceröl, 3 Löffel Essig, 6 Löffel Fleisch- oder Fischbrühe, etwas Salz und ganz wenig weißen Pfeffer, quirle dies in einem Topf und stelle ihn in ein Gefäß mit kochendem Wasser, quirle aber fortwährend, bis die Sauce zu steigen anfängt und gar ist; nimm dann den Topf heraus, quirle die Sauce noch ein wenig und stelle sie recht kalt. Diese Sauce kann man schon den Tag vorher machen.

222. Sardellensauce.

Zu ¼ Liter Bouillon bereitet man ein Schwitzmehl von einem kleinen ½ Löffel Butter und ¼ Löffel Mehl, fügt, wenn es gekocht hat, 125 Gramm wohl gereinigte und gewässerte, dann ganz feingewiegte Sardellen und eine Zitronenscheibe hinzu und läßt es durchkochen. Die Sauce wird beim Anrichten durchgegossen.

223. Braune Kapernsauce.

Zu ¼ Liter Bouillon, mit Schwitzmehl sämig gemacht, tut man für 15 Pfennig Kapern und bräunt die Sauce mit Soja oder braunem Zucker. Diese Sauce verändert man, indem statt der Kapern Champignons, Trüffeln oder Perlzmiebeln genommen werden. Einige Löffel Portwein oder auch Weißwein ist sehr gut daran.

224. Rosinensauce.

Nachdem Schwitzmehl bereitet und die Brühe zugegossen ist, wäscht man große Rosinen, kernt sie aus — es ist aber nicht notwendig — und etwas süße Mandeln, welche abgebrüht und abgezogen, dann fein länglich geschnitten werden; nun läßt man alles recht gut und ziemlich lange kochen. Dann tut man Zitronenscheiben hinein, bräunt die Sauce mit braunem Zucker und macht sie mit Essig und Zucker sauersüß; auch eine Zwiebel kann man mitkochen lassen. So gibt man sie zu Kalbskopf und zu frischer Ochsenzunge.

225. Meerrettichsauce zu blauen Karpfen.

Während der Meerrettich gerieben wird, bringt man guten Essig zum Kochen, tut gleich etwas Zucker hinein nach Geschmack. Kocht nun der Essig recht tüchtig, schüttet man den Meerrettich hinein, rührt gut um und richtet ihn an. Diese Sauce muß kalt und auch einige Löffel Oel dazugerührt werden.

226. Dicke Buttersauce.

125 Gramm recht feine frische Butter rühre man mit 60 Gramm Mehl in einer Kasserolle gut zusammen, gieße dann ¼ Liter Wasser dazu und rühre dies auf dem Feuer so lange, bis es einmal aufkocht. Nun ziehe man diese Sauce mit 2 vorher klargequirlten Eigelb ab und gebe sie zu Spargel, Blumenkohl, Zucker= und Schwarzwurzeln. Zu Spargel und Blumenkohl nimmt man von dem kochenden Wasser, worin die Gemüse gar= gekocht sind; auch kann man dazu etwas Muskatnuß tun.

227. Mostrichsauce.

Mache Schwitzmehl und gieße so viel Wasser oder Brühe dazu, wie Sauce werden soll, lasse es gut durch= kochen mit der nötigen Menge Mostrich, ein wenig Estragon= oder anderem Essig und Zucker, wie auch, wenn sie besonders gut schmecken soll, mit etwas Weiß= wein.

228. Sauce à la maitre d'hôtel.

Ein gut Teil feiner Kräuter (wie bei der Kräuter= sauce) schwitze man mit etwas Mehl und nicht zu wenig Butter ab, gieße gute Bouillon dazu und lasse sie durch= kochen. Hierauf tue ein wenig Sardellenbutter dazu, rühre ein paar Eigelb hinein und schärfe sie mit etwas Zitronensaft ab.

229. Sauce à l'Espagnole.

Ein gut Teil Champignons koche man mit einigen Schalotten, einigen Scheiben rohem mageren Schinken und Butter gut durch. — Gieße die Brühe durch ein Haarsieb, füge etwas Schwitzmehl hinzu, tue 1 Glas Rheinwein und ein wenig roten Pfeffer (Paprika) daran und schärfe sie mit Zitronensaft oder Estragonessig ab.

230. Trüffelsauce.

Die Trüffeln werden fein abgeschält, in Scheibchen geschnitten, mit etwas Wasser weichgekocht und so in die Sauce getan, welche man von kräftiger Bouillon, mit Rheinwein oder Madeira und etwas Jus bereitet. Nachdem die Trüffeln in die Sauce getan sind, schärfe man sie mit etwas Zitrone ab.

231. Madeirasauce.

Es wird Schwitzmehl gemacht, dann recht kräftige Bouillon oder Bratenjus dazugetan, daß es eine sämige Sauce ist; nun gießt man so viel Madeira hinzu, daß die Sauce kräftig danach schmeckt, auch nimmt man 1 Zitronenscheibe und 1 ganz kleines Stück Zucker daran.

232. Tomatensauce.

Die Tomaten (Liebesäpfel) schält man ab, nimmt die Kerne heraus, schneidet sie in Scheiben und dämpft sie mit einem Stück Schinken, in Scheiben geschnittenen Zwiebeln, mit frischer Butter weich. Nun tut man etwas Mehl dazu, das man gelblich werden läßt, und verkocht dann alles mit gutem Jus und gutem Rheinwein zu einer etwas dicken, aber klaren Sauce, streicht diese durch ein Haarsieb und tut etwas Salz dazu.

233. Sauce à la Suisse.

Geriebenes Schwarzbrot wird mit Butter im Tiegel ein wenig gebraten, dann tut man Salz, Pfeffer, auf Zucker abgeriebene Zitronenschale nebst Weinessig und Jus dazu, und läßt dies einmal aufkochen. Man gibt diese Sauce zu rostgebratenen Schweinskoteletten, auch zu gebratener Sülze, und dann nimmt man den Aspik der Sülze statt des Jus und keinen Essig mehr, wenn die Sauce nur kräftig genug schmeckt.

234. Sauce zu kalten Fischen.

Je 1 Tassenkopf voll Fleischbrühe, Eigelb, Weißwein, Provenceröl, je ½ Tassenkopf Mostrich, Zucker, Essig, 1 Teelöffel Salz, ebensoviel Kartoffelmehl. Das Ganze unter fortwährendem Rühren in einem Topf im Wasserbade gekocht, dann recht kaltgestellt und gut gerührt.

235. Sauce à la Robert.

80 Gramm Mostrich, 4 Eigelb, 8 Löffel kalte Fleischbrühe, 3 Löffel Weinessig, 5 Löffel Zucker, 125 Gramm Butter, die abgeriebene Schale einer Zitrone. Man setzt dies alles aufs Feuer, läßt es unter beständigem Rühren bis zum Kochen kommen und drückt dann den Saft einer Zitrone hinein. Man gibt diese Sauce zu Rindfleisch und zu Hecht.

236. Sauce à la Soubise zu Hammelrücken.

10 große Zwiebeln werden in Scheiben geschnitten, mit 125 Gramm Butter aufs Feuer gestellt und langsam weichgedämpft; dann tut man 1 Löffel Mehl hinein, schwitzt das gut ab und gießt von der Hammelsauce oder guter Bouillon so viel dazu, daß es eine sämige Sauce ist; dann treibt man das Ganze durch einen feinen Durchschlag, tut etwas Pfeffer hinein und eine Zitronenscheibe, die man nur wenig mitkochen läßt und wieder herausnimmt, auch ist 1 Löffel Portwein und ebensoviel Soja gut dazu. Die Sauce muß gut sämig sein.

237. Geschlagene holländische Sauce.

Quirle 6—7 Eigelb mit Wein, tue etwas Butter und ¼ Liter Wasser von dem Wasser, worin der Fisch, für den die Sauce bestimmt ist, gekocht worden (es darf aber niemals Wasser von Lachs oder anderen Seefischen

sein, in dem Fall nimmt man Bouillon dazu, schlage
dies in der Kasserolle auf gelindem Kohlenfeuer mit
einer Schneerute, bis die Sauce dick und gar ist, ohne
zu kochen, und schärfe sie zuletzt mit Zitrone oder Wein=
essig ab. Diese Sauce kann nun außerdem mit ge=
dämpften Austern, Champignons oder auch mit Kapern
pikanter gemacht werden.

238. Sauce zu wildem Schweinskopf.

Johannisbeergelee wird gut zerrührt mit ganz wenig
englischem Senf und Rotwein, ein wenig abgeriebene
Zitronenschale dazu; doch gibt man meistens eine Remo=
ladensauce zum wilden Schweinskopf.

239. Mussauce zu gebratener Gänsesülze.

Man nehme Pflaumenmus, verdünne es mit Wasser,
tue etwas Gänseschmalz oder von der Butter, worin die
Sülze gebraten ist, und Zucker nach Geschmack dazu,
rühre sie durch einen Durchschlag — sie muß recht sämig
sein — und gebe sie in einer Sauciere zu Tische. Auch
kann man die Sauce von gebackenen Kirschen zur Sülze
geben.

240. Sauce zu Karpfen.

Geriebener Meerrettich wird mit wenig kochender
Bouillon oder Fischbrühe gut durchgerührt, aber nicht ge=
kocht, dann kaltgestellt; kurz vorher wird süße Sahne ge=
schlagen, ein wenig Zucker dazu und mit dem Meerrettich
zusammengerührt.

241. Chaudeau.

Zu 1 Flasche Rheinwein (denn Moselwein wird
grau) nehme man ½ Pfund Zucker, 1 Teelöffel Kartoffel=
mehl, gestoßen, 1 Teelöffel Zitronensaft nebst etwas
Schale und 4 ganzen Eiern, wie noch 4 Eigelb; Eier,
Zucker, Stärke, Zitronensaft wird tüchtig in einem Topf

mit einem Schaumschläger geschlagen, dann tut man unter fortwährendem Schlagen den Wein allmählich dazu, gießt es in eine verzinnte Kasserolle oder einen Messingkessel und schlägt es so lange auf dem Feuer, bis der Chaudeau anfängt zu steigen und das Ei gar ist; dann tut man ihn in den Topf zurück und rührt, bis er angerichtet wird. Dieser Chaudeau kann auch kalt gegeben werden zu Mehlspeisen und Puddings; der Schaum fällt nicht.

242. Punschsauce.

Zu ¼ Liter Wasser nehme man ebensoviel Rheinwein und halbsoviel feinen Rum oder Arrak nebst dem Saft einer halben Zitrone und 180 Gramm Zucker und schlage dies mit 4 Eiern und einem Teelöffel Kartoffelstärke auf dem Feuer wie Chaudeau.

243. Kirschsauce.

Ein Teil Kirschsaft und 2 Teile Wasser werden mit wenig Zimt und Zitronenschale aufgesetzt, mit etwas Kartoffelstärke, die man vorher mit Wasser klargerührt hat, abgesämt. Ist der Saft nicht süß genug, muß man noch Zucker hineinnehmen.

244. Himbeersauce.

Man verfährt mit Himbeer= wie mit dem Kirschsaft.

245. Aprikosensauce.

Man schmort die Aprikosen mit Zucker weich, drückt sie durch einen Durchschlag, gießt nun das nötige Wasser dazu und sämt die Sauce mit Kartoffelstärke ab.

246. Sauce von gebackenen sauren Kirschen.

Die gebackenen Kirschen werden in lauwarmem Wasser gut gewaschen, dann im Mörser zerstoßen. Mache nun ein Schwitzmehl von einem Stückchen Butter, wie eine Wallnuß groß, und ½ Eßlöffel Mehl, koche dies mit etwas Zitronenschale und Zimt klar, tue die gestoßenen Kirschen mit wenigem Wasser dazu, und nachdem es aufgekocht, gieße es durch ein Haarsieb, tue den nötigen Zucker hinein und koche es klar.

Braten.

247. Putenbraten.

Dem Puthahn muß, sobald er geschlachtet ist, der Brustknochen mit einer hölzernen Keule eingeschlagen werden; man legt ein altes Tuch darauf, damit die Haut nicht beschädigt wird. Ist er gerupft, zieht man den Kropf heraus, und ehe er kalt geworden, bindet man ein Band um Brust und Keulen, damit er eine gute Form bekommt und die Keulen nicht so abstehen, dann hängt man das Tier 6 bis 8 Tage an einen luftig kühlen Ort. Will man ihn nun braten, nimmt man ihn aus, legt ihn einige Stunden in kaltes Wasser und gießt kochendes durch den Kropf, daß es unten durchläuft. In die Oeffnung zwischen Kropf und Leib steckt man ein Stück alte Semmel; den Kropf aber füllt man mit dem Semmelteig, wie er zu den Klößen beschrieben ist, fügt aber noch die feingewiegte Leber und eine Handvoll gewaschener Korinthen dazu und näht ihn zu. Dann legt man den Puter in die Bratpfanne, bestreut ihn mit Salz, begießt ihn mit ¾ Pfund zerlassener Butter und schiebt ihn in den geheizten Bratofen, wo er einige Stunden braten und gut begossen werden muß. Ist es ein alter Puter, tut man wohl, ihn vor dem Braten ¾ Stunden lang in der zur Suppe bestimmten Bouillon mitkochen zu lassen, legt ihn dann gleich in die heiße Butter und läßt ihn bei öfterem Begießen 1¼ Stunde darin braten; ½ Stunde vor dem Anrichten tut man saure Sahne an die Sauce. Sehr gut ist es, auf die Putenbrust einen Bogen weißes Papier zu legen und das gleich mit Sauce zu befüllen, damit die Brust nicht zu braun wird. Ein junger Puter brät nur 1½ Stunde, muß aber in einen gutgeheizten Ofen kommen.

248. Hühnerbraten.

Nachdem die jungen Hühner geschlachtet und ausgeblutet, bindet man ihnen die Keulen gegen die Brust in die Höhe mit einem Bande und wirft sie so in kaltes Wasser, worin sie die Nacht bleiben können, es macht sie sehr zart. Dann nimmt man sie heraus, brüht und pflückt sie, nimmt sie aus und wässert sie ½ Stunde; etwas Petersilie steckt man in den Leib und brät sie im Tiegel mit Butter und dem nötigen Salz 1 Stunde schön gelbbraun, gießt ganz zuletzt etwas Sahne dazu, wenn die Hühner braun genug sind.

249. Taubenbraten.

Man verfährt ebenso wie mit den Hühnern, nur werden sie nicht in Wasser gelegt, und statt der Petersilie füllt man sie mit Farce, wie zu dem Putenbraten gesagt ist, tut auch ebenso die Lebern hinein. Sie werden auch auf dem Herde im Tiegel gebraten.

250. Gänsebraten.

Nachdem die Gans gerupft, gesengt und gewaschen, hängt man sie 3—5 Tage an einen luftig kühlen Ort; im Winter kann man sie noch länger aufbewahren. Soll sie nun gebraten werden, nimmt man sie aus und wässert sie ½ Stunde. Sie wird mit ungeschälten Aepfeln, einer Zwiebel und ein wenig Thymian gefüllt und mit einem kleinen Spieß zugespießt oder zugenäht.

Man gießt 2 Liter Wasser in die Bratpfanne und legt die Gans auf die Brustseite hinein, bestreut sie mit Salz und schiebt sie in den heißen Bratofen. Sie muß 2½ Stunden braten und fleißig begossen werden; 1 Stunde bleibt sie auf der Brustseite liegen, dann wendet man sie um; sollte das Wasser verbraten, tut man wieder — aber nur löffelweise — warmes Wasser dazu. Die Sauce muß nicht zu fett angerichtet werden, es muß braunes Jus darunter sein.

251. Entenbraten.

Mit diesem verfährt man wie oben, doch darf die Ente nicht so lange wie die Gans hängen, auch nur 2 Stunden braten, also auch nicht so viel Wasser bekommen. Von der Gans wie von der Ente hackt man den Hals und die Flügel ab und schneidet die Pfoten fort; alles dies, sowie Magen und Herz gehören zu dem sogenannten Gänse= oder Entenklein; dieses wird gekocht und mit einer Majoransauce zu Kartoffeln gegeben, auch mit Teltower Rübchen gegessen, oder wenn man das frische Blut hat, zu Schwarzsauer verwendet.

252. Krammetsvögel.

Nachdem sie gepflückt und gesengt sind, werden sie abgewaschen, die Füße abgeschnitten, die Augen ausgestochen und der Kopf hinter einen Flügel gesteckt; das Eingeweide wird nicht herausgenommen. Man brät sie mit Butter und Salz in einer Kasserolle auf dem Herde braun und weich, wozu eine Stunde gehört. ¼ Stunde vor dem Anrichten tut man grobgestoßene Wacholderbeeren hinzu. Man richtet sie auf langer Schüssel, die mit gebratenen Semmelscheiben garniert ist, an. Die Lerchen werden ebenso behandelt, nur ½ Stunde gebraten und gleich mit der gebräunten Butter aufgesetzt, nur kein Wacholder dazu.

253. Schnepfen.

Man darf sie nicht frisch braten, sie müssen so lange hängen, bis sie etwas fumet haben. Nun rupft und sengt man sie, legt sie ½ Stunde in kaltes Wasser, das man mehrmals erneut, nimmt sie behutsam aus, so daß die Oeffnung recht klein bleibt und läßt sie recht in Butter 1 Stunde braten. Das Eingeweide begießt man mit kaltem Wasser, legt es dann auf ein Brett, nimmt Galle und Magen fort und wiegt das übrige ganz fein. Zu dem Eingeweide von 2 Schnepfen mischt man 1 Teelöffel voll geriebener Semmel, einen halben Parmesan, etwas zerlassene Butter und ein wenig Salz. Die Masse streicht man auf Semmelscheiben, etwa wie ein Messerrücken dick, tut etwas von der Schnepfensauce und etwas Butter in die Pfanne und brät die Schnittchen darin gar, die bestrichene Seite nach oben. Diese begießt man auch ein paarmal mit der heißen Butter. Man legt die Schnepfen in die Mitte der warmen Schüssel, die Schnittchen herum. Wenn die Schnepfe ausgenommen ist, darf sie nicht mehr wässern.

254. Rebhühner.

Sie werden gerupft, gesengt, ausgenommen, ½ Stunde gewässert und in Butter 1 gute Stunde gebraten; die Köpfe schneidet man ab. Zuletzt gießt man etwas Sahne an die Sauce. So lange wie die Schnepfen darf man sie nicht aufbewahren, sie schmecken den zweiten Tag schon gut.

255. Fasanen.

Diese müssen wieder etwas fumet haben, also länger hängen, dann verfährt man wie bei den Rebhühnern, aber den Kopf und die Schwanzfedern hebt man, wenn sie gerupft werden, auf. Wenn sie angerichtet werden, legt man den Kopf, mit einer Halskrause von geschnitztem

Papier geziert, an seine Stelle auf die Schüssel und steckt die Schwanzfedern auf die andere Seite unter den Braten. Etwas Sahne nimmt man zur Sauce und legt Papier über die Brust wie beim Putenbraten.

256. Auerhahn.

Diesen rupft man und nimmt ihn aus, füllt den Leib mit Papierschnitzeln, wickelt das Tier in ein Tuch und legt ihn in einen Korb zwischen warmen Pferdedung; so läßt man ihn eine Nacht im Pferdestalle hängen. Man darf nicht fürchten, daß der Braten danach schmecke; dieser Vogel wird auf andre Weise nicht zart und weich. Ist er abgewaschen und etwas gewässert, spickt man ihn mit feinem Speck und sticht mit der Spicknadel nicht zu flach, denn in die so entstehenden Löcher dringt die Sauce besser ein und macht ihn schmackhafter und mürber. Er wird dann in Butter gebraten; an die Sauce nimmt man Sahne.

257. Trappe.

Sie muß auch gleich ausgenommen und mit Papierschnitzeln gefüllt werden. Vor dem Braten gut gewässert, sonst ebenso behandelt wie das Rebhuhn. Ein alter Trapphahn ist jedoch fast ungenießbar, das Fleisch ist trocken und hart.

258. Wilde Ente.

Sie muß nach dem Wässern eine gute halbe Stunde in reichlichem Wasser tüchtig kochen. Dieses Wasser gießt man fort und brät oder schmort die Enten in Butter. Wenn die Enten keinen fischigen Geschmack haben, werden sie nicht abgekocht, sondern gleich mit Butter gebraten.

259. Rehbraten (Ziemer).

Man klopft ihn geschickt, wäscht ihn gut ab, häutet ihn und fährt dann mit einem Löffelstiel oder auch mit dem Finger an beiden Seiten des Rückgrats entlang, dadurch löst sich das Fleisch ein wenig vom Knochen, wodurch die Sauce während des Bratens besser eindringen kann. Man spickt auf jeder Seite zwei Reihen feinen Speck hinein, legt dann den Braten in die heiße Butter, zuerst auf die Speckseite ½ Stunde, dann dreht man ihn um, begießt ihn aber fleißig, bis er gut ist, 1 bis 1½ Stunde sind nötig dazu. Der Ofen darf nicht gar zu sehr geheizt sein, die Butter wird sonst leicht zu braun; die saure Sahne wird ½ Stunde vor dem Anrichten mitgebraten. Das Salz tut man nicht über den Braten, es wird in die Sauce gestreut und mitgebraten.

260. Hirschziemer.

Er wird ebenso behandelt wie das Obige, muß nur, wenn er stark ist, etwas länger braten; Damwild ebenso. Man verfährt mit den Keulen auf gleiche Weise. Um sie länger aufbewahren zu können, auch ohne Eiskeller, legt man sie in Milch; das Fleisch wird weich und zart danach. Bekommt man Wild, welches schon zu starkes fumet hat, muß man es mit ein paar Stücken dazugelegter Holzkohle wässern, aber sehr oft das Wasser ab- und frisches kaltes aufgießen. Läßt man es lange in demselben Wasser stehen, wird es schlecht schmeckend.

261. Hasenbraten.

Man schneidet den Hals, die Vorderblätter und die Brust an beiden Seiten kurz ab, sprengt die Keulen aus ihrem inwendigen Schluß und reinigt diese Stelle vorzüglich, weil hier leicht etwas vom Darm sitzen bleibt. Ist das Tier frisch, kann man von der Leber und dem abgeschnittenen kleinen Fleisch ein braunes Ragout machen, Hasenpfeffer genannt; will man dies nicht, so kann man die Vorderblätter sehr gut mit in der Pfanne braten. Die Läufe bricht man so weit ab, daß die Knochen nicht an den Keulen hervorstehen. Nun wäscht ober wäffert man ihn, häutet und fpickt ihn fein. Ift der Hafe zur Hälfte mit Butter gargebraten, tut man faure Sahne dazu und begießt ihn oft, bis er fertig ift. Der Hafe darf höchftens 1½ Stunde braten; man fchlägt ihn in Stücke, die nicht zu groß fein dürfen; es wird ein ftarkes Meffer auf den Braten gelegt und mit einem Hammer darauf gefchlagen. Das Salz darf nicht auf den Braten geftreut werden, immer in die Butter.

262. Wildfilet.

Die Filets (Mürbbraten) von großem Wildpret, z. B. Hirfchen, Schweinen, Spießern werden fein gefpickt, mit Butter und dem nötigen Salz in einer Kafferolle gargedämpft. Man gießt von Zeit zu Zeit etwas Jus zu. Beim Anrichten verziert man mit Zwiebeln, die in Butter und Zucker gebraten find und fchön braun glaciert ausfehen.

263. Kalbsbraten.

Es ift am beften, wenn er — im Sommer 2, im Winter 4—5 Tage — nach dem Schlachten genommen wird. Dann klopft man ihn, wäfcht ihn ab, häutet und fpickt ihn. Auf einen guten Braten von 12—14 Pfund rechnet man ¾ Pfund Butter, welche man in der Bratpfanne heiß macht; dann wird der Braten hineingelegt, die gefpickte Seite erft nach unten, nach ½ Stunde umgewendet; dann erft tut man das Salz hinzu. 1½ Stunde muß er braten und begoffen werden; der Ofen muß nicht zu heiß fein, fonft verbrennt die Butter. In der letzten halben Stunde gießt man Sahne dazu und ganz zuletzt einige Löffel warmes Waffer, fonft wird die Sauce zu dick von der Sahne. Wiegt der Braten bis zu 10 Pfund, darf er nur 1 Stunde braten.

264. Kalbsziemer.

Hierunter verfteht man das Rückenftück; es wird geklopft, gehäutet, gefpickt und in hinreichender Butter und Salz 1 Stunde gebraten, ganz wie der Kalbsbraten. Dieses Fleischstück gibt man in der Regel nach der Suppe mit einer braunen Champignon= oder einer Béchamelle-Sauce und Bratkartoffeln dazu.

265. Schweinerücken.

Man schneidet die Schwarte und so viel Speck herunter, daß das Fett nur zweifingerhoch auf dem Braten stehen bleibt, begießt diesen mit Wasser, tut das nötige Salz dazu und läßt ihn weichbraten 2½ Stunde. Dann reibt man grobes Roggenbrot, schüttet es über den Braten und drückt es etwas an, streut dann ein wenig Zucker darüber und läßt es braten, daß es braun wird. Glaubt man, daß die Kruste festsitzt, wird er begossen wie vorher. Auch gibt man eine Kirsch= oder Pflaumenmussauce dazu.

266. Hammelrücken.

Auch er darf nicht frisch geschlachtet sein, muß tüchtig geklopft werden, die feine Haut zieht man ab, doch darf man das Fett nicht abschneiden. Er wird mit so vielem Wasser aufgesetzt, daß es mit dem Braten in dem Gefäß gleichsteht; Salz, Zwiebeln, oder Musserons, Gewürz und Lorbeerblatt tut man dazu und läßt ihn ¾ Stunde langsam kochen; dann wird die Brühe abgegossen und nur das Fett wieder in die Bratpfanne getan, worin er nun 2½ Stunden schön braun= und weichbraten muß. Die Brühe gießt man dabei nach und nach wieder zu und macht die Sauce zuletzt sämig mit ½ Löffel Schwitzmehl, das jedoch in der Sauce recht klarkochen muß. Auch kann man noch mit braunem Zucker oder Soja bräunen. Dasselbe gilt für Keule.

Diesen Hammelziemer gibt man auch beim Diner nach der Suppe à la Soubise mit gebratenen Kartoffeln.

267. Wild gemachter Hammelrücken.

Dieser wird wie ein Rehrücken ausgehauen, von allem Fett befreit, doch läßt man die Haut, welche unter dem Fett auf dem Fleisch sitzt, darauf. Dann legt man den Rücken in eine Mulde, gießt dünnes, aber nicht bitteres Bier darauf, tut Gewürzkörner, Wacholderbeeren und Lorbeerblätter hinein und läßt das Fleisch am kühlen Ort 6—8 Tage in dem Bier liegen, dreht es aber zuweilen darin um. Vor dem Braten wird der Rücken ½ Stunde in kaltes Wasser gelegt, hierauf die Haut abgezogen, mit feinem Speck gespickt, mit ¾ Pfund heißer Butter begossen, Salz dazugetan und 1 Stunde gebraten. Zuletzt etwas Sahne. Den Hammelrücken kann man auch statt in Bier in saure Milch legen.

268. Hammelkeule mit Milch.

Die Keule darf nicht frisch sein, mindestens 3—4 Tage alt; dann zieht man die feine Haut ab, läßt alles Fett darauf, vorher wird sie tüchtig geklopft; dann setzt man sie in einem Schmortopf mit süßer Milch auf, tut Gewürz, Zwiebeln und Lorbeerblatt dazu, wie auch Salz, und läßt die Keule zugedeckt 3 Stunden schmoren; ist die Milch zu sehr eingekocht, gießt man etwas Wasser dazu. Wenn die Keule fast weich ist, tut man etwas gebräunten Zucker dazu.

269. Hammelkeule auf andre Art.

Die Hammelkeule wird ganz behandelt wie die vorige, nur setzt man sie mit Wasser, Zwiebeln, Gewürz, Lorbeerblatt und Salz auf, läßt sie zugedeckt 3—4 Stunden schmoren; wenn sie fast weich ist, tut man 1 Glas Rotwein, 1 Stückchen Zucker, etwas Champignons oder Musserons und Senfgurken, wie auch etwas Soja oder braunen Saft oder Zucker hinzu, macht von dem abgefüllten Fett Schwitzmehl, läßt das Ganze noch eine ½ Stunde gut schmoren und füllt immer die sämige Sauce über die Keule, daß sie ganz glaciert aussieht. Hammelbraten muß stets auf erwärmter Schüssel angerichtet werden.

270. Roastbeef.

Dazu nimmt man das Rückenstück des Ochsen, woran sich der Mürbbraten noch befindet, 18—20 Pfund. Das Fett läßt man auf dem Mürbbraten fingerhoch stehen und wässert den Braten 1 Stunde; dann wird er in eine Bratpfanne gelegt, tüchtig mit Salz bestreut, 1¾ Liter Wasser aufgegossen und nun in den heißen Bratofen geschoben. Bei fleißigem Begießen muß das Fleisch 3½—4 Stunden braten. Sollte die Sauce zu kurz werden, gießt man immer Wasser zu, doch nicht zu viel auf einmal. Die Mürbbratenseite muß in der Bratpfanne nach oben liegen, und ebenso richtet man den Braten auf einer warmen Schüssel an. Die Sauce darf nicht zu fett sein, fingerhoch muß es über dem braunen Jus stehen. Hierzu gibt man kleine runde Bratkartoffeln, Gurken= oder Sardellensalat. Im Winter muß das Fleisch 10—12 Tage, im Sommer 5—6 Tage alt sein.

271. Rindermürbbraten.

Dieser wird nicht gewässert. Man schneidet alles Fett und alle Knochenstücke ab, häutet ihn und spickt ihn mit feinen Speckstreifchen in 4 Reihen; dann legt man den Braten, die Speckseite nach unten, mit dem nötigen Salz in die heiße Butter. So wird er in den Bratofen geschoben, ¼ Stunde auf der einen und ¾ Stunde auf der andern Seite gebraten, indem man ihn fleißig mit der Butter begießt. Dann gießt man löffelweise etwas Sahne in der letzten halben Stunde hinzu. Man gibt gebratene Kartoffeln dazu. Statt der Bratensauce kann man auch Madeirasauce geben. Der Mürbbraten muß vor dem Spicken tüchtig geklopft werden.

272. Polnischer Hase.

1 Pfund Rindfleisch und 1½ Pfund Schweinefleisch werden feingeschabt, 2 Löffel zerlassene Butter, für

5 Pfennig in Wasser geweichte und durch den Durchschlag gerührte Semmel, 30 Gramm gekochte und geriebene Kartoffeln, 20 Gramm geriebene Semmel, das nötige Salz, Gewürz, Pfeffer, wenig Zwiebeln, 1 ganzes Ei und 2 Eigelb, alles gut durchgerührt. Dann wird Semmel auf ein Brett gestreut, der Fleischteig darauf gelegt und wie ein Rehrücken geformt, und zwar recht fest, dann muß er zweimal mit feinem Speck durchspickt werden. Er wird in der Bratpfanne mit gebräunter Butter gebraten; er braucht nicht gewendet zu werden, da er sonst leicht entzweibricht. Statt dessen begießt man ihn mit der Sauce erst, wenn er eben gut betrocknet ist, sonst macht ihn das Fett zu weich, zu der man zuletzt noch etwas Sahne tut. Will man den Braten auf dem Herd braten, dann begießt man ihn erst, wenn er unten braun und umgedreht ist.

Kompotts und Salate.

273. Apfelmus.

Saure Aepfel werden geschält, geviertelt, das Kernhaus herausgeschnitten, in verzinnter Kasserolle mit ganz wenigem Wasser aufgesetzt und auf gelindem Feuer gekocht. Sind sie weich, werden sie durch einen Durchschlag gedrückt, der nötige Zucker und etwas abgeriebene Zitronenschale dazugetan und auf eine Schüssel gefüllt. Wenn es kalt ist, mag man es beliebig verzieren, z. B. mit Korinthen, die in Wasser abgekocht sind. Man legt davon einen Kranz über das Mus, oder man belegt es mit irgend einem Fruchtgelee. 1 Quitte mit den Aepfeln gekocht, schmeckt sehr angenehm.

274. Geschmorte Aepfel.

Hierzu nimmt man am liebsten Borsdorfer, die geschält und ausgestochen, aber ganz bleiben müssen. Man setzt sie mit etwas Wein, Zucker und Zitronenschale auf und läßt sie langsam dämpfen; legt sie dann behutsam in die Schüssel und gießt die Sauce über. Hat man Apfelgelee, so legt man, wenn die Aepfel erkaltet sind, auf jeden Apfel in der Mitte ein Stückchen, oder auch abgekochte Korinthen.

275. Geschmorte Birnen.

Man behandelt sie wie die Aepfel, schmort sie in der eigenen Sauce mit wenigem Wasser, Zucker und ganzem Zimt oder mit etwas Wein; will man sie rot haben, läßt man sie lange kochen, oder tut etwas roten Farbsaft oder Kirschsaft dazu. Die Sauce muß kurz eingekocht werden, und man verziert die Birnen nicht, sondern stellt sie nur zierlich in der Schüssel zusammen, auf den Kopf, alle Stiele nach oben; auch schält man sie mit einem Reifenmesser, die Aepfel ebenfalls, wenn man sie so haben will.

276. Geschmorte Pflaumen.

Man nimmt die Steine heraus und dämpft sie im eigenen Saft mit Zimt und Zucker weich, aber nicht zu Mus. Feiner wird dieses Kompott, wenn man die Pflaumen mit heißem Wasser brüht, die Schale abzieht oder auch roh schält und dann dämpft. Die Steine nimmt man auch heraus.

277. Geschmorte Kirschen.

Am geeignetsten sind die großen sauren Kirschen, denen man mit einer abgeschnittenen Federpose die Kerne

ausſticht, ſie dann tüchtig einzuckert und ein Weilchen
ſtehen läßt; dann hat man gleich eine Menge Saft und
kocht ſie auf gelindem Feuer weich; Zimt uſw. nach
Belieben. Will man Kirſchkompott von ſüßen Kirſchen
machen, muß man meiſt die Kerne darin laſſen, weil ſie
ſo gar ſchwer herausgehen, daß man die Frucht dabei
zerfleiſcht.

278. Belle-Alliance.

Von ſauren Kirſchen, Himbeeren und roten Johannis=
beeren wird gleichviel genommen. Die Kirſchen werden
ausgeſteint, recht reichlich gezuckert, ein Weilchen ſtehen
gelaſſen; dann ſchüttelt man ſie zuerſt in eine Kaſſerolle
und läßt ſie etwas kochen, dann die abgebeerten Jo=
hannisberen und die Himbeeren dazu. Es muß natür=
lich ſüß gemacht werden, darf nur einmal aufkochen,
dann iſt es fertig. Will man die Belle=Alliance zum
Aufbewahren haben, muß man ſo viel Zucker wie Obſt
nehmen, ebenfalls die Kirſchen erſt etwas kochen laſſen,
dann das übrige mit. Nachdem dann mit dem Schaum=
löffel die Früchte in die Gläſer gefüllt ſind, muß der
Saft noch ſehr einkochen, ehe er übergegoſſen wird; auch
muß man trotz des Rumpapiers, das man vor dem Zu=
binden überlegt, zuweilen nachſehen, ob der Saft nicht
zu dünn wird, oder gar beſchlägt, alsdann muß man es
nochmals aufkochen.

279. Kompott von Aprikoſen.

Die Aprikoſen werden geſchält, in Hälften geſchnitten,
die Steine herausgenommen, aufgeſchlagen und wenige
Kerne genommen. Man kocht halbſoviel Zucker als
Früchte, in Waſſer getaucht, klar, tut die Aprikoſen hinein
und läßt ſie einigemal aufkochen; dann legt man ſie
auf die Schüſſel, gießt den noch etwas nachgekochten
Saft über und verziert ſie mit den Kernen.

280. Kompott von Pfirsichen.

Dieses wird ganz bereitet wie die Aprikosen, nur noch weniger gekocht; man nimmt auf 1 Pfund Frucht 200—250 Gramm Zucker. Die Kerne werden nicht genommen.

281. Kompott von Stachelbeeren.

Die kleinen unreifen Stachelbeeren werden geputzt, dann in kochendes Wasser geschüttet, dazu ganz wenig Bullrichsalz getan, und so läßt man sie ¼ Stunde stehen, zugedeckt, aber nicht auf dem Feuer; dann gießt man sie in einen Durchschlag zum Ablaufen, tut Zucker, in Wasser getaucht, in eine Kasserolle, wenn er verkocht, schüttet man die Beeren hinein und läßt sie einigemal darin aufkochen. Man kann auch beim Anrichten etwas Zitronenschale anreiben.

282. Kompott von Backpflaumen.

Die Pflaumen werden recht rein gewaschen, in einen Topf getan und so viel kaltes Wasser aufgegossen, daß es übersteht. Sie müssen recht langsam kochen, dann werden sie besser. Wenn sie halb weich sind, tut man Zucker, Zimt oder Zitronenschale daran; wenn man es liebt, kann die Sauce mit Kartoffelmehl abgezogen werden. Katharinenpflaumen setzt man am besten schon den Abend vorher in eine warme Ofenröhre und läßt sie ziehen; dann in demselben Wasser gekocht, werden sie so prall und glatt wie frische Pflaumen.

283. Kompott von Gravensteiner Aepfeln.

Die Aepfel werden geschält und das Kernhaus ausgestochen. Der nötige Zucker, in Wasser getaucht, klargekocht, und die Aepfel daran auf gelindem Feuer weichgekocht. Dann stellt man sie in die Schüssel, gießt den

Saft über, und wenn sie erkaltet sind, tut man auf jeden Apfel mit einem Teelöffel ein paar Tropfen, nicht mehr, feinen Arrak hinzu.

284. Kompott von Blaubeeren.

Nachdem sie verlesen und gewaschen sind, setzt man sie mit wenigem Wasser auf und läßt sie weichkochen; dann zuckert man gut, tut auch etwas Zimt dazu und läßt sie kalt werden.

285. Fischsalat.

Hecht, Zander oder Dorsch werden in Wasser und Salz, Zwiebeln und Gewürz abgekocht, die Haut abgezogen und, wenn kalt, in nicht zu kleine Stücke zerpflückt, wobei man die Gräten herausnimmt. Dann legt man die Fischstücke auf eine Schüssel, macht eine Remoladen- oder Mayonnaisensauce und füllt diese über den Salat, mindestens 1 Stunde vor dem Anrichten, denn die Sauce soll den Fisch durchziehen. Dann verziert man ihn mit halben, hartgekochten Eiern, Pfeffergurken, aufgerollten Sardellen, Champignons, Perlzwiebeln oder Kapern, kurz allerlei Pikantem, wie es einem gerade paßt. Sehr gut sind die ausgepellten Krebsscheren und -schwänze dazu.

286. Heringssalat.

Der Hering wird 5—6 Stunden gewässert, dann abgezogen, von den Gräten gelöst und in feine Würfel oder Streifen geschnitten. Ebenso werden weinsaure Aepfel, Senf- oder Salzgurken, Kalbs- oder Hammelbraten geschnitten. Dann wiegt man ein wenig Zwiebeln dazu, tut nun Mostrich, einige Löffel Provenceröl, wenig Wein- oder Estragonessig, etwas Zucker und gestoßenen Pfeffer, und wenn es zu sauer ist, 1 Löffel Wasser hinzu, rührt alles gut in einem Napf zusammen und schüttet die

Masse hinein. Gut durchgerührt läßt man es zusammen stehen. Zur Vermehrung des Salats kann man auch feingeschnittene Kartoffeln nehmen. Der Salat wird auf einer Schale oder flachen Schüssel angerichtet und auf das verschiedenartigste verziert: z. B. stellt man 1 hartgekochtes Ei, aus dem man geschickt bis zur Hälfte das Weiße in 4 Stücke ausgeschnitten hat, in die Mitte und legt diese 4 Stückchen wie umgeklappte Blätter einer Mummel umher. Dann als Blätter sauer und süß eingemachte grüne Bohnen; darum einen Kranz saurer Kirschen usw. Man kann auch Korinthen, in etwas Essig und Zucker aufgekocht, zu solchem Ausputz verwenden, wie auch rote Rüben, Pfeffergurken, Champignons und dergl.

287. Italienischer Salat.

Man schneidet folgende Bestandteile in recht schmale, feine, lange Streifchen: Kalbsbraten, gepökelte Rinderzunge, Hering oder Sardellen, Aepfel und Senfgurken; von einigen hartgekochten Eiern das Gelbe mit recht vielem Provenceröl, Pfeffer, englischem Senf, etwas Weinessig und wenig Zucker gut gerührt. Die Sauce muß ziemlich scharf sein; dann mischt man das geschnittene Fleisch usw. mit derselben, tut alles auf eine flache Schüssel und belegt den Salat mit in Scheiben geschnittenen Neunaugen, Zitronenscheiben, Essigkirschen, Pfeffergurken, Perlzwiebeln und Champignons, geräuchertem Lachs und roter Wurst.

288. Kartoffelsalat.

Die Kartoffeln werden in der Schale gekocht, abgepellt und in Scheiben geschnitten, gleich warm in folgende Sauce getan: viel Oel und wenig Essig, etwas feingewiegte Zwiebeln, Petersilie und ganze Perlzwiebeln gut verrührt; die Kartoffeln darin umgewendet, aber nicht die Kartoffeln zerbröckelt, zuletzt etwas reichlich weißer grobgestoßener Pfeffer übergestreut. Die Peterſilie kann auch fortbleiben, da viele den Geſchmack nicht lieben. Der Salat muß ſaftig ſein, darf aber nicht in langer Sauce ſchwimmen und ſchmeckt am beſten noch mäßig warm (ja nicht heiß) genoſſen. Perlzwiebeln ſind nicht gerade nötig.

289. Kartoffelſalat (gut).

125 Gramm Sardellen werden gewaſchen, von den Gräten abgezogen, recht ſehr feingewiegt mit 1 Zwiebel, ſo fein wie zu Sardellenbutter; dann tut man etwas Eſſig dazu, wie auch geſtoßenen Pfeffer und einige Löffel Oel. Alles gut durchgerührt, die Kartoffeln heiß, in Scheiben geſchnitten, dazugetan, gut zugedeckt; ſollte der Salat beim Anrichten, wo er kalt ſein muß, zu trocken ſein, dann tut man noch ein wenig Oel, Eſſig und Waſſer dazu.

290. Kartoffelſalat auf andre Art.

Das Eigelb eines harten Eies und 1 friſches Eigelb werden mit Provenceröl und Moſtrich recht tüchtig ge= rührt, der nötige Eſſig dazugetan, etwas Pfeffer und feingewiegte Sardellen, dann die in der Schale gekochten Kartoffeln in Scheiben geſchnitten und kalt hineingetan.

291. Sellerieſalat.

Der in Waſſer weichgekochte Sellerie wird in Scheiben geſchnitten; Salz, Pfeffer, Oel und Eſſig gut zuſammen= gerührt und wenigſtens 1 Stunde vor dem Anrichten über den Sellerie gegoſſen. Man kann feingewiegte Peterſilie unter die Sauce nehmen; auch kann man den Sellerie mit Rapunzelſalat garnieren. Es darf nicht zu viel Sauce ſein, aber das Oel muß nicht geſpart wer= den; auch geſchnittenen Rotkohl, den man vorher mit kochendem Eſſig übergießt, nimmt man dazu. Den Sel= lerie ſchält man erſt, nachdem er gekocht iſt.

292. Kopfsalat.

Die harten äußeren grünen Blätter nimmt man fort; darauf wird er mehrmals in Wasser gewaschen und gut ablaufen gelassen, bis kein Wasser mehr darin ist. Zu den 4—6 Köpfchen macht man folgende Sauce: das Gelbe eines hartgekochten Eies wird im Salatnapf mit 1 Eßlöffel Provenceröl klargerührt, ½ Eßlöffel Mostrich, etwas grobgestoßener Pfeffer, und gehörig Salz dazugetan und endlich noch 2 Löffel Oel und 2 Löffel Essig. In diese Sauce tut man den Salat und mischt ihn mit derselben gut durch.

Man kann auch feingewiegte Kräuter in die Sauce mischen, als Schnittlauch, Estragon und Pimpernell.

292a. Salat mit Sahne.

Er wird wie der vorige gereinigt; zur Sauce nimmt man dicke saure Sahne, etwas Zucker und ein wenig Essig, rührt dies gut zusammen und tut den Salat erst kurz vor dem Anrichten hinein.

293. Bohnensalat.

Die Bohnen (am besten Wachsbohnen) werden abgezogen, in 3 Zentimeter lange Stücke geschnitten und in Salzwasser weichgekocht. Dann bereitet man eine Sauce aus Oel, Essig, feingewiegter Zwiebel und reichlich Pfeffer, tut die gut abgetropften Bohnen noch heiß hinein und vermengt sie mit der Sauce, ohne sie zu sehr zu verrühren. Der Salat muß angenehm pikant schmecken und muß ganz von der Sauce durchzogen sein, darf aber nicht etwa darin schwimmen. Er wird am besten noch etwas warm gegessen, schmeckt aber auch kalt am nächsten Tage sehr gut.

294. Specksalat.

Nachdem der Salat gereinigt, macht man folgende Sauce dazu: Speck in kleine Würfel geschnitten, brät man gelbbraun, tut Essig und Zucker dazu und läßt es ganz abkühlen. Den Salat mischt man erst hinein, wenn er angerichtet werden soll, sonst wird er weich.

295. Gurkensalat.

Die Gurken werden geschält, in feine Scheiben geschnitten oder gehobelt, mit Salz bestreut, mit einem Teller zugedeckt, nach ½ Stunde in einen Durchschlag getan, damit das Wasser abläuft, dann entweder nur mit Oel, Essig, Pfeffer und gewiegter Petersilie, oder mit der Sauce, wie sie zu dem Kopfsalat beschrieben ist, gemischt.

296. Spargelsalat.

Man putzt den Spargel, schneidet ihn in kleinfingerlange Stücke und kocht ihn weich. Dann bereitet man ihn, nachdem er herausgenommen und erkaltet ist, mit gutem Oel, Essig, etwas Salz und reichlich Pfeffer, nach Belieben auch mit ganz wenig Zucker. Dieser Salat zeichnet sich durch einen sehr angenehm erfrischenden Geschmack aus.

297. Gemischter Salat.

Man nimmt zur Hälfte Gurken und zur Hälfte Kopfsalat und mengt dies mit der Sauce, wie sie zum Kopfsalat beschrieben ist.

298. Salat à la Nostiz.

Das Gelbe von 2 hartgekochten Eiern und 1 frisches Eigelb, Salz und Pfeffer, 6 Löffel Provenceröl werden klargerührt, dann 2 Löffel Estragonessig dazu gemischt und noch so lange gerührt, bis eine dicke Sauce entsteht. Indessen hat man Spargelköpfe, Blumenkohl, einige grüne Bohnen, etwas Sellerie und junge Mohrrüben in Wasser und Salz weichgekocht, etwas mit Essig angefeuchtet und ¼ Stunde marinieren lassen. Nun bereitet man einen Teil Kopfsalat nach der gegebenen Vorschrift, richtet ihn in der Mitte des Salatnapfes an, legt das gemischte Gemüse hübsch rundherum, verziert diesen Kranz mit Krebsschwänzen und harten Eiern in Vierteln und gießt die Sauce rundherum.

299. Endiviensalat.

Die Endivien müssen recht gelb und mürb sein, sie werden gut verlesen, sehr fein geschnitten, rein gewaschen, getrocknet und wie Kopfsalat bereitet.

300. Wurzelsalat.

Hierzu nimmt man Mohrrüben, Sellerie, Kartoffeln, Rapunzeln, kocht sie, reingewaschen aber ungeputzt, in Wasser und Salz weich, schält sie und entfernt alles Holzige, namentlich aus dem Sellerie, der mit einem Blechausstecher in der Größe eines 10 Pfennigstücks ausgestochen wird. Die Mohrrüben und andre Wurzeln schneidet man in dieselbe Form und besprengt jedes für sich mit Salz und Essig. Pfeffergurken und eingemachte rote Rüben werden ebenso behandelt, worauf man eine runde Stürzform nimmt, mit Provenceröl ausstreicht und ringsherum mit dem Wurzelwerk schichtweise belegt. Zuerst etwa eine Schicht Sellerie, welche man so einlegt, daß sie einen Rand bilden, so daß jede Scheibe immer zur Hälfte auf die andere kommt; dann nehme man Pfeffergurken und lege diese ebenso, aber nach der andern Seite, zu, dann Mohrrüben in derselben Lage wie den Sellerie und so abwechselnd, von rechts nach links und von links nach rechts, bis die Form gefüllt ist. In den hohlen Raum tut man das Uebrigbleibende gemischt hinein, bereitet hinlänglich von der Sauce, wie sie zum Kopfsalat beschrieben ist, gießt so viel hinein, daß sich die Form füllt und der Salat ganz davon durchzogen wird; dann stürzt man ihn auf eine Schüssel und hebt die Form behutsam ab. — Man kann diesen Salat nun noch mit Kapern, Krebsschwänzen und einem Kranz von gehacktem, klarem Aspik garnieren.

301. Aspik von Aal oder Lachs.

Der Aal wird getötet und entweder sehr mit Sand gescheuert oder abgezogen, dann in kaltem Wasser mit Salz, Zwiebeln, Gewürz und Lorbeerblatt abgekocht; vorher in fingerlange Stücke geschnitten. Wenn er kalt ist, schneidet man die Stücke auseinander und nimmt behutsam die Gräten heraus; dann legt man eine Form ringsherum mit halben Zitronenscheiben aus, dazwischen einige Kapern und an den Zitronenscheiben einen Kranz von Essigkirschen, in der Mitte einen Stern von lang= geschnittenen Pfeffergurken, dazwischen kleine ausgepellte Krebsschwänze; dann legt man die Aalstücke ganz be= hutsam auf diese Verzierung, ohne sie zu zerstören; hat man viele Krebse, so legt man noch Schwänze und aus= gepellte Scheren dazwischen, bis man alles in die Form getan hat, doch ist es gut, wenn man die Aaalstücke so legt, daß immer gut Gelee dazwischenlaufen kann; es sieht besser aus und schmeckt auch gut. Ist nun die Form voll, stellt man sie auf die Stelle, wo sie bis zum Steifwerden stehen bleiben kann, dann gießt man mit einem Schnabeltopf behutsam am Rande das Gelee darauf, bis es ganz übersteht (siehe Aspik oder Fleisch= gelee). Die Form wird vorher mit Oel ausgestrichen; der Aspik wird gestürzt und Remoladensauce dazu ge= geben.

Mit dem Lachs verfährt man bei dem Aspik wie mit dem Aal, nur darf man auch nicht zu große Stücke ein= legen; auch kann man Karpfen, wenn man die Gräten recht herauszieht, sowie die große Maräne dazu nehmen, nur muß man, wie auch beim Lachs, die dicke Haut nach dem Kochen abziehen.

302. Aal mit Weißbier.

Der Aal wird getötet, mit Sand gescheuert, gewaschen, in Stücke geschnitten, dann mit Bier, Zwiebeln, wie der Blei, bereitet.

Mehlspeisen.

303. Plumpudding.

¾ Pfund Rindernierentalg wird feingewiegt und alles Häutige abgenommen, in einen Napf getan und mit 125 Gramm warmer Butter begossen; dann tut man ½ Pfund geriebene Semmel und 200 Gramm Mehl, ¾ Pfund geriebenen Zucker, ¾ Pfund große ausgekernte Rosinen oder Sultanrosinen, 125 Gramm Korinthen, für 20 Pfennig Zitronat, für 10 Pfennig kandierte Orangenschale, beides feingeschnitten, ½ Stange Zimt, 10 Gewürznelken, feingestoßen, etwas abgeriebene Zitronenschale, ⅛ Liter Arrak oder Rum, ein wenig Salz und 10 Eier dazu und vermischt alles recht tüchtig. Die Rosinen müssen nach dem Waschen abgetrocknet werden. Eine dichte grobe Serviette legt man vorher in kaltes Wasser; diese ringt man aus, bestreicht sie in der Mitte mit Butter, streut Semmel darauf, legt sie in einen Durchschlag, füllt den Teig hinein und bindet fingerhoch über der Masse das Tuch recht fest zu und macht eine Oese von Bindfaden daran. Indessen hat man einen großen Topf, der recht tief ist, mit Wasser aufgesetzt. Wenn es kocht, legt man einen starken Stock quer über, hängt den Pudding so, daß er ganz ins Wasser kommt, doch nicht auf den Boden anstößt, er muß schweben; so muß er 3 Stunden kochen und bleibt nicht Wasser genug, darf man nur heißes zu=

gießen. Beim Anrichten legt man ihn wieder in den Durchschlag, bindet das Tuch auf und stürzt ihn nun auf die Schüssel. Man gibt eine Chaudeau-Sauce dazu, von der man ein paar Löffel überfüllt, die übrige in der Sauciere dazugibt. Auch die Punschsauce schmeckt gut dazu.

304. Plumpudding, englisches Rezept.

½ Pfund Rindernierentalg gewässert und in kleine Würfel geschnitten, ½ Pfund Mehl, 4 Eier, 125 Gramm große Rosinen (ausgekernt oder Sultan=), 125 Gramm Korinthen, 160 Gramm braunen Zucker, etwas Salz, Zimt, Nelken, Zitronenschale, Zitronat nach Belieben und eine große Tasse Milch werden gut vermischt, am besten schon abends vor dem Tage, an welchem der Pudding gekocht werden soll. Bei dem Kochen verfährt man wie oben, nur muß dieser Pudding 4 Stunden kochen. Man gibt Madeira= oder Chaudeau-Sauce dazu. Soll er brennend zu Tische kommen, begießt man ihn mit ein paar Löffeln Rum und zündet denselben an.

305. Schwemmpudding.

¼ Liter Milch stellt man mit 130 Gramm Zucker und 130 Gramm Butter in einer Kasserolle aufs Feuer; wenn es kocht, schüttet man 60 Gramm Mehl und 60 Gramm feingestoßene Kartoffelstärke gemischt hinein und läßt dies unter beständigem Rühren kochen, bis es klar ist und sich von der Kasserolle löst; dann stellt man die Masse in einem Napf kalt, rührt alsdann von 8 Eiern das Gelbe und etwas abgeriebene Zitrone dazu, zuletzt den steifgeschlagenen Schnee der Eier. Die Form — sie darf stets nur halb gefüllt werden, weil sonst der Pudding nicht aufgehen kann — wird gut mit Butter ausgestrichen und mit Semmel bestreut, dann tut man den Teig hinein und stellt sie in eine halb mit kochendem Wasser gefüllte Kasserolle. Der

Pudding muß zwei Stunden kochen; hat man einen Dampfapparat, so ist es bequemer, ihn darin zu kochen. Beim Anrichten muß man vorsichtig die Form öffnen, sonst fällt der Pudding leicht; er wird auf eine Schüssel gestürzt, Chaudeau- oder eine Obstsauce, wie auch frische geschmorte Birnen kann man dazu geben.

306. Schwemmpudding mit Rosinen.

Nimm reichlich ¼ Liter Milch, 125 Gramm Butter, 125 Gramm Zucker, 125 Gramm feingestoßene Kartoffelstärke, backe dies ab wie in der vorstehenden Nummer, nur mische dann nebst den 8 Eiern 60 Gramm Sultanrosinen, etwas abgeriebene Zitronenschale und für 15 Pf. Zitronat, feingeschnitten, hinein. Dieser Pudding wird nur 1½ Stunde gekocht und mit einer Chaudeau-Sauce gegeben.

307. Brotpudding Nr. 1.

Von einem Schwarz- oder Kommißbrote schneide man 8—10 Scheiben, trockne sie im Ofen, stoße sie fein, nehme hiervon 100 Gramm, weiche sie mit einer Tasse voll Rotwein, auch etwas Rum darunter, wenn man es liebt, rühre dies mit etwas gestoßenem Zimt, 4 Nelken, 200 Gramm Zucker, 130 Gramm gestoßenen Mandeln — einige bittere darunter — und dem Gelben von 10 Eiern eine gute Viertelstunde lang, tue den Schnee der Eier dazu, verrühre ihn rasch und fülle diese Masse in die Puddingform, welche mit Butter ausgestrichen, mit Schwarzbrot bestreut war und koche den Pudding wie den obigen im Wasserbade 1 Stunde lang. Man stürzt ihn dann auf eine Schüssel und gibt eine Kirschsauce dazu.

308. Brotpudding Nr. 2.

¾ Pfund geriebenes Schwarzbrot wird in 100 Gramm Butter recht braun geröstet; dazu 3 ganze Eier, 125

Gramm Korinthen, 125 Gramm Zucker, die abgeriebene Schale einer halben Zitrone, 6 gestoßene Nelken, etwas gestoßenen Zimt, reichlich ¼ Liter Sahne, gut durchgerührt, zuletzt den Schnee von 3 Eiern hineingerührt. Der Pudding muß 1 Stunde kochen.

309. Semmelpudding (ganz einfach.)

Man schneidet Semmelscheiben in die ausgestrichene Form, streut Sultanrosinen dazwischen, auch etwas frische Butter und geriebene Zitronenschale und wechselt damit lagenweise bis zur Hälfte der Form, oben zuletzt Semmel. Dann quirlt man, je nachdem es viel oder wenig ist, ¼ Liter Milch, reichlich mit 4 Eiern oder mehr, nebst dem nötigen Zucker und gießt dies über die Semmel in die Form. Die Milch muß erst etwas überstehen, sie zieht später ein. Man kocht ihn 1—1½ Stunde im Wasserbade, stürzt ihn auf eine Schüssel und gibt Obstsauce dazu.

310. Kabinettspudding.

Ein halbes Pfund Makronen grob gestoßen, ¾ Pfund Löffelbiskuit, ½ Pfund Zitronat, ½ Pfund Sultanrosinen, 8 ganze Eier und 4 Eigelb, ¾ Pfund Zucker, 1 Flasche Rheinwein, wovon 1 Glas zurückbleiben muß. Die Mehlspeisenform, die nicht zu weit, aber recht hoch sein muß, wird mit Butter gut fett ausgestrichen und mit feiner Semmel bestreut. Nun legt man die halb auseinander gebrochenen Löffelbiskuits hinein, streut abwechselnd Makronen, Zitronat und Rosinen dazwischen und lagert so alles hinein; quirlt dann Wein mit Zucker und Ei zusammen, gießt es über die Masse, legt eine Untertasse darauf, damit es gut durchzieht und läßt dies 1—2 Stunden stehen. Dann kocht man die Speise mit einem Deckel zugedeckt im Wasserbade 1¼ Stunde und gibt sie gestürzt mit Chaudeau-Sauce schnell zur Tafel.

311. Zitronenmehlspeise.

Es gehören dazu: ½ Pfund Butter, ½ Pfund Zucker, 16 Eier und 1 Eßlöffel voll gestoßener Kartoffelstärke. Die Butter läßt man in verzinnter Kasserolle schmelzen, aber nicht heiß werden, tut das Gelbe der Eier, den Zucker und den Saft einer Zitrone dazu und rührt auf gelindem Feuer so lange, bis es anfängt dick zu werden und man merkt, daß das Ei gar ist. Nun tut man die Masse in einen Napf, die Stärke dazu und rührt ½ Stunde, zuletzt auch den steifen Schnee der Eier hinein; dann kommt alles in die mit Butter ausgestrichene und mit Semmel bestreute Form und wird im Ofen 1 Stunde in einer Bratpfanne, die halb mit Wasser gefüllt ist, gebacken. Man stürzt sie auf eine Schüssel und steckt gleich einen silbernen Löffel hinein, damit sie nicht fällt. Eine Chaudeau-Sauce wird dazu gegeben.

312. Mehlspeise von Reisgrieß.

Nimm 125 Gramm Reisgrieß, 125 Gramm Butter, 125 Gramm Zucker und 8 Eier. Der Grieß wird 2—3mal mit kochendem Wasser abgebrüht, dann gieße ¾ Liter Milch darauf und koche ihn ziemlich weich, doch so, daß er körnig bleibt; dann stelle ihn kalt, erwärme die Butter, rühre sie zu Sahne, den Zucker und das Eigelb dazu, rühre im ganzen ½ Stunde, tue dann den Grieß und zuletzt den steifen Schnee der Eier hinein. Ist dieser Teig in die Form gefüllt, bestreue ihn noch reichlich mit Zucker, stelle die Form in Wasser und backe sie 1 Stunde im Bratofen oder in der Tortenpfanne. Ebenso macht man es mit Reis, wenn man diesen vor dem Reisgrieß den Vorzug gibt, oder Weizengrieß, der nicht gebrüht wird; etwas abgeriebene Zitronenschale kann auch hinein.

313. Grießspeise mit gefüllten Aepfeln.

Man nimmt feinen Weizengrieß, den man aber nicht wie den Reisgrieß brüht, sondern gleich in Milch kocht, im übrigen verfährt man ganz wie oben. Die Borsdorfer Aepfel werden geschält, das Kernhaus ausgestochen; dann stellt man sie nebeneinander in eine breite Kasserolle, streut Zucker darüber und gießt etwas weißen Wein auf, in Ermangelung wenig Wasser, deckt sie zu und dämpft die Aepfel weich, aber nicht zu weich. Dann werden sie zum Abkühlen auf eine flache Schüssel gelegt; man mag sie den Tag vorher bereiten. Von dem Teig füllt man die Hälfte in die Form, stellt die Aepfel nebeneinander hinein und füllt nun in jeden nach Belieben Kirschfleisch, Himbeermus oder Erdbeeren, oder auch nur geriebene süße Mandeln und Sultanrosinen. Dann füllt man die andre Hälfte darüber und bäckt sie 1 Stunde in der Tortenpfanne oder dem Bratofen.

314. Kartoffelspeise.

9 Eigelb werden mit 125 Gramm feingeriebenem Zucker ½ Stunde gerührt, 60 Gramm süße, 5 Gramm bittere Mandeln, feingerieben, die abgeriebene Schale und der Saft einer Zitrone dazu. Dann kommt von gekochten, kalt gewordenen, auf dem Reibeisen geriebenen Kartoffeln ½ Pfund, und wenn auch das verrührt ist, der Schnee der Eier hinzu. Diese Speise bäckt ¾ Stunde im Bratofen in der Tortenpfanne. Man bestreut den Teig, ehe man ihn in den Ofen schiebt, noch gut mit Zucker. Eine Obstsauce kann dazu gegeben werden.

315. Kartoffelspeise auf andre Art.

Das Gelbe von 16 Eiern wird mit ¾ Pfund Zucker, 100 Gramm süßen, 16 Gramm bittern Mandeln (gerieben) ¾ Stunde gerührt; dann tut man 1 Pfund gekochte, geriebene Kartoffeln und einen Tassenkopf voll geriebener Semmel, zuletzt den Schnee hinzu und rührt dann nicht mehr viel, füllt die Masse in die Form, bestreut sie mit Zucker und läßt sie eine Stunde backen.

316. Kartoffelspeise auf andre Art.

Gekochte und erkaltete Kartoffeln werden auf dem Reibeisen gerieben; davon nimmt 400 Gr., 200 Gramm Butter, 12 Eier, 115 Gramm Zucker, 60 Gramm kandierte Orangenschale, 125 Gramm ausgekernte große Rosinen oder Sultanrosinen und 70 Gramm Korinthen und verfahre so: die Butter rühre zu Sahne und mit den 12 Eigelb und dem Zucker noch ¼ Stunde, rühre die Kartoffeln und hierauf das übrige nebst der auf Zucker abgeriebenen Schale einer Zitrone gut hinein, tue rasch den Schnee dazu, fülle es in die ausgestrichene und mit Semmel bestreute Form und backe oder koche es 1 Stunde im Wasserbade. Diese Speise wird gestürzt angerichtet und mit Himbeersauce gegeben.

317. Charlotte von Aepfeln.

Gute weinsaure Aepfel werden geschält und in Scheibchen geschnitten. Zu 2 Liter Aepfeln rechnet man 150 Gramm Korinthen, mit diesen setzt man die Aepfel in der Kasserolle auf, streut genügend Zucker darüber und legt kleine Stückchen Butter obenauf, deckt die Kasserolle zu und dämpft sie auf gelindem Feuer weich, rüttelt die Kasserolle aber zuweilen, damit sie nicht anbrennen; sind die Aepfel halb weich, tut man sie in den Durchschlag und läßt den Saft etwas ablaufen. Die Mehlspeisenform wird mit Butter ausgestrichen, dann mit halben Zwiebacken, welche man in zerlassener Butter brät, auf dem Boden, wie an den Seiten ausgesetzt. Man kann auch leicht in Butter gebratene Semmelscheiben nehmen. Von den Aepfeln legt man die Hälfte der Aepfel und wieder Zwieback; zuletzt belegt man die ganze Form mit Stückchen frischer Butter, ½ Pfund auf diese Menge. Die Speise bäckt nur 1 Stunde und wird gut mit Zucker bestreut, ehe sie zu Tisch kommt. Da diese Speise natürlich nicht quillt oder steigt, so darf man auch keine zu große Form nehmen.

318. Charlotte von Aepfeln mit Schwarzbrot.

Die Aepfel werden wie in voriger Nummer bereitet; die Form wird fett mit Butter ausgestrichen, das geriebene Schwarzbrot gut mit Zucker vermischt, etwa dreifingerdick hineingestreut und etwas angedrückt, die Aepfel hineingetan, dann wieder dreifingerdick Brot, wieder Aepfel und Brot, bis die Form gefüllt ist, auf die letzte Lage Brot, kleine Stückchen frische Butter, und zwar recht reichlich; denn wenn das Brot nicht gut mit Butter durchzogen ist, bildet sich keine Kruste, und die schmeckt am besten. Die Speise muß eine gute Stunde backen und oben gut bräunlich sein. Mit Zucker bestreut, kommt sie heiß zur Tafel.

319. Makronenspeise mit Aepfeln.

Die Borsdorfer Aepfel werden wie zu der Grießspeise gedämpft und mit Kirschfleisch oder Rosinen gefüllt. Die ausgestrichene Form wird zur Hälfte damit angefüllt, dann ¾ Pfund Mandeln, auch einige bittere darunter, nachdem sie gerieben sind, mit ¾ Pfund Zucker und 16 Eigelb ½ Stunde gerührt, endlich 65 Gramm geriebene Semmel und der Eierschnee dazu, und nun über die Aepfel gegossen und 1 Stunde gebacken. Ist die Speise beinahe fertig, rührt man 1 Löffel Zucker mit Wasser und Zitronensaft zu einem Guß klar, füllt ihn behutsam über und läßt sie damit im Ofen oder in der Bratpfanne noch stehen, aber die Form darf nicht gerührt werden. Zu dieser Speise ist keine Sauce nötig.

320. Apfelspeise, ganz einfach.

Eine breite Form wird recht fett mit Butter ausgestrichen, in Scheiben geschnittene Aepfel hineingelegt und Korinthen nebst Zucker dazwischen gestreut, dann ein gewöhnlicher Eierkuchenteig darüber gegossen und gebacken. Man kann diese Speise im Stubenofen backen, wo sie dann länger als im Bratofen, also wohl 2 Stunden bäckt.

321. Charlotte von Aepfeln mit Mürbteig.

Man knetet auf einem Backbrett 125 Gramm Mehl mit 125 Gramm Butter, 3 Löffel voll Zucker und 1 Ei, von dem man so viel, wie man nachher zum Ueberstreichen gebraucht, zurückläßt, zu einem festen Teig. Man legt sich noch so viel Mehl auf das Brett, um den Teig abnehmen und aufrollen zu können; dann nimmt man ein Stück Teig, rollt es aus und schneidet ein rundes Stück wie der Boden der Form groß; die Form wird wie immer ausgestrichen und mit Semmel bestreut. Nun legt man den Boden hinein, rollt wieder ein Stück Teig und schneidet so breite Streifen, wie die Form hoch ist, die man ganz von innen damit bekleidet. Jetzt legt man wie oben beschrieben, geschmorte Aepfel hinein, rollt von dem Teig eine Platte, und ist noch ein Stückchen geblieben, schneidet man mit dem Kuchenrädchen schmale Streifchen, mit denen man die Platte, welche die Aepfel deckt, noch verziert und endlich mit dem zurückbehaltenen Ei bestreicht. Dann wird sie im Ofen oder der Tortenpfanne 1½ Stunde schön gelbbraun und knusprig gebacken.

322. Apfelschnitte.

2 Eier werden mit 4 Löffel Rum und einem Tassenkopf saurer Sahne gut gequirlt und so viel Mehl dazugetan, daß es ein recht ebener Eierkuchenteig wird. Weinsaure Aepfel hat man vorher geschält, in ziemlich dicke Scheiben geschnitten, das Kernhaus herausgestochen, mit Zucker bestreut und einige Stunden so stehen lassen. Zum Ausbacken nimmt man am besten Rinderfett, welches kochend heiß, aber nicht zu braun sein muß. Man taucht mit einer Gabel die Apfelscheiben in den Teig und dann gleich in das Fett, läßt sie schön gelb-

braun backen, legt sie einen Augenblick auf Löschpapier, dann auf die Schüssel, wo sie gleich mit Zucker bestreut werden. Ehe die Schnitte in das Fett kommen, nimmt man es vom Feuer, setzt die Kasserolle auf die Erde und tut etwas Spiritus hinein.

323. Plinsen.

½ Liter Milch, 8 Eier, 130 Gramm Mehl, 100 Gramm Butter, 65 Gramm Zucker. Das Gelbe der Eier, die Milch, Mehl und Zucker nebst der geschmolzenen Butter werden gut gequirlt, zuletzt der Schnee dazu. Dann legt man ein wenig Butter in die Pfanne, vergießt darauf 2 Löffel von dem Teig, so daß die Plinse recht dünn wird, bäckt sie auf einer Seite gelbbraun, legt gleich in der Pfanne etwas Gelee darauf, rollt sie zusammen und bestreut sie mit Zucker. Diese Menge kann 16 Plinsen geben.

324. Omelette zum Verzieren feiner Gemüse.

4 Eier werden mit 4 Eßlöffel kaltem Wasser, einem Teelöffel Mehl, wenig Salz und einer Messerspitze Zucker gut gequirlt; wenig Butter in der Bratpfanne heißgemacht, ein paar Löffel von dem Teig darauf gegossen, auf einer Seite gelbbraun gebacken, zusammengerollt, auf einem Brett in länglich schräge Streifen geschnitten und damit die Schneidebohnen oder Schoten belegt.

325. Eierkuchen.

Zu 2 Eierkuchen nimm 5—6 Eier, quirle das Gelbe mit 4 Löffel Mehl, 8 Löffel kaltem Wasser, Salz und 50 Gramm geschmolzener, abgekühlter Butter gut zusammen. Der Teig muß so dick wie eine gute Mehlsuppe sein, ist er zu dick, nimmt man noch etwas Wasser und den Schnee der Eier dazu. Tue dann ein Stückchen Butter in die Pfanne, die Hälfte des Teiges, wenn die Butter heiß ist, darauf und backe ihn auf beiden Seiten gelbbraun. Zieht man Speck der Butter vor, so schneidet man Scheibchen, tut diese in die Pfanne und gießt von dem ausbratenden Fett erst ein wenig ab, um es für die zweite Seite wieder zu benutzen. In diesen Eierkuchenteig mag man auch Schnittlauch einschneiden, wenn man es liebt.

326. Eierkuchen auf andre Art (gut).

Das Gelbe von 6 Eiern wird mit ½ Liter Milch, 2 guten Löffel Mehl, wenig Salz gut gequirlt, der Schnee der Eier dazugemischt, 1 Teelöffel Butter in die Pfanne getan, heißgemacht, die Hälfte des Teiges aufgegossen und auf beiden Seiten gelbbraun gebacken. Mit Zucker bestreut und Obstsauce dazu gegeben.

Ich füge die Bemerkung hier bei, daß man die Eierkuchenpfanne niemals naß ausscheuern, auch nichts Nasses darin bereiten darf. Man hängt sie fettig umgekehrt an ihren Platz und wischt sie vor jedem Gebrauch sauber mit Papier aus.

327. Eierschnee zu schlagen.

Der Schnee wird am besten, wenn man ihn in einem Messingkessel mit einer Drahtrute schlägt, doch muß diese sehr vorsichtig, jedesmal vor dem Gebrauch, gereinigt werden, sonst wird der Schnee grau. Der Kessel muß kalt und recht trocken sein. Im Sommer legt man die Eier vor dem Gebrauch eine Stunde in kaltes Wasser. Diesen Schnee muß man mit der betreffenden Speise „aufziehen", d. h. mit einem großen Löffel untermischen, ohne viel zu rühren.

328. Gebrühter Eierkuchen.

3 Löffel voll Mehl brühe mit 4 Löffel voll kochendem dem Wasser in einem Topf und rühre es gut. Sollten auch einige Klümpchen bleiben, so schadet es nichts, sie

verrühren sich nachher. Ist der Teig kalt, quirlt man 3 Eigelb und etwas Salz dazu, zuletzt den Schnee der Eier und bäckt ihn auf beiden Seiten wie oben angegeben.

329. Semmeleierkuchen.

1 kleine Semmel wird in Wasser geweicht, ausgedrückt und durch den Durchschlag gerührt, 90 Gramm Mehl, ¼ Liter Milch, 15 Gramm Zucker, Salz und 5 Eigelb dazugequirlt, zuletzt der Schnee der Eier, wie oben auf beiden Seiten gebacken. Diese Masse gibt 1 dicken oder 2 dünnere Kuchen. Mit Zucker bestreut; hierzu gibt man eine Obstsauce.

330. Omelette soufflée.

Von 8 Eiern wird das Gelbe mit 125 Gramm Zucker ½ Stunde geschlagen, bis es ganz weißlich aussieht, der sehr steife Schnee dazugerührt, wenig Butter in der Pfanne heiß gemacht, die Hälfte dieser Masse hineingegossen und langsam auf einer Seite gelbgebacken. Oben muß die Omelette noch schäumig bleiben, darauf legt man beliebiges Gelee, klappt die Omelette zusammen, legt sie auf eine Schüssel und richtet sie gleich an. Will man statt des Gelees Zitronensaft nehmen, so preßt man den Saft durch einen Durchschlag, damit die Kerne zurückbleiben und versüßt ihn mit Zucker. Hierauf schüttet man die Omelette ganz auf die Schüssel, träufelt den Saft darüber, dann den zweiten Teil, mit der braunen Seite nach oben übergelegt, mit Zucker bestreut und gleich angerichtet.

331. Omelette aux fines herbes.

Den Teig macht man wie oben, doch ohne Zucker, und schneidet feinen Schnittlauch hinein, klappt ihn zusammen. Man nimmt auch Estragon statt des Schnittlauchs. Etwas Salz kommt dann in die Masse, die wie oben langsam gebacken wird. Jede Omelette muß gleich zur Tafel kommen, sobald sie gebacken.

332. Warme Mehlspeise mit Kirschen.

Man nehme ¼ Liter Milch, 120 Gramm Zucker, 120 Gramm Butter, setze dies in einer Kasserolle aufs Feuer, wenn es kocht, tue 120 Gramm Mehl dazu und backe es auf dem Feuer ab, bis der Teig sich von der Kasserolle löst; ist der Teig kalt, tut man 8 Eigelb dazu, rührt es ganz klar und zuletzt den Schnee der 8 Eier; dann setzt man 1 Liter saure Kirschen, ausgesteint, mit Zucker in einem Messingkessel aufs Feuer; wenn sie anfangen zu kochen, rührt man sie gut um, damit die obersten auch in die kochende Sauce kommen. So läßt man sie ganz wenig dämpfen, füllt sie gleich in einen Durchschlag, wenn sie abgelaufen, tut man zu dem Teig die Hälfte in die mit Butter ausgestrichene und mit Semmel bestreute Form, legt die gut abgelaufenen Kirschen darauf, dann den andern Teil Teig, bestreue oben mit Zucker und backe sie, wie alle anderen Mehlspeisen, 1 Stunde. Die Kirschen müssen gut süßgemacht sein; den Saft kann man in eine ausgeschwefelte Flasche gießen zum Aufbewahren. Diese Speise schmeckt mit Aprikosen und geschälten Pflaumen auch gut. Auch kann man sie gestürzt zur Tafel geben.

333. Schneebälle.

Setze dieselbe Masse wie zu den Spritzkuchen aufs Feuer, verfahre ganz ebenso, wie dabei beschrieben ist. Stich Klöße mit dem Löffel von dem Teig und gleich in das siedende Fett; sind sie auf Löschpapier etwas abgetrocknet, mag man sie aufschneiden und mit Gelee füllen, dann wieder zuklappen und mit Zucker bestreut zur Tafel geben. Auch kann man eine beliebige Obstsauce dazu geben. In das heiße Fett gieße man ein wenig Spiritus, doch muß man die Kasserolle vom Feuer nehmen, sonst kocht das Fett über; durch den Spiritus braust es in die Höhe (siehe auch Nr. 515).

334. Dampfnudeln.

1 Pfund feinstes Mehl, ½ Liter süße Sahne, 16 Gramm Hefe, 3 Eigelb, 60 Gramm Zucker, 50 Gramm Butter und etwas Salz. Die Butter wird geschmolzen, die Sahne mit der Hefe etwas erwärmt, nicht zu heiß, dann alles gut zusammengerührt. Von diesem Teig setzt man kleine Brötchen in eine Tortenpfanne nebeneinander und läßt sie aufgehen. Hierauf werden sie bei gelinder Hitze im Ofen gebacken, mit Zucker bestreut und eine Vanillencreme dazu gegeben. Es kann auch eine Obstsauce sein, doch ist die Creme besser.

335. Fastenspeise von Nudeln.

Man mache von 3 Eiern und so viel Mehl sie aufnehmen wollen, einen festen Teig, rolle ihn ganz dünn aus und schneide feine Nudeln davon, koche sie in Milch und etwas Zucker gar. Bleibt noch fließende Milch, muß man die Nudeln in einen Durchschlag tun, und abkühlen lassen. Nun rühre man 20 Gramm Butter zu Sahne, tue hierzu 200 Gramm Zucker, ¼ Schote gestoßene Vanille und 12 Eigelb; dies alles rühre gut durcheinander. Nachdem nun die Nudeln erkaltet sind, tue man sie nebst 125 Gramm bitterer und zerdrückter Makronen unter die obige Masse, rühre nur leicht, damit sie nicht zerrieben werden, und ziehe zuletzt den Schnee von den 12 Eiern darunter; dann in einer mit Butter ausgestrichenen Form langsam gebacken. Dies wird eine große Form.

336. Ausgebackene Klöße von Reismehl oder Weizengrieß.

Stelle 1 gutes Liter Milch nebst 200 Gramm Butter aufs Feuer, und wenn es kocht, schütte 1 Pfund Reis=

mehl oder Weizengrieß hinein, immerwährend rührend. Wenn es sich von der Kasserolle löst, muß es noch ein Weilchen auf gelindem Feuer gerührt werden; dann tut man es in eine tiefe Schüssel zum Abkühlen, und wenn es erkaltet ist, schlägt man noch 16 ganze Eier hinein, reibt auch die Schale einer Zitrone hinzu und rührt es gut durcheinander. Von diesem Teige sticht man mit einem Löffel Klöße, wie ein kleines Hühnerei groß, ab, wälzt sie in geriebener Semmel und formt sie mit den Händen länglich rund. Indessen hat man das dazu bestimmte Fett siedend heiß werden lassen, darin bäckt man sie gelbbraun, legt sie einen Augenblick auf Löschpapier, dann auf die Schüssel, wo man sie mit Zucker und Zimt bestreut und warm zu Tisch gibt.

337. Reisschnitte.

Nachdem der Reis abgebrüht ist, setze man ihn mit Milch auf und lasse ihn weich werden, aber nicht verkochen, recht steif muß er sein, zuletzt gebe man etwas Zucker, Salz und wenig abgeriebene Zitrone hinein; dann lege man ihn auf eine flache Schüssel und drücke ihn mit der Kelle, wie zweifingerhoch auseinander. Ist er kalt, sticht man sie mit einem Weinglase aus; dann wälzt man diese in Ei und geriebener Semmel und brät sie in vorher gelbbraun gebratener Butter auf beiden Seiten braun und bestreut sie mit Zucker und Zimt. Eine Obstsauce schmeckt gut dazu.

338. Soufflé von Schokolade.

Das Gelbe von 12 Eiern wird mit 125 Gramm süßen Mandeln und ebensoviel Zucker — beides feingerieben — eine Weile gerührt; dann tut man 125 Gr. Schokolade und einen Tassenkopf geriebene Semmel dazu, rührt es gut durch und zuletzt den Schnee der Eier hinein; backe es nun langsam in einer mit Butter ausgestrichenen Form. Auch kann man Vanillensauce dazu geben.

339. Warme Mehlspeise.

80 Gramm Butter und 12 Eidotter werden mit dem Saft einer Zitrone auf gelindem Feuer gerührt, bis das Ei gar, aber nicht stückig ist. Dann ¾ Pfund Zucker, 60 Gramm Mehl und die abgeriebene Zitronenschale ¼ Stunde damit gerührt, den Schnee der Eier und etwas Salz dazugetan, die Masse in die Form gefüllt und ½—¾ Stunde im Wasserbade im Ofen gebacken; wenn die Speise abgekühlt ist, wird sie gestürzt. Am folgenden Tage wird sie in 2—3 Lagen quer durchgeschnitten, zwischen jede Lage Gelee gestrichen, auf eine Schüssel getan und mit dem Schnee von 4 Eiern, der mit 65 Gramm Zucker gemischt ist, übergossen, noch mit Zucker bestreut und im Ofen gelbbraun gebacken. Es gehört nur wenig Hitze dazu; in einer Tortenpfanne ist es am besten. (Genügt für 12 Personen.)

340. Warme Mehlspeise.

8 Eidotter, 130 Gramm Butter und 130 Gramm Zucker nebst dem Saft und der abgeriebenen Schale einer Zitrone werden auf gelindes Feuer gesetzt und so lange gerührt, bis die Masse Blasen schlägt und anfängt, sich von der Kasserolle zu lösen; dann wird sie abgenommen, aber noch immer gerührt, bis sie kalt ist. Nun kommt der Schnee der 8 Eier dazu, das Ganze wird in die Form getan und ½ Stunde im Wasserbade im Ofen gebacken. Chaudeau gibt man dazu. (Genügt für 8 Personen.)

341. Schokoladenspeise kalt und warm zu essen
(für 12—15 Personen).

125 Gramm Butter, ½ Pfund Zucker, 12 Eier, ½ Pfund geriebene süße Mandeln, 190 Gramm geriebene Schokolade, und wenn sie nicht genug nach Vanille schmeckt, etwas mit Zucker gestoßene Vanille

dazu. Die Butter wird zu Sahne gerührt, nach und nach Zucker, Eigelb, Mandeln und Schokolade hinzugefügt, ¼ Stunde gut gerührt, dann der Eierschnee dazu und in einer Puddingform gekocht. Eine Vanillensauce gibt man dazu.

342. Panequins mit Rum.
(Siehe Plinsen.)

Man bäckt von dem Plinsenteig, in den man noch einen Teil gut gewaschene und abgetrocknete Korinthen getan hat, so viele Plinsen, wie man zu gebrauchen denkt. Sobald eine fertig ist, legt man sie auf eine Untertasse, die man umgekehrt auf eine Schüssel gestellt hat und beträufelt sie mit Zucker und Rum, die zweite Plinse darüber, wieder mit dem in Rum aufgelösten Zucker beträufelt, und so fort, bis es ein hübscher Berg ist. Die letzte Plinse bestreut man nur mit Zucker. Auch kann man hierzu eine Punschsauce geben.

343. Panequins en rocher à la Cancale.

40 Gramm Mehl und 125 Gramm gestoßene Makronen rühre man mit ¼ Liter Sahne recht klar, tue 2 ganze Eier und 7 Eigelb dazu, quirle diese Masse tüchtig durch und backe davon so viele Plinsen in der Pfanne, wie die Masse gibt, lege sie, wie oben, über eine Untertasse, und wenn alle fertig sind, mache man von 3 Eiweiß Schnee, tue 50 Gramm Zucker dazu, gieße es über den Plinsenberg und lasse es gelbbraun, vorher mit Zucker bestreut, backen.

344. Mehlspeise von Nudeln.

Mache einen Nudelteig von 2 ganzen Eiern, 40 Gr. Butter, etwas Salz und Zucker und so viel feinstem Mehl, wie dies aufnehmen will; knete es gehörig durch, rolle es so fein wie möglich und schneide ganz feine,

etwa fingerlange Nudeln davon. Setze nur ½ Liter
Milch in der Kasserolle aufs Feuer, streue die Nudeln
hinein, wenn die Milch kocht und ziehe mit einer Gabel
zuweilen auf, damit sie nicht zusammenklümpern. Sind
sie gargekocht, gieße sie auf einen Durchschlag und lasse
sie ablaufen. Zu der ablaufenden Milch tue in Zucker
gestoßene Vanille, 5 Eigelb und rühre dies auf dem
Feuer zu einer Creme, ist es nicht genug, gieße etwas
Sahne dazu und endlich den Schnee der Eier. Streiche
nun eine Mehlspeisenform mit Butter aus, fülle eine
Lage Nudeln hinein, übergieße diese mit einem Löffel
Creme und fahre so fort, bis alles darin, zuletzt muß
Creme sein, schiebe diese Speise in den Ofen und backe
sie ½—¾ Stunde gelbbraun. Sie wird in der Form
gegeben.

345. Mandelnudelmehlspeise.

Von 100 Gramm Mehl, 125 Gramm feingestoßenen
süßen und ein paar bitteren Mandeln, dem Gelben von
4 Eiern, 1 ganzen Ei und 65 Gramm Zucker wird ein
Nudelteig gemacht, dünn ausgerollt und in feine Nudeln
geschnitten. Nachdem dieselben mit 1 Liter Sahne,
125 Gramm Zucker und 125 Gramm Butter abgekocht
und dann durch einen Durchschlag gegossen worden sind,
wird das Abgelaufene mit 4 ganzen Eiern und 4 Eigelb gut gequirlt; man tut die Nudeln und diese Creme
schichtweise in eine Form, Creme zuletzt und bäckt sie in
nicht zu heißem Ofen.

346. Mehlspeise von Makkaroni.

190 Gramm Makkaroni werden in 3 Zentimeter
lange Stücke gebrochen, in kochendem Wasser 5 Minuten
lang gebrüht, auf einen Durchschlag getan und mit
kaltem Wasser übergossen. Ist das Wasser ganz abgelaufen, tut man sie in eine Kasserolle, setzt sie mit
1 Liter Milch, ½ Pfund Zucker und ¼ Stange Vanille

aufs Feuer und läßt sie langsam weich und dick einkochen. Man kann auch die Vanille mit Zucker stoßen, darf sie dann aber nicht mitkochen lassen. Nun rührt man 125 Gramm frische Butter mit 10 Eigelb zu Sahne, vermischt damit die abgekühlten Makkaroni sowie auch den Schnee der Eier, füllt diese Masse in eine mit Butter ausgestrichene und mit Semmel bestreute Form, bäckt sie ¾ Stunde lang in nicht zu heißem Ofen, gibt sie gestürzt oder in der Form zur Tafel und eine Vanillen= oder Obstsauce dazu.

Kalte süße Speisen.

Zu diesen gebraucht man außer dem Schnee der Eier, von dessen Bereitung schon gesprochen wurde, sehr oft Schlagsahne und Gelatine.

347. Schlagsahne.

Die Sahne schmeckt am besten und schlägt sich am sichersten, wenn sie gut aufgekocht ist. Die Haut der Sahne, welche sich oben setzt, schlägt sich ganz fein und ist das Fetteste, daher darf man sie nicht abnehmen; am besten ist es, wenn man die Sahne den Tag vor dem Gebrauch aufkocht und unzugedeckt kaltstellt. Am besten wird sie in einem Messingkessel geschlagen. Ist sie recht steif, mischt man den feingestoßenen Zucker und die mit Zucker gestoßene Vanille dazu. Man gibt diesem Verfahren mit der Vanille jetzt den Vorzug vor dem ehemals üblichen Auskochen derselben mit Milch, wobei viel von dem Aroma verlorengeht.

348. Das Auflösen der Gelatine.

Die Gelatine wird in kleine Stückchen gerissen, in einen Topf getan, etwas kaltes Wasser daraufgegossen und nur der Topf warmgestellt; dann öfter umgerührt, bis die Gelatine ganz aufgelöst ist; kochen darf sie aber nicht. Man gießt 2 Löffel Wasser auf 10 Gramm Gelatine.

349. Buchweizengrütze (gestürzt).

Nimm 110 Gramm feine Buchweizengrütze, koche sie in 1 Liter Milch gar, füge 60 Gramm Zucker und die abgeriebene Schale einer halben Zitrone hinzu, schütte alles in eine mit kaltem Wasser gespülte Form und stürze die Speise, wenn sie ganz kalt ist. Gib eine Vanille- oder Obstsauce dazu.

350. Blancmanger.

1 Liter Milch, 230 Gramm Zucker, 130 Gramm Weizenstärke, 10 Eiweiß zum Schnee. ¾ Liter Milch wird mit etwas ganzem Zimt und Zitronenschale in einer Kasserolle, die mindestens 2¼ Liter enthält, aufgesetzt; wenn die Milch kocht, tut man den Zucker dazu. Die Stärke wird mit ¼ Liter Milch gut gequirlt, zu der siedenden Milch getan und unter beständigem Rühren gargekocht. Dann wird die Kasserolle vom Feuer genommen und der Schnee mit der Kelle behutsam darunter gemischt und in eine mit kaltem Wasser ausgespülte Form getan; beim Anrichten gestürzt, mit Obst- oder Vanillensauce, wozu man das Gelbe der Eier gleich anwendet, gegeben. Auch schmecken beide Sorten Sauce dazu gut.

351. Blancmanger auf andre Art.

Von 1 Liter Milch nimmt man ¼ Liter ab und quirlt 120 Gramm Weizenstärke darin klar; die andre Milch wird mit 220 Gramm Zucker, Zimt und etwas Zitronenschale aufgesetzt; indes quirlt man 6 Eigelb zu der Stärke und gießt dies in die siedende Milch, läßt es gar- und dickkochen und rührt, indem man es vom

Feuer nimmt, den Schnee der Eier langsam darunter, läßt es in einer mit Wasser ausgespülten Form erkalten und gibt eine Obstsauce dazu.

352. Blancmanger von Grieß.

Zu 1 Liter Milch nimmt man 90 Gramm Weizen- oder Reisgrieß (letzteren erst gebrüht), kocht ihn mit Zimt, Zitronenschale und 230 Gramm Zucker gar; wird es vom Feuer genommen, rührt man es mit dem Schnee von 6 Eiern langsam durch. In mit Wasser gespülter Form läßt man es kalt werden, stürzt es und gibt Obstsauce dazu.

353. Kirschflammeri.

¼ Liter Kirschsaft, ¾ Liter Wasser, ¼ Liter Rheinwein, etwas Zitronenschale, Zimt und 120 Gramm Weizenstärke, Zucker, daß es gut süß ist. Der Saft, das Wasser und die Gewürze werden einigemal aufgekocht; die Stärke löst man in dem Wein auf und tut sie dann zu dem kochenden Saft, rührt so lange, bis es ziemlich dick ist, füllt es in eine mit Wasser gespülte Form und stellt es recht kalt. Dieser Flammeri wird gestürzt, mit einer Vanillensauce oder mit Schlagsahne, die mit Vanille und Zucker durchmischt ist, gegeben.

354. Flammeri von Sago in Rotwein.

200 Gramm weißer Kartoffelsago werden in wenig kochendes Wasser geschüttet und auf gelindem Feuer mit etwas Zitronenschale und einem Stückchen feinen Zimt ganz klargekocht, dann tut man ¾ Pfund Zucker, 1 Flasche Rotwein und ¼ Liter Kirschsaft dazu, kocht es noch ein wenig, und wenn es ziemlich steif scheint, gießt man es in die dazu bestimmte Schale oder Schüssel. Der Sago wird nicht gestürzt; man gibt Vanillensauce dazu oder umlegt die Schüssel reichlich mit Schlagsahne, die zuvor mit Zucker und Vanille gemischt ist.

355. Rote Grütze.

125 Gramm Buchweizengrütze, und in deren Ermangelung Weizen- oder Reisgrieß, wird in Wasser fast gargekocht, mit denselben Zutaten wie der oben beschriebene Flammeri, dann mit Kirsch-, Himbeer- oder Johannisbeersaft wie oben behandelt; wenn sie erkaltet ist, gestürzt und kalte Sahne dazu gegeben.

356. Fürst Pückler.

1 Liter Schlagsahne wird in 3 Teile geteilt und 30 Gramm Gelatine in 6 Löffel Wasser aufgelöst; eine Puddingsform mit Oel ausgestrichen. Nun nimmt man das erste Dritteil der Sahne und färbt es mit wenig Alkermesjaft rosa, mischt vorsichtig 2 Löffel von der Gelatine darunter und füllt es in die Form. Hierauf mischt man wieder 2 Löffel Gelatine mit dem zweiten Dritteil der Sahne, welche weiß bleibt, belegt diese mit eingemachten, gut abgelaufenen Erdbeeren und gestoßenen Makronen, und zuletzt deckt man mit dem letzten Drilleil der Sahne, welche mit guter gestoßener Schokolade braungefärbt und ebenso wie die erste mit 2 Löffel Gelatine gemischt ist. Nun schließt man die Form gut mit ihrem Deckel und stellt sie 3 Stunden lang in Eis, dreht sie aber darin mehrmals um. Die Speise kommt gestürzt zur Tafel, kann auch ungefroren gegeben werden. Die Gelatine muß gut flüssig sein und schnell durchgerührt werden, sonst vereinigt sie sich mit der Sahne nicht.

357. Ris à la Saxe.

125 Gramm gut abgebrühter Reis wird in Milch weich-, aber nicht entzweigekocht, mit gestoßener Vanille und Zucker wohlschmeckend gemacht, dann auf eine Schüssel zum Verkühlen getan, und wenn er kalt ist, schichtweise mit Schlagsahne, die auch mit Vanille und Zucker gewürzt ist, in eine beliebige Porzellan- oder

Glasschale getan. Zuletzt wird von der Sahne übergefüllt; sie schmeckt hierzu gut mit Maraschino gemischt.

358. Ris à la princesse.

Der Reis wird ganz wie der vorige bereitet, aber wenn er kalt geworden, in dem Gefäß, worin er zur Tafel kommen soll, so eingeschichtet: man legt erst Ananasscheiben über den Reis, dann die Schlagsahne und so fort. Beide Speisen müssen sehr kalt zur Tafel kommen. Zu 190 Gramm Reis ½ Liter Schlagsahne.

359. Ris à la Malte.

1 Pfund Reis wird gut abgebrüht, dann reichlich mit Wasser aufgesetzt, wenn er kocht wieder abgegossen und wieder heißes Wasser übergegossen, bis der Reis recht klar aussieht; dann läßt man ihn langsam weich werden, ohne darin zu rühren, schüttet ihn in einen Durchschlag oder ein Sieb zum Ablaufen. Inzwischen schält man 2 Zitronen und 2 Apfelsinen fein ab, drückt den Saft aus, tut 1 Pfund Zucker in die Kasserolle, den Saft der Zitronen und Apfelsinen nebst 1 Flasche Rheinwein darauf, dann die Schale einer Apfelsine und einer Zitrone dazu und nun den Reis; dann kocht man alles noch einmal durch, aber auf gelindem Feuer, und richtet ihn, nachdem man die Schalen herausgezogen hat, auf flacher Schüssel oder Schale an, verziert ihn mit eingemachten Früchten und tut eingezuckerte Apfelsinen darauf.

Dieser Reis kann auch ohne Wein oder mit wenig, dann mit 3 statt 2 Zitronen und auch ohne Apfelsinen gemacht werden. Zu dem Wein kann man auch etwas guten Arrak oder feinen Rum nehmen.

360. Rumspeise.

1 Liter süße Sahne, 10 Eigelb, ¾ Pfund Zucker, ein Stückchen Vanille und Zitronenschale, 3 Teelöffel

Arrak oder feinen Rum, 23 Gramm Gelatine. Die Sahne wird mit Vanille und Zitronenschale aufgekocht, inzwischen schlägt man das Eigelb mit dem Zucker ¼ Stunde in einem Topf, tut dazu unter stetem Rühren die kochende Sahne, dann gießt man die Masse in die Kasserolle zurück, rührt es so lange auf dem Feuer, bis es recht sämig und gar ist, doch muß man sich in acht nehmen, daß es nicht gerinnt; auch wenn es vom Feuer genommen wird, rührt man es fast ganz kalt, dann erst wird der Arrak und die in 4 Löffel Wasser aufgelöste Gelatine dazugetan. Die Form wird mit Oel ausgestrichen, doch vorsichtig, daß kein Oel in Tropfen darin bleibt, sodann die Speise hineingegossen, recht kaltgestellt, gestürzt, mit eingemachten Früchten belegt oder Erdbeer=, auch Himbeersauce dazu gegeben.

361. Creme von Schokolade.

½ Liter Sahne, 125 Gramm feine Vanillenschokolade, 190 Gramm Zucker werden auf dem Feuer klargekocht, mit 8 Eigelb abgezogen und mit 23 Gramm Gelatine versetzt, in eine Form gefüllt, kaltgestellt, gestürzt und mit Schlagsahne hübsch belegt.

362. Kalte Speise von Aepfeln.

Es gehören dazu 1½ Pfund grüne Rostocker oder Flammäpfel, 1 Pfund Zucker, 60 Gramm Gelatine, aber knapp gewogen, man kann 3 Blätter zurücklassen, und ¼ Liter Weißwein. Die Aepfel werden geschält, geviertteilt, mit ¾ Liter Wasser in verzinnter Kasserolle weichgekocht. Dann rührt man sie durch ein Haarsieb oder Suppensieb, bis wenig mehr von ihnen zurückbleibt, gießt die durchgerührte Masse in die Kasserolle zurück, tut den Zucker, Wein, von 2—3 Zitronen den Saft und feingeschälte Schale von 1 Zitrone dazu und läßt es gut durchkochen. Die Gelatine hat man in ½ Tasse Wasser aufgelöst und tut sie zu der Apfelmasse, wenn beides nicht mehr zu warm ist. Die Form streicht man mit Oel aus, gießt die Masse hinein und stellt sie recht kalt. Hat man kein Eis, muß man die Speise tags vor dem Gebrauch machen. Ist sie gestürzt, umlegt man sie mit Schlagsahne, die mit Zucker und Vanille gemischt ist.

363. Bavaroise.

2 Eiweiß werden in einem Topf, der 3—4 Liter enthalten kann, mit 4—6 Löffel Zucker fortwährend geschlagen. Dann wird ¾ Liter Kirschsaft, oder zur Häfte Himbeersaft, langsam unter beständigem Schlagen dazugetan, wenn dies nun recht schäumig und viel geworden ist, werden 23 Gramm in ½ Tasse Wasser aufgelöste Gelatine dazugerührt. Es sieht hübsch aus, wenn die Gelatine rot ist. Diese Speise wird nicht gestürzt, sondern wenn sie fertig ist, in eine Glasschale getan, auch kann man ganz zuletzt einige Löffel Kirschfleisch daruntertun. Die Zuckermenge läßt sich nicht bestimmen, weil der Saft nicht gleichmäßig süß ist. Man kann diese Speise auch mit Schlagsahne belegen.

364. Schlagsahne mit Mandeln.

1 Liter Schlagsahne, 300 Gramm Zucker, ½ Pfund süße Mandeln, für 20 Pfennig gestoßene Vanille und 15 Gramm Gelatine oder 10 Blatt in 6 Löffel Wasser aufgelöst. Die Mandeln werden gebrüht und gerieben, dann mit der geschlagenen Sahne, Zucker und Vanille gemischt, zuletzt die Gelatine tropfenweise dazugetan und in die mit Oel ausgestrichene Form gegossen, sodann gestürzt. Hierzu gibt man Erdbeer= oder Himbeersaft, auch als Sauce bereitet.

365. Diplomatenspeise.

1 Liter Milch, 4 ganze Eier, 4 Eigelb, 190 Gramm Zucker und ½ Stange Vanille mit Zucker gestoßen,

wird auf dem Feuer tüchtig geschlagen, bis es sämig wird, darf aber nicht kochen. Nachdem es unter stetem Rühren abgekühlt ist, gießt man ein Likörgläschen Maraschino und 25 Gramm in ½ Tasse Wasser aufgelöste und kaltgerührte Gelatine hinzu, zuletzt ½ Liter süße Schlagsahne langsam untergerührt. Dann gießt man von dieser Masse in die mit Oel ausgestrichene Form, legt in Maraschino getauchte Makronen darauf und gießt den Rest der Creme darüber, stellt sie kalt und stürzt sie. Man kann auch feine eingemachte Früchte daruntertun, z. B. Erdbeeren oder Ananasscheiben.

366. Sultanspeise.

1 Liter süße Sahne, 13 Eier, ¾ Pfund Zucker, 60 Gramm Sultanrosinen, 60 Gramm kleine Rosinen, 60 Gramm Zitronat, 25 Gramm in 8 Löffel Wasser aufgelöste Gelatine, ½ Stange Vanille, ¾ Liter Sahne wird mit dem Zucker und der Vanille aufgesetzt, inzwischen quirlt man in ¼ Liter Sahne das Eigelb tüchtig, tut es in die kochende Sahne unter stetem Rühren und läßt es so lange auf dem Feuer, bis es gar und sämig ist, dann wird es schnell vom Feuer genommen, in eine Schüssel gegossen und wenn es etwas abgekühlt ist, tut man die Rosinen, die vorher aufgekocht und auf einem Tuch gut abgetrocknet sind, hinein, wie auch das Zitronat; der Schnee von 8 Eiern wird dann behutsam untergemischt und zuletzt die Gelatine; dann muß es gleich in die mit Oel ausgestrichene Form kommen, kaltgestellt, gestürzt und mit Schlagsahne umlegt werden.

367. Natalienspeise.

1 Liter Milch (davon etwas zurückgelassen, um 50 Gramm Kartoffelstärke damit zu quirlen) wird mit 230 Gramm Zucker und einem Stückchen Vanille aufgesetzt. Zu der Stärke quirlt man 7 Eigelb und gießt die kochende Milch unter fortwährendem Quirlen dazu,

tut sie wieder zurück in die Kasserolle und rührt sie solange auf dem Feuer, bis sie anfängt dick zu werden. Dann nimmt man sie vom Feuer und rührt den steifen Schnee der Eier langsam darunter. Nun gießt man alles in eine Schüssel; wenn es erkaltet ist, belegt man diese Creme mit Gelee oder eingemachten Früchten und legt ebensohoch wie die Creme Schlagsahne darüber. Man kann auch statt der Vanille die Milch mit Zimt und Zitronenschale aufkochen, nur mit Früchten belegen und die Schlagsahne fortlassen.

368. Vanillencreme.

1 Liter süße Sahne wird mit einer halben Stange Vanille und 220 Gramm Zucker aufgesetzt. 50 Gramm Kartoffelstärke, vorher feingestoßen, werden mit etwas Milch klargerührt und 9 Eigelb dazugequirlt, in die Sahne getan, unter stetem Rühren bis zum Kochen kommen gelassen, vom Feuer zurückgezogen und der sehr steife Schnee der Eier damit durchgezogen; dann auf flacher Schüssel erkalten lassen. Kurz vor dem Anrichten schlägt man recht steife Schlagsahne und einige Löffel Himbeermarmelade oder Kirschfleisch gut durch und belegt damit die Creme.

369. Kalte Zitronenspeise.

20 Eigelb werden mit 1 Pfund Zucker, dem Saft von 2 Zitronen und der Schale von 1 Zitrone, auf Zucker abgerieben. 1 Stunde lang gerührt. Inzwischen hat man 30 Gramm Gelatine in reichlich ¼ Liter gutem Rheinwein aufgelöst, rührt nun erst den steifen Schnee der Eier, dann die Gelatine unter die Masse, füllt diese in eine Schale oder Schüssel und stellt sie recht kalt; mit Walnüssen und Gelee verziert zur Tafel gegeben; es genügt für 16—18 Personen. Auch schmecken 3 Apfelsinen und nur 1 Zitrone statt der 2 Zitronen sehr gut; noch angenehmer wird der Geschmack durch ¼ Liter geschlagene Sahne daruntergerührt; dann müssen noch 2 Eßlöffel Zucker dazu.

370. Weincreme.

¾ Pfund Zucker, die auf Zucker abgeriebene Schale einer Zitrone, der Saft einer halben, 4 ganze Eier und 4 Eigelb werden ½ Stunde lang gerührt, dann ¼ Liter Rheinwein dazu und nun alles zusammen in verzinnter Kasserolle auf gelindes Feuer gestellt, mit einer Schaumrute geschlagen, bis es in die Höhe steigt, dann in eine tiefe Schüssel gegossen und nochmals gerührt, bis es abgekühlt ist. Nun werden 30 Gramm (knapp) Gelatine, die aufgelöst und nicht mehr warm ist, dazugetan und dann ½ Liter Schlagsahne daruntergerührt. In eine mit Oel ausgestrichene Form gegossen, erkalten lassen, gestürzt und mit feinen Früchten verziert.

371. Milchgelee.

¼ Liter halb Milch, halb Sahne wird mit 180 Gramm Zucker und etwas fein abgeschälter Zitronenschale aufgekocht, letztere nimmt man nachher heraus. Wenn die Milch fast kalt ist, rührt man vorsichtig, daß sie nicht gerinne, ¼ Liter Rheinwein, worin der Saft einer Zitrone und zuletzt 16 Gramm aufgelöste Gelatine dazu, damit rührt man es, bis es kalt ist, gießt es dann in eine Glasschale und stellt es recht kalt. Dies genügt für 6 Personen. Im Sommer muß man 20 Gramm Gelatine nehmen, wenn man kein Eis hat.

372. Creme mit Kirschen.

Man tut ½ Löffel Butter in eine Kasserolle, einen guten Löffel Mehl dazu; wenn die Butter geschmolzen ist, wird es mit dem Mehl und ½ Liter süßer Sahne recht gut auf dem Feuer gerührt, bis das Mehl gar erscheint. Ist es fast kalt geworden, tut man das Gelbe von 8 Eiern, 180 Gramm Zucker und etwas abgeriebene Zitronenschale und zuletzt den Schnee der Eier behutsam dazu; dann legt man auf eine tiefe Schüssel oder in eine Form eine Lage Creme, darauf gut eingezuckerte und ausgesteinte Kirschen, dann wieder Creme, mit Zucker bestreut, ½ Stunde im Bratofen oder der Tortenpfanne gebacken und warm gegeben.

373. Leichte Schokoladencreme.

125 Gramm gute Vanillenschokolade werden in einer Tasse Milch zu ganz steifem Brei gekocht; zum Kaltwerden auf eine große Untertasse getan und dick mit Zucker bestreut. Kurz vor dem Anrichten, und wenn die Schokolade ganz kalt ist, schlägt man ½ Liter süße Sahne zu steifem Schnee, schlägt die Schokolade dazu, gießt sie auf eine Schüssel oder in eine Glasschale und verziert sie mit Makronen.

374. Schlagsahne mit Pumpernickel.

Die steifgeschlagene und mit Zucker und Vanille gemischte Sahne legt man schichtweise mit Pumpernickel in eine Glasschale. Den Pumpernickel muß man auch noch ein wenig mit Zucker und mit geriebener Schokolade mischen oder eine Schicht Schokolade dazwischenstreuen; dann legt man Gelee oder Kirschfleisch dazwischen.

375. Weingelee.

Tue ¾ Pfund Zucker in großen Stücken in eine Porzellanterrine, lege die fein abgeschälte Schale einer halben Zitrone dazu, presse den Saft von 2 Zitronen durch ein Sieb ebenfalls hinein und gieße 1 Flasche Rheinwein darauf; setze nun alles dies zugedeckt in eine heiße Röhre, nimm nach ¼ Stunde die Zitronenschale heraus und tue 25 Gramm aufgelöste Gelatine hinein, rühre sehr gut um und lasse es 2 Stunden in der Röhre stehen. Gieße es dann durch ein Tuch, das in kaltem

Waſſer gelegen hat, gleich in die Schale, worin das Gelee bleiben ſoll. Will man es aber ſtürzen, ſo gießt man es in eine Blechform und ſtellt ſie auf Eis, und wenn ſie geſtürzt werden ſoll, legt man ein in heißes Waſſer getauchtes Tuch um die Form, ſonſt geht das Gelee nicht heraus.

376. Weingelee auf andre Art.

1 Flaſche Rheinwein, ¾ Pfund Zucker, 24 Gramm Gelatine, der Saft von 2 Zitronen und die Schale einer halben; die Gelatine wird mit etwas kaltem Waſſer aufgeſetzt und auf gelindem Feuer gargekocht. Dann gießt man ſie durch ein dünnes Tuch, der Wein wird inzwiſchen in einer verzinnten Kaſſerolle mit dem Zucker, Zitronenſaft und -ſchale aufgeſetzt, und wenn es anfangen will zu kochen und klar iſt, gießt man es durch daſſelbe Tuch, wo die Gelatine durchgelaufen iſt, zu derſelben, bis aller Wein durch iſt; hat man im Sommer kein Eis, oder will man das Gelee ſtürzen, dann muß man 33 Gramm Gelatine nehmen. Auch ſchmeckt ſehr gut der Saft einer Apfelſine und einer Zitrone zu einer Flaſche Wein, wie auch von beiden etwas Schale; aber Apfelſinenſchale ſehr wenig. Beim Stürzen wird ein heißes Tuch um die Form gelegt.

377. Borsdorfer Aepfel in Gelee.

Schöne Borsdorfer Aepfel werden geſchält, das Kernhaus ausgeſtochen, in eine Kaſſerolle geſtellt und mit Wein, Zucker, Zimt und Zitronenſchale weichgedämpft, aber nicht verkocht. Dann nimmt man ſie behutſam heraus und ſtellt ſie in die dazu beſtimmte Form. Zimt und Zitronenſchale nimmt man jetzt aus der Kaſſerolle heraus und gießt noch ſo viel Wein dazu, wie man nötig hat, um nachher die Form bis über die Aepfel zu füllen. Dieſer Wein muß gehörig verſüßt werden. Nun mißt man die Sauce und nimmt auf ½ Liter 23 Gramm weiße oder auch rote Gelatine, löst sie, wie bekannt, in wenigem Wasser auf und rührt sie zu der Sauce. Um diese recht klar zu haben, muß man sie durch ein Tuch gießen. Stelle ein Porzellangefäß unter, darin sieht man gleich, ob es klar durchläuft, sonst muß man noch einmal durchgießen. Endlich wird die Sauce über die Aepfel gegossen und recht kaltgestellt. Ein heißes Tuch legt man um, damit es sich stürzen läßt.

378. Crême légère en fantôme.

¾ Liter süße Sahne, 9 Eier, 300 Gramm Zucker, ½ Schote Vanille, in Zucker gestoßen, werden gut zusammengequirlt, in eine Porzellanmehlspeisenform getan und diese in ein größeres Gefäß mit Wasser gestellt, um darin steifgekocht zu werden. In einem Dämpfer kocht es ebensogut. Ob die Creme steif ist, kann mit einem Strohhalm erprobt werden, den man in die Speise sticht und der beim Herausziehen zeigt, ob die Creme nicht mehr klebt. Ist sie steif, läßt man sie kalt werden, dann belegt man sie mit halben Walnüssen, Glaskirschen, Erdbeeren usw. Kurz vor dem Anrichten wird sie mit geschlagener Sahne, die mit Vanille und Zucker gemischt ist, etwa zweifingerhoch bedeckt. Diese Creme wird nicht gestürzt.

379. Kaffeecreme.

15 Gramm Gelatine in kleine Stückchen gerissen, werden in eine große Obertasse getan, 60 Gramm recht guter Kaffee gemahlen und tropfenweise mit kochendem Wasser über die Gelatine filtriert, diese zuweilen gerührt, so daß die sehr starke Tasse Kaffee und das Auflösen der Gelatine fast gleichzeitig fertig wird. Nun schlägt man ½ Liter süße Sahne zu Schnee, dann Vanille und 300 Gramm Zucker dazu, und ist der Kaffee mit der Gelatine fast erkaltet, schlägt man ihn vorsichtig zu der Sahne, füllt alles in eine mit Oel ausgestrichene Form und stellt es kalt, um es später zu stürzen.

380. Nußmus.

Ein Pfund Zucker wird zu Sirup gekocht, 2 Schock gut abgezogene Walnüsse feingestoßen, dann in einer Reibesatte noch gut gerieben, in den Zucker getan, gut durchgekocht und in Gläsern aufbewahrt.

381. Nußspeise.

Zu ½ Liter guter Milch tut man 3 Eßlöffel voll Nußmus, läßt es auf dem Feuer bis zum Kochen kommen; wenn es abgekühlt ist, rührt man 140 Gramm aufgelöste Gelatine dazu. Inzwischen schlägt man ½ Liter süße Sahne recht steif, mischt sie mit 180 Gramm Zucker, rührt das Mus mit der Gelatine dazu, gießt die Masse in eine Form und stellt diese auf Eis. Beim Anrichten wird ein heißes Tuch um dieselbe gelegt und dann gestürzt, oder die Form mit Oel ausgestrichen.

382. Semmelgelee.

Für 20 Pfennig Semmel wird fein von der braunen Rinde befreit, in 1 Liter Wasser eine halbe Stunde geweicht, dann in der Kasserolle aufgesetzt und 10 Minuten ohne umzurühren gekocht, hierauf durch einen feinen Durchschlag gerührt, wieder in die Kasserolle getan, 4 Teelöffel voll Zitronensaft, ½ Pfund Zucker und etwas abgeriebene Zitronenschale dazugerührt; man läßt es durchkochen, tut es sodann in eine naßgemachte Form, stellt es kalt und stürzt es. Eine Himbeersauce gibt man dazu.

383. Römische Speise.

Nachdem man ein Biskuit nach der Vorschrift gebacken, schneidet man es mit einem großen scharfen Messer in 3 Platten, diese legt man auf die dazu bestimmte Schüssel und belegt die erste und zweite mit beliebigem Gelee. Dann übergießt man das Ganze mit recht stark versüßtem Rheinwein. Man muß ein paarmal von dem Wein nachgießen, damit das Biskuit ganz davon durchzogen wird, ohne jedoch überzufließen. Es muß sich bei Tisch mit einem Löffel abstechen lassen, wie jede Mehlspeise. Zuletzt verziert man die oberste Platte mit eingemachten Früchten, Walnüssen, Aprikosen usw.

384. Kalte Speise mit Arrak.

Man braucht zu dieser Speise ¼ Liter Milch und ebensoviel süße Sahne, 200 Gramm Zucker, etwas Vanille, 3 ganze Eier und 3 Eigelb, 4 Teelöffel voll feinen Arrak, etwas feingeschnittenes Zitronat und Sultanrosinen, verlesen und von den Stielchen befreit, endlich 14 Gramm Gelatine. Von der Milch nimmt man etwas zum Zerrühren der Eier, die andere mit der Sahne, dem Zucker und der Vanille stellt man aufs Feuer und wenn kochend, quirlt man die Eier hinein und rührt so lange auf dem Feuer, bis es sämig ist; man nehme sich aber vor dem Gerinnen in acht! Hat man die Masse beinahe erkalten lassen, rührt man den Arrak und die in 3 Eßlöffel voll Wasser aufgelöste Gelatine hinein. Nun gieße man die Hälfte dieser Masse in eine Blechform und lege die Hälfte der Rosinen und des Zitronats recht langsam und behutsam darauf, damit dieses nicht gleich zu Boden falle, dann gieße man die andre Hälfte über und belege sie in derselben Weise mit dem Rest der Rosinen und des Zitronats. Man tut gut, diese Speise am Tage vor dem Gebrauch zu bereiten; sie wird auf einer Schüssel gestürzt angerichtet und beliebig mit Schlagsahne oder eingemachten Früchten verziert.

385. Kalte Makronenspeise.

60 Gramm Gelatine werden in ½ Liter Wasser aufgelöst, 1½ Liter Milch, für 25 Pfennig Vanille, ¾ Pfund Zucker, 18 Eigelb und 60 Gramm Kraft=

mehl auf dem Feuer abgerührt, die Gelatine, wenn die Masse fast abgekühlt ist, langsam unter öfterem Rühren dazugetan, zuletzt der Schnee der Eier; hierauf schichtweise mit Makronen in die Formen getan, erkaltet, umgestürzt und mit geschlagener Sahne belegt. Diese Speise ist für 24 Personen.

386. Kastaniencreme.

½ Pfund Kastanien wird von der Holzschale befreit, mit kochendem Wasser gebrüht, und die braune Haut abgezogen; dann im Dämpfer oder auch nur in einem Durchschlag, den man über ein Gefäß mit kochendem Wasser stellt, ganz weichgekocht. Hierauf legt man sie auf ein Tuch, damit jede Feuchtigkeit abläuft und reibt sie auf einem Roiboison; die zurückbleibenden kleinen Stücke müssen in einer Reibesatte ganz fein zerdrückt werden. Diese Kastanien rührt man zu ½ Liter Sahne, die mit 300 Gramm Zucker und einer halben Schote Vanille gemischt ist. Zuletzt kommen 14 Gramm in 3 Löffel Wasser aufgelöste Gelatine dazu; dann füllt man alles in die mit Oel ausgestrichene Form, stellt es kalt, bis es gestürzt wird.

387. Schlagsahne mit Erdbeeren.

½ Liter geschlagene Sahne, wie bekannt mit Zucker und Vanille gewürzt, mit 14 Gramm aufgelöster Gelatine vorsichtig durchrührt, wird etwa zweifingerhoch in die mit Oel ausgestrichene Form getan. Zuvor muß man eingemachte Erdbeeren auf Papier gelegt haben, damit aller Saft ablaufe, und einige kleine Vanillenbaisers. Jetzt legt man schnell von den Erdbeeren wie von den Baisers etwas über die Sahne in die Form, füllt wieder eine Lage Sahne, und so fort. Man muß schnell dabei sein, weil sonst die Sahne mit der Gelatine steif wird, ehe sie in die Form kommt.

388. Speckgelee.

Es wird, um 2 Formen zu füllen, ¼ Liter Kirsch=
saft mit ⅛ Liter Wasser und dem nötigen Zucker auf=
gekocht, 14 Gramm Gelatine hineingepflückt, gut ge=
quirlt, in verdecktem Topf an warmer Stelle stehen ge=
lassen; ½ Liter Weingelee, ½ Liter Milchgelee, deren
Bereitung schon beschrieben, in flüssigem Zustande bereit
gehalten; ferner ½ Liter Milch mit 60 Gramm Mandeln,
Zucker und Vanille aufgekocht, mit 3 Eigelb abgezogen
und 10 Gramm Gelatine dazu; endlich ½ Liter Sahne
und 125 Gramm Schokolade, Zucker und Vanille nur
aufkochen lassen, dann 10 Gramm aufgelöste Gelatine
dazugequirlt. Die Formen werden mit Oel ausgestrichen,
eine Lage Schokoladencreme hineingegossen, diese steif
werden lassen; nun darf man nicht ferner gießen, son=
dern muß mit dem Löffel das Weingelee füllen, damit
die untere Lage nicht schmelze; ebenso die Vanillencreme,
das Milchgelee und das Kirschgelee. Die Mandelcreme
gießt man durch ein Sieb, damit nur der Mandel=
geschmack hinein komme. Die Formen stellt man auf
Eis, hält sie nachher einen Augenblick in warmes Wasser
und stürzt sie.

389. Limonadencreme.

1 Wasserglas voll Wasser, 1½ Glas Weißwein,
1 Pfund Zucker, von 2 Zitronen die auf Zucker ab=
geriebene Schale und den Saft, 40 Gramm aufgelöste
rote Gelatine. Diese ganze Masse wird auf Eis so lange
geschlagen, bis sie recht schäumig und steif ist, und bleibt
auf Eis stehen, bis sie gebraucht wird. Sie muß aber
immer den Tag vorher bereitet und in Schalen gefüllt,
nicht gestürzt werden.

390. Kalte Apfelsinenspeise.

1¼ Liter Schlagsahne, 200 Gramm (reichlich) Zucker,
4 Apfelsinen, 1 Zitrone, 15 Gramm Gelatine oder 10 Blatt.

Die Apfelsinen werden mit Stücken Zucker abgerieben, dann der Saft ausgepreßt, mit dem Zucker und etwas Wasser aufgekocht, daß die Flüssigkeit ½ Liter ist. Ist der Saft kalt, dann rührt man ihn langsam unter die geschlagene Sahne, zuletzt die in 6 Eßlöffel Wasser aufgelöste Gelatine. Die Formen mit Oel ausgestrichen und gestürzt; dann mit gerührtem Johannisbeergelee beträufelt.

Eis.

391. Das Gefrieren des Eises.

Das Eis wird in kleine Stücke geschlagen, davon legt man einige in den Eimer und streut etwas Salz darüber. Dann setzt man die Büchse, welche schon abends vorher in kaltes Wasser gelegt worden, nun gut getrocknet mit der Creme gefüllt in die Mitte und packt so viel Eis herum, wie nur immer Platz hat. Jede Viertelstunde öffnet man die Büchse und sticht mit einem Holzspatel das ganze angesetzte Eis ringsherum von der Büchse los, nach der Mitte zu, und macht die Büchse schnell wieder zu. Dabei dreht man die Büchse ein paarmal im Kreise herum, und bilden sich dabei Lücken in dem rohen Eis, so streut man Salz darauf und verhindert so das zu schnelle Schmelzen. Dies Verfahren wird fortgesetzt, bis die ganze Masse wie steife Butter ist, dies ist ein Zeichen, daß es fertig ist. Dann läßt man es ruhig bis zum Gebrauch in dem Eimer stehen. Um das Eis stürzen zu können, schlägt man ein in kochendes Wasser getauchtes Tuch eine Minute um die Büchse, öffnet sie und stürzt es in die Schale oder Schüssel. Es gehören wenigstens 4½ Stunden zum Gefrieren des Sahneneises, und 5 Stunden, um Fruchteis zu erhalten. Man tut wohl, die zu dem Eis nötige Creme am Tage vor dem Gebrauch zu bereiten, damit sie schon recht kalt in die Büchse kommt.

392. Vanilleneis.

½ Liter Sahne und ¼ Liter gute Milch werden in verzinnter Kasserolle aufgesetzt. In einem Topf 2 ganze Eier und 8 Eigelb mit ¼ Liter Milch und ¾ Pfund feinem Zucker gut gequirlt; wenn die Sahne kocht, wird sie langsam zu den Eiern gerührt, alles in die Kasserolle zurückgegossen, auf gelindem Feuer gerührt, bis es recht glatt und sämig wird. Es darf vor allen Dingen nicht gerinnen! Will es anfangen zu kochen und ist ziemlich dick, gießt man es in den Topf zurück und stellt diesen in kaltes Wasser. Alles dies geschieht, wie schon bei dem Gefrieren des Eises bemerkt ist, am Tage vor dem Gebrauch. Soll die Creme nun in die Gefrierbüchse gefüllt werden, stößt man eine gute halbe Schote Vanille und vermischt sie erst mit der Creme, dann verfährt man wie oben gesagt; auch kann die Vanille geschnitten mitgekocht werden. Die Creme wird immer durch einen feinen Durchschlag in die Büchse gegossen.

393. Bombeneis.

Süße geschlagene Sahne wird nach Geschmack gezuckert und wenig gestoßene Vanille hineingetan; dann Ananasscheiben, von der harten Schale befreit, nebst dem Saft der Ananas darunter gemischt und so in die Eisbüchse getan, wo die Mischung gefrieren muß. Hierauf drückt man dies Eis in die Bombenform und stellt diese wieder in Eis bis zum Anrichten. Soll die Bombe rot aussehen, so bereitet man vorher etwas Himbeereis und drückt zuerst etwas davon in die Bombenform und füllt sie dann erst mit der Ananassahne. Oder man rührt etwas Johannisbeergelee recht schäumig und begießt damit die Bombe.

394. Maraschinoeis.

Die Creme dazu wird ganz wie zum Vanilleneis bereitet, statt derer man ein Glas Maraschino darin verrührt, wenn man sie eben in die Büchse füllen will.

395. Erdbeereis.

¾ Liter Erdbeersaft wird mit ¼ Liter Wasser gemischt, aufgesetzt und einmal nur leicht aufgekocht. Man kostet, ob es süß genug ist, sonst tut man noch Zucker dazu, denn es muß sehr süß sein. Dann gießt man es in die Büchse und verfährt nach bekannter Weise. 1 Liter Eis genügt für 10—12 Personen. Will das Fruchteis nicht gut gefrieren, dann tut man 1 Glas kaltes Wasser dazu in die Büchse.

396. Erdbeereis mit Sahne.

Man macht eine Creme wie zum Vanilleneis, nur nimmt man keine Vanille dazu, auch nur 8 Eier; ist die Creme kalt und will man sie in die Gefrierbüchse tun, mischt man die Creme mit schönem Erdbeer- oder Himbeersaft und behandelt sie wie jedes Eis.

397. Himbeereis.

Man verfährt mit dem Himbeersaft wie mit dem Erdbeersaft.

398. Apfelsineneis.

1$^{1}/_{8}$ Liter Wasser mit 1 Pfund Zucker und dem Saft von 3 Apfelsinen und 2 Zitronen gut durchgekocht. Während es noch kocht, legt man etwas von der Apfelsinenschale, fein abgeschält, hinein und läßt es damit ziehen. Dann gießt man es durch einen feinen Durchschlag und stellt es bis zum andern Tage, wo es gefrieren soll, kalt. Dann wie bekannt zum Gefrieren gebracht.

399. Zitroneneis.

1¹/₈ Liter Wasser, 1 Pfund Zucker, der Saft von 3 Zitronen werden aufgekocht und etwas Zitronenschale hineingetan; dann ziehen lassen wie oben und kaltstellen. Am andern Tage gefrieren lassen.

400. Tuttifrutti.

Man bereitet das eben beschriebene Zitroneneis, nimmt ebenfalls abends vor dem Gebrauch eingemachte Früchte, als Walnüsse, Glaskirschen, Erdbeeren, Hagebutten, wäscht sie in Weißwein ganz rein von ihrer Sauce und legt sie nebeneinander auf weißes Papier; es gehört zu 1 Liter Eis eine Untertasse voll Früchte, auch etwas Zitronat. Alles dies schneidet man am Tage des Gebrauchs in kleine längliche Stückchen, und ist das Eis schon gefroren, bis es anfängt steif zu werden, mischt man dann erst die geschnittenen Früchte hinein und läßt es noch 1 Stunde damit gefrieren.

401. Ananaseis.

1¹/₈ Liter Wasser wird mit ¾ Pfund Zucker und dem Saft von 2—3 Zitronen aufgesetzt und etwas geschäumt. Indessen hat man die Ananasscheiben einer Büchse, die zu 4 Flaschen Bowle reichen würde, in kleine feine Stücke geschnitten. Die Schale und Knötchen der frischen Ananas kann man mit durchkochen und die Masse durch ein Sieb gießen, dann legt man die Ananasscheibchen hinein, damit es gut durchzieht, bis zum andern Tage, wo man es wie bekannt gefrieren läßt. Jedes Fruchteis muß sehr reichlich Zucker haben, weil es sonst wässerig schmeckt; der Saft der Ananas wird in das Eis genommen.

402. Nesselrode.

½ Liter Sahne, ¼ Liter Milch werden aufgesetzt mit ½ Schote Vanille, während man 3 Eier und 3 Eigelb quirlt und das ¼ Liter Milch nebst ¾ Pfund Zucker dazurührt. Man verfährt damit wie zur Vanillencreme. 1 Pfund Kastanien nimmt man aus der Holzschale, kocht sie im Dämpfer oder im Durchschlag über Wasserdampf gar, pellt die Haut ab, reibt sie, tut sie in eine Reibesatte und rührt sie recht fein, so daß keine Stücken darin bleiben, dann wird es mit der Creme gemischt. Zu dieser Masse nimmt man 125 Gramm Sultanrosinen, wäscht sie und läßt sie im Wasser aufkochen, damit sie nicht hart sind, auch schneidet man 60 Gramm Zitronat in kleine Stückchen. Die Rosinen legt man auf ein Tuch zum Ablaufen, dann mischt man beides unter die gefrierende Masse, wie bei Tuttifrutti beschrieben ist. Wird das Eis angerichtet, legt man einen dicken Rand von Schlagsahne mit Vanille und Zucker gemischt herum.

403. Nußeis.

1⅛ Liter Sahne, 8 Eier, ¾ Pfund Zucker und etwas Vanille bereitet man wie die Creme zu Vanilleneis, mischt dann ½ Pfund feingestoßene Nüsse oder Nußmus dazu und läßt es gefrieren. Die Hasel- oder Walnüsse werden gebrüht, die Haut abgezogen und recht feingestoßen.

404. Schlagsahne mit Ananas.

1⅛ Liter Sahne zu steifem Schnee geschlagen, wird gehörig versüßt, und so viel eingemachte Ananas, wie etwa zu 4 Flaschen Bowle gebraucht wird, ganz klein geschnitten, gut damit vermischt; der Saft der Ananas kommt auch hinein, dann behandelt man es wie andres Eis; beim Gefrieren auch dieselbe Zeit.

405. Makroneneis.

1¹/₈ Liter Sahne zu steifem Schnee geschlagen, 125 Gramm süße, 65 Gramm bittere Makronen und ½ Pfund feingesiebter Zucker dazugemischt, in die Form getan und, wenn halb gefroren, eingemachte Früchte, wie Erdbeeren, Nüsse usw. feingeschnitten, und ganz aus ihrem Saft genommen, rasch dazugerührt und nun erst fest gefrieren lassen. Die Makronen müssen gestoßen werden.

Eingemachte Früchte und Fruchtsäfte.

406. Salzgurken.

Man nimmt grüne Gurken von mittlerer Größe, legt sie ein paar Stunden in kaltes weiches Wasser, trocknet sie ab und packt sie folgendermaßen in Fäßchen. Erst legt man auf den Boden des Fäßchens Blätter vom sauren Kirschbaum, Weinranken und Dolden von Dill darüber, nun Gurken und so fort, bis das Fäßchen voll ist. Dann kocht man so viel weiches Wasser, wie man zu gebrauchen denkt, mit Salz auf. Dieses Salzwasser muß nicht salziger wie eine gut gesalzene Bouillon sein; man gießt es kalt über die Gurken und nimmt auf 10 Liter Wasser ¼ Liter guten Essig dazu, daß es übersteht. So stellt man das Fäßchen an einen warmen Ort, etwa an den Herd, und wenn nach 8 Tagen die Gärung eintritt, wird das Fäßchen zugeschlagen und zuweilen umgekehrt. Nach 2—3 Wochen sind die Gurken gut. Man tut gut, lieber kleine Fässer als ein großes zu nehmen. Auch kann man sie in Töpfen einmachen, dann muß man sie aber bald verbrauchen.

407. Senfgurken.

Man nimmt große gelbe Gurken, schält, schneidet sie lang durch und holt mit einem Löffel die Kerne heraus, schneidet dann die Hälften einmal durch, legt sie in einen Napf lagenweise mit Salz bestreut und läßt sie so bis zum andern Tage stehen. Dann legt man sie auf Tücher, trocknet jedes Stück gut ab, legt sie in eine Schüssel, gießt ganz billigen Essig bis zum Ueberstehen darüber und läßt sie so bis zum nächsten Tage stehen. Dann wird dieser Essig fortgegossen, die Gurken herausgenommen und auf Tücher zum Ablaufen gelegt. Guter Weinessig wird aufgesetzt, und während er bis zum Kochen kommt, die Gurken schichtweise mit würfelig geschnittenem Meerrettich, Schalotten, Estragon und gelben Senfkörnern in das Glas oder den Topf gelegt, der Essig kochend übergegossen, sodann zugebunden. Nach 2 Tagen gießt man den Essig noch einmal ab, kocht ihn auf, dann aber läßt man ihn erst erkalten, ehe er auf die Gurken gegossen wird, die man nun zubindet und an einem trocknen kühlen Ort aufbewahrt; hat man keine Schalotten, nimmt man Perl- oder gewöhnliche Zwiebeln.

408. Pfeffergurken.

Hierzu muß man die ganz kleinen grünen Gurken nehmen, einige Stunden in kaltes Wasser legen und abwaschen, in eine Schüssel tun, mit Salz bestreuen und 4 Stunden darin liegen lassen. Dann werden sie abgetrocknet, in ein Glas gelegt, ganz billiger Essig daraufgegossen und bis zum andern Tage stehen gelassen. Dieser Essig wird fortgegossen und guter Weinessig in eine unverzinnte Kupferkasserolle getan, die Gurken dazu und einmal aufgekocht. Dann legt man sie schichtweise mit Pfefferkörnern, Lorbeerblättern und auf ein Glas eine spanische Pfefferschote, auch etwas Estragon in das Glas zurück und gießt den Essig warm darüber. Nach ein paar Tagen muß der Essig noch einmal abgegossen, gekocht und dann kalt übergegossen werden. Dann bindet man sie zu und bewahrt das Glas, wie oben gesagt, auf.

409. Zuckergurken.

Hierzu werden große grüne Gurken genommen, geschält, ausgekernt, mit Salz bestreut, 4 Stunden stehen gelassen, abgetrocknet, eingelegt und mit ganz billigem Essig begossen, worin sie 24 Stunden bleiben müssen. Dieser Essig wird fortgegossen und man nimmt nun ebensoviel, daß er überstehen kann, guten Weinessig und auf $1^1/_8$ Liter 1 Pfund Zucker, setzt dies in verzinnter Kasserolle aufs Feuer, schäumt ihn ab und tut die Gurken hinein, läßt sie darin kochen, bis sie fast weich sind und legt sie nun mit Nelken und ganzem Zimt in das Glas, gießt den Essig warm über und deckt sie zu. Nach 2 Tagen muß dieser Essig abgegossen, aufgekocht und dann abgekühlt übergegossen werden; dann wird das Glas zugebunden und aufbewahrt. Der Essig muß etwas sämig eingekocht werden.

410. Rote Rüben.

Man wäscht sie rein ab, läßt ihnen aber ja die Schwänze und Haut, weil sie sonst ihren Saft verlieren würden; kocht sie in Wasser weich, schält sie dann ab, schneidet sie in Scheiben, legt diese schichtweise mit würfelig geschnittenem Meerrettich und Kümmelkörnern in einen Topf und gießt so viel nicht zu starken Essig darauf, daß derselbe übersteht. Ist der Essig sehr scharf, so kann man ein wenig von der Rübensauce dazunehmen und sie mit dem Essig aufkochen.

411. Türkischer Weizen.

Man nimmt dazu die jungen Kolben von der Größe eines kleinen Fingers, legt sie einige Tage in Salzwasser, welches öfters gewechselt werden muß, dann läßt man sie mit Salzwasser und Essig wohl 5 Minuten stark kochen und in diesem Wasser abkühlen; hierauf trocknet man sie mit einem Tuche ab und packt sie in kleine Gläser. Dann wird guter Weinessig mit Muskatblüte, einigen Nelken und Pfefferkörnern aufgekocht und abgekühlt übergegossen. Die Gläser werden mit Blasen verbunden und an einem kühlen Orte verwahrt. Nur nicht im Keller, weil da die Blase beschlägt.

412. Geschnittene frische Gurken mit Oel.

Mitteldicke grüne Gurken werden geschält und in feine Scheiben geschnitten, dann salzt man sie ein und drückt sie nach ½ Stunde rein aus, durchmengt sie dann mit frischem Provenceröl und etwas Estragonessig, packt sie fest in kleine Gläser und gießt so viel Oel darauf, daß es übersteht. Beim Gebrauch zum Salat gießt man das Oel ab, verrührt es mit gehackter Petersilie, Pfeffer und dem noch nötigen Essig und mischt zuletzt die Gurken hinein.

413. Estragonessig.

Den mehrfach schon genannten Estragonessig bereitet man, indem man die grünen Blätter des Estragons von den Stielen pflückt, 1 Flasche damit füllt, dann guten Weinessig darauf gießt, bis die Flasche voll ist; nach 3 bis 4 Wochen gießt man diesen Essig klar ab und bewahrt ihn zum Gebrauch auf. Man kann auf die Blätter zum zweitenmal einen Aufguß machen, der dann auch noch etwas Geschmack bekommt.

414. Feiner Kräuteressig.

Die von den Stielen gestreiften Estragonblätter sind die Hauptsache hierbei, doch fügt man ihnen noch etwas Pimpernell, Melisse, grünen Thymian, Pfefferkraut, Ba=

filikum, einige Körner Rokambole oder Schalotten, eine Schote spanischen Pfeffer, etwas Muskatblüte und einige Nelken bei. Hiermit füllt man eine Dreiliterflasche, so viel man hineinbringen kann, gießt sie mit echtem Weinessig voll und läßt sie 4 Wochen stehen. Dann gießt man den Essig ab und kann ebenfalls einen zweiten Aufguß machen.

415. Perlzwiebeln.

Die kleinen Perlzwiebeln werden abgewaschen und mit heißem Salzwasser begossen, darin bleiben sie ein Weilchen stehen und lassen sich dann leicht von allen Häuten befreien. Ist dies geschehen, wäscht man sie nochmals in kaltem Wasser, dann legt man sie zum Abtrocknen auf ein Tuch. Hierauf werden sie mit Weinessig in verzinnter Kasserolle weich, aber ja nicht zu weich, gekocht; dann in ein Glas getan, der abgekühlte Essig darüber und zugebunden.

416. Soja.

Man nimmt den Abputz der Champignons, Fächer, Haut, Stiele, kurz alles, was beim Putzen übrig bleibt, streut es mit Salz in einen Topf, legt etwas Schweres darauf und läßt es 2 Tage stehen. Dann drückt man das Ganze durch ein Tuch und kocht den so gewonnenen Saft ½ Stunde. Nun wird er in einen Topf gegossen und 1 Tag lang stehen gelassen, damit sich der Sand, der meist darin ist (denn man soll den Abputz nicht waschen,) setze. Den klar abgegossenen Saft kocht man, ½ Liter und 125 Gramm Zucker, so lange, bis er sämig wird, tut ihn dann in Flaschen und korkt sie fest zu.

417. Sardellenessenz.

Hat man einen Vorrat von Sardellen, so bleibt zuletzt einen Menge Salz zurück; dies ist die sogenannte

Essenz, die man nur sehr vorsichtig anwenden darf, etwa einen Teelöffel oder nur einen halben zu einer Sauce, die nach Sardellen schmecken soll.

418. Birnen in Zucker.

Hierzu nimmt man gute kleine Tafelbirnen, kocht sie ungeschält halb weich, dann werden sie geschält und in demselben Wasser weichgekocht, mit dem Saft einer Zitrone und ganz wenig Schale dazu; nun legt man sie auf ein Tuch zum Abtrocknen, dann wird 1 Pfund Zucker auf 1 Pfund Birnen mit ½ Liter Wasser klargekocht, die Birnen darin aufkochen lassen, herausgenommen und 2 Tage stehen lassen, dann kocht man den Saft wieder auf und gießt ihn kochend über die Birnen, am dritten Tag wird der Saft kochend gemacht, die Birnen darin wieder aufgekocht, dann in ein Glas gelegt, den Saft noch etwas eingekocht und übergegossen.

419. Borsdorfer Aepfel in Zucker.

Die Aepfel werden ganz auf dieselbe Art bereitet wie die Birnen, nur muß man dieselben, wenn sie geschält werden, sofort mit Zitronensaft bestreichen, daß sie weiß bleiben, auch dürfen sie nach dem Schälen nicht mehr gekocht werden; man gießt gleich den Zucker darüber, auch können beide Sorten mit dem Reifenmesser geschält werden.

420. Pflaumen in Essig.

Man sucht die größten blauen Pflaumen aus, die reif sein müssen, aber weder geplatzt noch zu weich, noch einen Faulfleck haben dürfen. Diese wischt man mit einem reinen Tuch ab, um sie von dem blauen Tau zu befreien. Zu 7 Pfund solcher Pflaumen werden 30 Gramm feinster Zimt und 14 Gramm Nelken, beides ganz, in ein Glas gelegt. 2 Liter Weinessig werden mit 1 Flasche gutem Rotwein und 3 Pfund Zucker aufgekocht und geschäumt, dann kalt auf die Pflaumen gegossen. Haben diese 24 Stunden damit gestanden, wird der Essig wieder aufgekocht und kalt übergegossen; abermals läßt man es 24 Stunden stehen, gießt zum drittenmal den Essig in eine Kasserolle und, wenn er kocht, tut man die Hälfte der Pflaumen hinein, läßt sie einmal aufkochen, füllt sie mit dem Schaumlöffel in ein Glas und kocht die andre Hälfte; dann muß die Sauce noch gut eingekocht und über die Pflaumen gegossen werden. Es muß so viel Sauce sein, daß sie übersteht; die Stiele an den Pflaumen werden halb abgeschnitten.

421. Saure Kirschen in Essig.

Von recht frisch gepflückten großen Kirschen schneidet man mit der Scheere die Stiele über die Hälfte fort, legt die Kirschen in ein Porzellangefäß; dann setzt man Weinessig aufs Feuer — auf 1¹/₈ Liter 1 Pfund Zucker —, kocht ihn auf und gießt den Essig kochend über. Damit bleiben die Kirschen zwei Tage zugedeckt stehen, dann wird der Essig abgegossen und gut über die Kirschen getan, so bleiben sie 1 Tag stehen; dann gießt man den Essig ab, kocht ihn zum letztenmal auf, inzwischen legt man die Kirschen mit etwas in Stücke gebrochenem, feinem Zimt und Nelken in ein Glas und gießt den Essig warm darüber; dann werden sie fest mit Papier zugebunden.

422. Süße Kirschen in Essig.

Man nimmt die schwarze weiche Herzkirsche, pflückt die Stiele ganz heraus, legt sie ein und gießt so viel Weinessig darauf, daß er übersteht. Nach 2 Tagen gießt man den Essig ab, nimmt auf 1¹/₈ Liter 1 Pfund Zucker, etwas Zimt und Nelken, kocht dies auf, schäumt ihn und gießt ihn so heiß wie möglich über die Kirschen. Nach 3 Tagen gießt man nochmals den

Essig ab, läßt ihn etwas einkochen und gießt ihn wieder heiß über; wenn sie kalt geworden, bindet man sie gleich zu.

423. Beurreblanc in Essig.

Man wählt die Birnen reif, aber noch nicht zu weich, schält und halbiert sie, nimmt auf 3 Pfund Birnen 1 Pfund Zucker, diesen taucht man in Wasser und kocht ihn in verzinnter Kasserolle klar, dann legt man die Birnen hinein und kocht diese mit dem Zucker, bis sie schön klar aussehen. Nimmt sie heraus, tut sie in ein Glas, und nun 1 Liter Weinessig zu dem Zucker, worin die Birnen gekocht sind, kocht ihn gut auf und gießt ihn warm über die Birnen. Nach 3 Tagen gießt man ihn ab, kocht ihn nochmals auf, auch mit etwas Nelken und Zimt, und gießt ihn wieder über. Ist es nicht genug Essig zum Ueberstehen, so muß man mehr nehmen, aber auch verhältnismäßig mehr Zucker dazutun.

424. Beurreblanc in Ingwer.

Man schält 1 Pfund Birnen, halbiert sie und legt sie in kaltes Wasser, bis man mit dem Schälen fertig ist; dann nimmt man sie heraus und kocht sie mit Wasser einigemal auf, bis sie fast weich sind, 80 Gramm Ingwer, welchen man schon einige Stunden früher aufsetzt, werden in Wasser ganz weich gekocht, dann herausgenommen und in kleine Stücke geschnitten.

Mit dem Ingwerwasser feuchtet man ¾ Pfund Zucker an und läutert ihn, tut hierauf die Birnen- und die Ingwerstücke hinein und läßt sie vollständig weichkochen, füllt sie in Gläser und gießt den Saft, wenn er gut eingekocht ist, darüber.

Nach einigen Tagen kocht man den Saft noch einmal auf und bindet dann die Gläser fest zu. Recht schön werden die Birnen erst nach zwei Monaten. Gut ist es, die Birnen etwas weich, d. h. halb reif werden zu lassen, ehe man sie einmacht.

425. Melonen in Effig.

Diese werden geschält, die Kerne herausgenommen, in angemessene Stücke, nicht zu dünn, geschnitten, mit billigem Essig begossen, 1 Tag stehen gelassen, abgegossen und nun ganz wie die Zuckergurke in Weinessig, Zucker, Nelken und Zimt gekocht.

426. Kürbis in Effig.

Er wird nicht gesalzen, sonst ganz wie die Zuckergurken behandelt.

427. Kleine grüne Bohnen in Effig.

Recht kleine, junge, grüne Bohnen werden abgezogen, gewaschen und in verzinnter Kasserolle oder Kessel mit recht vielem Wasser und etwas Salz gargekocht. Dann abgegossen und aus dem Durchschlag auf ein Tuch zum Trocknen gelegt. Auf 2 Liter Bohnen nimmt man ¾ Liter guten Essig, dazu ¾ Pfund Zucker, etwas Zimt und Nelken, beides wie bei allem Eingemachten, ganz. Hat man abgeschäumt, tut man die Bohnen hinein und läßt sie gut aufkochen, schöpft sie in ein Glas oder einen Topf, läßt den Essig noch nachkochen und gießt ihn abgekühlt über. Es ist gut, den Essig nach 2 Tagen noch einmal aufzukochen und heiß überzugießen; sind sie dann kalt, so verbindet man sie fest mit Papier.

428. Walnüffe.

Man nimmt dazu die Nüsse, wenn sie noch grün sind und sich leicht mit einer Nadel durchstechen lassen. Mit einer feinen Gabel oder mit einer Spicknadel durchsticht man jede Nuß ein paarmal, legt sie in einen Topf, gießt weiches Wasser darüber und gibt 6 Tage lang morgens und abends frisches Wasser. Am siebenten Tag kocht man sie im Wasser weich, tut sie in einen Durchschlag zum Ablaufen, wiegt sie und nimmt auf 1 Pfund Nüsse immer 1¼ Pfund Zucker, diesen kocht man mit ¾ Liter Wasser klar und gießt ihn kochend über die Nüsse. Dasselbe tut man 3 Tage hintereinander. Am vierten Tage schüttet man die Nüsse, wenn der Zucker kocht, mit hinein und streut feinen Zimt — nicht gestoßen, nur kleingebrochen — und etwas mehr Nelken als Nüsse sind, dazu; läßt sie aufkochen und legt dann die Nüsse in ein Glas oder eine Steinkruke. Den Zucker kocht man noch so lange, bis er ganz sämig ist und gießt ihn dann ganz heiß, langsam über die Nüsse; diese beschwert man mit einem kleinen Porzellan- oder Glasdeckel, damit die Sauce übersteht, sonst beschlagen sie und verderben. Wie alles in Zucker eingekochte, werden sie an einem kühlen, luftigen Ort, nicht im Keller aufbewahrt.

429. Hagebutten.

Große, ganz reife, wurmfreie Hagebutten werden mit einem kleinen Messer oder einer Haarnadel gereinigt, das heißt, alle Kerne herausgenommen. Dann kocht man sie in Wasser ziemlich weich, läßt sie ablaufen, legt sie auf ein Tuch, um noch besser zu trocknen, wiegt sie und nimmt nun auf 1 Pfund Hagebutten 1¼ Pfund Zucker, kocht diesen in Wasser getaucht klar, gießt ihn kochend über die Früchte, läßt sie 1 Tag stehen, kocht den Saft wieder auf mit den Hagebutten, füllt diese dann in ein Glas, streut würfelig geschnittenes Zitronat dazwischen und gießt den Saft, welcher mittlerweile noch nachgekocht hat, kochend über. Man beschwert die Hagebutten mit einem kleinen Porzellandeckel und sorgt dafür, daß der Zucker immer übersteht. Das Glas bindet man wie bei den Walnüssen mit Papier zu und bewahrt es an einem luftig-kühlen Ort auf.

430. Eingemachte Pomeranzen.

Die Früchte, grün oder gelb, werden mit einer Gabel durchstochen und 3 Tage lang gewässert, wobei man das

Wasser zweimal erneuert. Dann kocht man sie in weichem Wasser, bis sie angenehm weich sind. Hierauf legt man sie noch eine Stunde in kaltes Wasser, dann nimmt man sie heraus, legt sie auf ein reines Tuch zum Abtrocknen, schneidet die großen Früchte in Viertel, die kleinen in Hälften, wiegt sie, nimmt ebensoviel Zucker wie Frucht, kocht den Zucker auf, tut die Früchte hinein und läßt sie etwa 1 Stunde langsam darin kochen, bis sie recht klar aussehen. Nun füllt man sie in Gläser, gießt die sämige Sauce, die noch etwas nachgekocht hat, über.

Sollte sie nach einigen Tagen dünn werden, muß man sie abgießen und noch einmal einkochen.

431. Kirschfleisch.

Aus guten sauren Kirschen sticht man mit einer abgeschnittenen Federpose oder Haarnadel die Kerne aus, von denen man einige aufschlägt, um die Kerne mitzukochen. Man wiegt nun die Kirschen und nimmt ebensoviel Zucker wie die Kirschen wiegen, schlägt ihn in kleine Stücke, tut ihn in einen Messingkessel, schüttet die Kirschen mit ihrem Saft darauf und stellt den Kessel auf ganz gelindes Feuer, damit der Zucker schmelze, kocht es dann so lange, bis die Kirschen gar sind. Dann füllt man sie mit dem Schaumlöffel in die Gläser, gießt den mit hineingekommenen Saft zurück in den Kessel und läßt ihn noch sehr einkochen, füllt ihn über die Kirschen, mit denen man die Gläser nicht ganz anfüllen muß, damit Platz für den Saft bleibt. Sollte nach ein paar Tagen der Saft der Kirschen noch zu wässerig erscheinen, gießt man ihn nochmals ab und kocht ihn mehr ein. Dann belegt man das Glas mit einem in Rum getauchten Papier und bindet es fest mit Papier zu.

432. Glaskirschen.

Man behandelt sie ganz wie das Kirschfleisch, aber von den Kernen tut man nichts hinein. Auf 1 Pfund

Kirschen ebensoviel Zucker, den man in Wasser taucht und im Messingkessel klarkocht. Dann tut man die ausgekernten Kirschen hinein und kocht sie gar, füllt sie in Gläser, läßt den Saft noch ¼ Stunde nachkochen und füllt ihn heiß über. Am nächsten Tage wird der Saft wieder abgegossen und gekocht, bis er wie Syrup ist, aber nicht braun wird. Wenn sie kalt sind, legt man Rumpapier über und bindet sie fest zu.

433. Eingemachte Apfelsinen.

Es gehört dazu ebensoviel Zucker als die Apfelsinen wiegen; diese schneidet man auf einem Brett mit scharfem Messer in feine Scheiben und entfernt jeden Kern. Den Zucker kocht man mit ein wenig Wasser gut durch, tut die Apfelsinen nebst ihrem Saft dazu und läßt sie ½ Stunde kochen. Dann nimmt man die Scheiben behutsam, damit sie nicht zerfallen, heraus und legt sie in die Gläser. Den Zucker kocht man noch etwas nach, bis er recht sämig wird, und füllt ihn dann über die Frucht. Sollte nach 2 Tagen die Sauce dünn geworden sein, so muß man sie abgießen, einkochen und wieder heiß übergießen. Vor dem Zubinden muß man sie erkalten lassen.

434. Erdbeeren.

Recht frisch gepflückte Gartenerdbeeren werden vom Stiel gepflückt, mit feingeriebenem Zucker, ebensoviel wie Erdbeeren, schichtweise bestreut, in eine Terrine getan und bis zum andern Tage zugedeckt. Dann gießt man den Saft in den Messingkessel, stellt ihn auf gelindes Feuer, schäumt ihn, tut die Erdbeeren hinein und läßt sie einmal gut aufkochen. Füllt sie dann mit dem Schaumlöffel in die Gläser, gießt den Saft, der mit hineinläuft, wieder in den Kessel und kocht ihn noch ¼ Stunde, dann gießt man ihn heiß über die Früchte. Am andern Tage gießt man noch einmal den Saft ab kocht ihn noch etwas ein und gießt ihn heiß über die Erdbeeren. Sollten sie, nachdem sie mit Rumpapier belegt und zugebunden aufbewahrt sind, dennoch nach einiger Zeit beschlagen, muß man den Saft noch einmal aufkochen.

435. Reineclauden.

Die Reineclauden dürfen nicht zu reif sein, müssen aber schon einen guten süßen Geschmack haben. Sie werden mit einer feinen Gabel oder der Spicknadel einigemal gestochen, in eine Terrine gelegt, kaltes Brunnenwasser aufgegossen, und so bleiben sie eine Nacht stehen. Dann gießt man Wasser in eine unverzinnte Kasserolle, salzt es wie eine Fleischbrühe; wenn es kocht, schüttet man die Pflaumen hinein und läßt sie kochen, bis sie ein wenig platzen, dann werden sie mit dem Schaumlöffel herausgenommen. Die Pflaumen werden gewogen, ebensoviel Zucker genommen wie Pflaumen, in Wasser getaucht, klargekocht und kochend über die Pflaumen gegossen. So bleiben sie wieder 24 Stunden stehen, dann gießt man den Saft ab, kocht ihn auf, tut die Früchte hinein, läßt sie durchkochen und legt sie dann in Gläser. Den Saft kocht man noch nach, bis er etwas sämig und klebrig wird, aber ja nicht braun, dann wird er übergegossen und mit einer Blase zugebunden, die erst in heißes Wasser getaucht ist.

436. Ganze Johannisbeeren.

Sie werden von den Stielen abgepflückt, gewogen, gleichviel Zucker genommen, dieser in Wasser getaucht, im Messingkessel aufgesetzt, klargekocht, die Beeren hineingeschüttet, einmal aufgekocht, gleich in die Gläser gefüllt, der Saft noch 10 Minuten nachgekocht und heiß über die Beeren gegossen. Sind sie kalt, mit Rumpapier belegt und gut zugebunden.

437. Himbeermarmelade.

Die Himbeeren werden ganz wie die Johannisbeeren behandelt, nur kocht man sie so lange, bis die Marmelade anfängt steif zu werden. Man achte darauf, sie auf gelindem Feuer zu kochen, sonst verliert sie die frische rote Farbe. Mit Rumpapier belegt usw. Man tut gut zuweilen nachzusehen, ob sie nicht beschlägt; ist dies der Fall, so muß man sie noch einmal aufkochen. Man nehme sich in acht, daß die Marmelade nicht anbrennt.

438. Aprikosenmarmelade.

Man zieht die Haut ab und nimmt den Kern heraus, im übrigen wie oben.

439. Preißelbeeren.

Sie werden genau verlesen, gar nicht gewaschen oder gewässert; auf 1 Liter nimmt man 300 Gramm Zucker, dieser wird in Wasser getaucht, klargekocht, die Beeren hineingetan und einigemal gut durchgekocht; dann schöpft man sie mit dem Schaumlöffel in die Gläser und läßt den Saft noch ein wenig nachkochen, worauf man ihn übergießt. Will man Gelee davon haben, nimmt man auf 2 Liter ¼ Liter von dem Saft ab (ja nicht mehr, sonst werden die Beeren trocken und schlecht), tut noch ½ Pfund Zucker dazu, läßt es aufkochen und gießt es durch einen Musselinlappen. Sehr gut schmeckt es, wenn man etwas feingeschnittenes Zitronat mit den Beeren kocht. Sind die Gläser kalt, bindet man sie zu.

440. Preißelbeeren mit Birnen.

Man nimmt ebenso zu 1 Liter Beeren 300 Gramm Zucker, auf die Birnen braucht man keinen zu rechnen. Man wählt eine nicht gar saftige Birne, die Tafelbirne z. B., schält und halbiert sie, nimmt das Kernhaus heraus und kocht sie mit dem klargekochten Zucker fast weich, dann schüttet man die Preißelbeeren dazu und kocht sie damit eine Weile; dann werden die Birnen herausgenommen und der Saft noch etwas eingekocht. Von diesen mit Birnen gekochten Preißelbeeren kann man aber nicht Gelee abnehmen; die Töpfe werden fest mit Papier verbunden.

441. Blaubeeren (Besinge).

Sie werden gut verlesen, auf 1 Liter 200 Gramm Zucker klargekocht, die Beeren hineingeschüttet und ½ Stunde gekocht. Man schöpft sie in Flaschen, und wenn sie kalt sind, werden sie zugekorkt.

442. Pflaumenmus.

Die gewöhnliche blaue Pflaume gibt das beste Mus. Man bricht sie auf, nimmt die Steine heraus und tut erst wenige in den Kessel, die man unter beständigem Rühren mit dem Ruder erst etwas Saft geben läßt, ehe man mehr dazuschüttet. Das Mus muß immerfort gerührt werden, sonst brennt es an. Liebt man Gewürze, so mag man auch einige Nelken und feingewiegte Pomeranzenschale hineintun; auch Walnüsse ohne ihre grüne Schale, doch dies alles ziemlich zuletzt. Das Mus muß so lange gekocht werden, daß, wenn man etwas davon auf einen Porzellanteller tut, kein Rand von Saft mehr herausläuft. Es wird in Töpfen aufbewahrt, die man so lange in den Backofen stellt, bis sich oben eine Kruste gebildet hat, sonst hält es sich nicht. Will man das Mus durchschlagen, so muß man es tun, sobald die Pflaumen verkocht sind, und dann ferner steifkochen lassen. Ohne Gewürze und Walnüsse ist das Mus auch sehr gut, und will man es öfter zu Suppen anwenden, noch besser, es schmeckt dadurch so leicht strenge.

443. Mus von geschälten Pflaumen.

Die Pflaumen werden geschält, ausgesteint, auf 1 Pfund Pflaumen ½ Pfund Zucker und ganz wenig Zitronenschale genommen, der Zucker gestoßen, die Pflaumen hinein und unter beständigem Rühren steifgekocht; dann in kleine Gläser getan, mit Rumpapier belegt und mit Papier zugebunden.

444. Himbeergelee.

Es ist gut zu drei Teilen Himbeeren einen Teil Johannisbeeren zu nehmen, das Gelee wird steifer. Die Früchte tut man in einen reinen Porzellantopf, worin nichts fettiges gewesen sein darf, stellt diesen in ein größeres Gefäß mit Wasser und kocht dies so lange, bis die Früchte platzen und den Saft entlassen. Dann bindet man einen Beutel oder eine Serviette an die Füße eines umgekehrten Stuhles, stellt einen Porzellannapf unter und gießt die Früchte in den Beutel. Man darf nicht an dem Beutel drücken, sonst wird der Saft trübe, er muß durch die eigene Schwere auslaufen. Diesen Saft wiegt man und nimmt ebensoviel Zucker; man kann ihn auch messen, was bequemer ist, und dann rechnet man auf das Liter Saft 2 Pfund Zucker; dieser wird in Stücke geschlagen, in den Saft gelegt und bleibt so bis zum andern Tage stehen. Dann gießt man alles in den Messingkessel und sieht nach der Uhr, wenn es anfängt gut zu kochen; von dem Augenblick an muß es 7 Minuten im Kochen bleiben. Den Schaum kann man dabei abnehmen und immer so recht in die Höhe schöpfen, damit das Wäßrige verdampft. Dann gießt man den heißen Gelee in einen reinen Topf, und aus diesem in die Gläser, die sonst gar zu leicht springen; man läßt ihn völlig erkalten, legt Rumpapier über und bindet sodann zu. — Den Rest der ausgelaufenen Früchte kann man noch zu roter Grütze benutzen.

445. Johannisbeergelee.

Man beert die Früchte von den Stielen ab und verfährt ganz so, wie es bei dem Himbeergelee beschrieben ist. Man belegt ihn mit Rumpapier und klebt die Gläser mit Papier, das man am Rande mit etwas Mehlkleister bestreicht, zu.

446. Gelée à la Hortense.

Dazu nimmt man weiße Johannisbeeren und nur so viel rote darunter, daß der Saft hellrosa wird. Man läßt die Beeren platzen und den Saft auslaufen, wie oben beschrieben, nimmt so viel Zucker, wie der Saft wiegt, reibt diesen und siebt ihn fein, tut ihn in einen reinen Napf, gießt den Saft darüber und rührt nun ununterbrochen 3—4 Stunden lang immer nach einer Seite. Dann ist der Zucker ganz in den Saft aufgegangen und das Ganze wird etwas sämig. Zum Rühren benutzt man eine neue Holzkelle. Man füllt den Gelee in Gläser und bewahrt ihn, wie oben gesagt, auf.

447. Apfelgelee.

Gute Flammäpfel werden geschält, geviertelt, vom Kernhaus befreit, in einen Messingkessel getan und so viel Wasser darauf gegossen, daß es mit den Aepfeln gleichsteht; dann werden sie, ohne zu rühren, auf gelindem Feuer weichgekocht. Nun tut man sie in den Beutel und läßt den Saft, ohne zu drücken, herauslaufen. Will man den Gelee rot haben, nimmt man ein paar ungeschälte Himbeeräpfel dazu. Zu 3 Pfund Saft nimmt man 2½ Pfund Zucker, schlägt diesen in Stücke, gießt den klar durchgelaufenen Saft darüber in den Messingkessel, setzt ihn, sobald der Zucker an zu schmelzen fängt, auf gelindes Feuer und kocht es unter häufigem Aufziehen, das heißt, Aufschöpfen mit dem Schaumlöffel und schäumt ihn dabei ab. Hat er ½ Stunde gekocht, so pflegt er gut zu sein, man sieht dies an dem Abtropfen des Schaumlöffels, kann auch eine Probe machen, in dem man ein paar Tropfen auf einen Teller rasch kalt werden läßt. Ist er gut, gießt man ihn in einen Topf und füllt mit diesem die Gläser wie oben gesagt. Ein Liter Saft wiegt beinahe 2 Pfund.

448. Gelee von Quitten.

Er wird ganz so wie der von Aepfeln gemacht.

449. Tuttifrutti (russischer Topf).

Auf 1 Pfund Gartenerdbeeren kocht man 1 Pfund Zucker klar, tut die Erdbeeren hinein, läßt sie einmal aufkochen und gießt sie in einen großen Steintopf oder Glas. Sind sie abgekühlt, gießt man ½ Flasche guten Arrak oder Rum darüber, deckt es mit einem Porzellanteller zu und legt einen hölzernen Löffel darauf, denn man muß jeden Tag die Früchte einmal umrühren, hat also gern den Löffel bereit. Die Himbeere und Brombeere eignet sich nicht zu dem Tuttifrutti, weil nichts als etwas Haut und Kerne davon bleiben, man tut lieber später etwas Himbeersaft hinein. Die sauren Kirschen steint man aus, wiegt gleichviel Zucker ab, reibt die Hälfte, streut ihn über die Früchte in einen Topf und kocht diesen zugedeckt im Wasserbade 10 Minuten. Dann läßt man sie erkalten, gießt die Früchte zu den Erdbeeren und legt die zweite Hälfte des Zuckers in Stücken mit in den Topf. Zu den Johannisbeeren, ganze Trauben, klärt man den Zucker und gießt ihn kochend über, und wenn die Beeren kalt sind, kommen sie in den Topf. Reinecklauden bleiben ganz, Aprikosen werden abgeschält und halbiert, blaue Pflaumen werden geschält, Pfirsiche bleiben ganz. — Alles dies wird wie die Kirschen mit der Hälfte Zucker im Wasserbade gekocht, die andere Hälfte mit den erkalteten Früchten in den Topf getan.

Melonenscheiben mit geklärtem Zucker übergegossen. Mitte Sommer gieße man noch ½ Flasche Arrak dazu und vergesse niemals das öftere Umrühren. Zuletzt kann man noch Weinbeeren hineintun.

450. Erdbeersaft.

Gute reife Walderdbeeren werden verlesen, dann gewogen, ebensoviel feingeriebener Zucker genommen und lagenweise unter die Erdbeeren gestreut. Dann rührt man es mit einem Silberlöffel tüchtig durch; so läßt man sie in einem Porzellangefäß oder großen Glase bis zum andern Tage stehen. Dann gießt man den Saft, welcher sich nun gebildet hat, klar ab, ohne die Erdbeeren zu drücken, durch einen Musselinlappen, oder auch durch eine dünne Serviette. Die Flaschen, welche dazu bestimmt sind, den Saft aufzunehmen, werden geschwefelt; dabei verfährt man so: nachdem sie gut gespült sind und umgekehrt gestanden haben, daß jede Feuchtigkeit entfernt ist, hält man einen angezündeten Schwefelfaden in die Flasche, daß die blaue Flamme einen Augenblick darin brennt, und so mit allen Flaschen; der Saft wird dann gleich hineingetan, gekorkt und gepicht. Man tut wohl, nur kleine Flaschen zu nehmen, so wie man den Saft zu gebrauchen gedenkt; die angeschenkte Flasche hält sich nicht lange. Dies gilt auch für den gekochten Saft von Himbeeren usw.

451. Himbeersaft.

Zu diesem tut man die Himbeeren in einen Topf und läßt diesen im Wasserbade kochen, bis die Früchte Saft geben, schüttet sie dann in einen Beutel oder eine Serviette und läßt den Saft, wie schon bei dem Gelee angegeben, ohne zu rühren oder zu drücken, auslaufen. Auf 1 Liter Saft nimmt man 1 Pfund und 80 Gramm Zucker, läßt ihn erst etwas im Saft schmelzen und setzt ihn dann auf gelindes Feuer, schäumt ihn und läßt ihn ½ Stunde kochen. Wenn der Saft kalt ist, füllt man ihn in geschwefelte Flaschen, korkt und verpicht sie.

452. Johannisbeersaft.

Man verfährt wie oben, tut aber gut, ¼ Himbeeren dazu zu nehmen, weil Johannisbeersaft allein sehr leicht so steif wird, daß man ihn nicht aus der Flasche gießen kann. Man nimmt auf 1 Liter Saft 1 Pfund und 180 Gramm Zucker, läßt ihn ¼ Stunde kochen; im übrigen wie oben.

453. Kirschsaft.

Man nimmt auf das Liter Saft 1 Pfund und 180 Gramm Zucker, läßt ihn ½ Stunde kochen. Dann wie oben.

454. Himbeeressig.

In eine Weinflasche tut man ½ Pfund frische Himbeeren und 125 Gramm Zucker und gießt die Flasche voll guten Weinessig. Man muß zuweilen umschütteln.

455. Apfelsaft.

6 Liter Aepfel werden geviertelt, nicht geschält, aber das Kernhaus herausgenommen, 3 Liter Wasser daraufgegossen und tüchtig gekocht. Dann durch ein Tuch gegossen. Am andern Tage wird der obere klare Saft behutsam abgegossen, auf 1 Liter Saft 90 Gramm Zucker genommen und gut miteinander durchgekocht. Kalt geworden, in geschwefelte Flaschen gegossen und zugekorkt. Beim Gebrauch wird der Saft verdünnt; man gibt ihn warm in Tassen und rührt ihn dann mit etwas Kartoffelmehl ab; auch kann man ein wenig feinen Zimt und Zitronenschalen hineintun.

456. Brombeermarmelade.

Dieselbe wird wie die Himbeermarmelade behandelt, nur nicht ganz solange gekocht; auch schmeckt Gelee, das wie Apfelgelee behandelt wird, sehr gut.

457. Stachelbeeren.

Die recht fleischigen Stachelbeeren werden, wenn sie reif, aber nicht ganz weich sind, mit einer Haarnadel ausgekernt, dann in Wasser einmal gut aufgekocht und auf ein Tuch gelegt; wenn sie abgetrocknet sind, wird 1 Pfund Stachelbeeren in 1 Pfund geklärtem Zucker gekocht, wie die Hagebutten, nur kein Zitronat dazu.

458. Quitten.

Die Quittenäpfel werden in Wasser fast weichgekocht, wenn sie kalt sind, geschält und in Viertel geschnitten, dann 1 Pfund Zucker, 1 Pfund Quitten, der Zucker klargekocht, die Quitten hineingetan, gut durchgekocht, dann herausgenommen, 1 Tag stehen gelassen und so 3 Tage wiederholt; zuletzt den Saft noch eingekocht und übergegossen, Rumpapier übergelegt und zugebunden. Zu Gelee werden die Quitten wie beim Apfelgelee behandelt.

459. Quittenbrot.

Die Quitten werden gekocht, geschält und in Scheibchen vom Kernhaus geschnitten, dann 1½ Pfund Zucker, 1½ Pfund Quitten dazu; der Zucker klargekocht, die Quitten hinein und nun unter stetem Rühren gekocht. Dann rührt man die Masse durch einen Porzellandurchschlag, der recht fein ist, die Masse darf nicht zu dünn sein, ungefähr wie steifgeschlagene Sahne. Nun füllt man die Masse in flache Porzellanschüsseln fingerdick, ist dies ganz kalt, so sticht man mit einem ganz kleinen Glase Platten aus, setzt dieselben auf Teller in die warme Röhre und läßt sie recht gut betrocknen.

Eingemachtes in Blechbüchsen.

460. Ueber das Einmachen in Blechbüchsen.

Alle Gemüse, Obst oder Fleischsachen dürfen nie zu viel in eine Büchse kommen, die Büchse muß stets 2 Zentimeter breit leer bleiben. Dann müssen die Büchsen in dem Gefäß, worin sie gekocht sind, auch kalt werden, vor allem Rost bewahrt bleiben und deshalb immer am trocknen, luftigen Ort, ob gefüllt oder leer, aufbewahrt und kurz vor dem Gebrauch recht gut mit Lauge gescheuert werden. Will man rote Früchte, als Erdbeeren, Himbeeren usw. in Blechbüchsen einmachen, so lege man einen Boden von weißem Papier in die Büchse und umlege diese inwendig mit einem passenden Streifen Papier, ehe man die Früchte einfüllt, obenauf lege man auch einen solchen Deckel, damit die Früchte gar nicht das Blech berühren; sie bleiben dann rot.

461. Spargel.

Er muß frisch gestochen sein, wird wie gewöhnlich geschält und in kaltem Wasser gewaschen. Dann werden 16 Stangen zusammengebunden, diese Bunde in weiches kochendes Wasser gelegt, worin sie etwa 2 Minuten bleiben. Zu dem Wasser, worin der Spargel gekocht wird, tut man auf 1 Schock 20 Gramm Zucker. Vorsichtig, um nicht die Köpfe zu beschädigen, schöpft man sie heraus und legt sie in die Büchsen, so, daß die Köpfe immer oben stehen, gießt so viel von dem Wasser, worin sie gekocht sind, darüber, daß es etwas übersteht, läßt die Büchsen verlöten, stellt dieselben in kaltes Wasser in einem großen Kessel aufs Feuer und läßt sie, wenn sie anfangen zu kochen, ½ Stunde kochen. Sie müssen in dem Kessel kalt werden und werden an luftigem, aber frostfreien Ort aufbewahrt. Man öffnet die Büchse mit einem dazu eigens gemachten kleinen dicken Messer oder Beil, kostet das Wasser, und schmeckt es nicht zu strenge, so stellt man die Büchse mit dem Wasser in einen Topf kochenden Wassers und erwärmt sie so; ist das Wasser aber zu strenge, gießt man frisches heißes in die Büchse, stellt sie in kochendes Wasser und tut etwas Salz dazu. Alle auf diese Art eingemachten Gemüse müssen mit weichem Wasser gekocht werden. Auch ist es gut, beim Anrichten noch ein wenig Salz überzustreuen. Eine dicke holländische Sauce schmeckt am besten zum eingemachten Spargel. Die Büchsen müssen, wenn es geht, einige Stunden vor dem Gebrauch geöffnet werden, da der Spargel einen so strengen Geruch hat.

462. Grüne Erbsen (Schoten).

Sie werden ausgepellt, gewaschen und in weichem Wasser mit ganz wenig Salz einmal aufgekocht. Man kann nicht zu viele Erbsen mit einem Mal aufkochen, schöpft also die ersten heraus und tut neue hinein und so fort. Etwas abgekühlt kommen sie in die Büchsen mit so viel von dem Wasser, worin sie gekocht sind, daß es übersteht. Die Büchsen dürfen nie ganz voll sein, 2 Zentimeter breit muß fehlen. Zugelötet kochen sie dann im Kessel ½ Stunde. Will man die Schoten gebrauchen, so tut man sie in einen Durchschlag, damit die Sauce abläuft, die Sauce wird nicht gleich fortgegossen, damit, wenn die Schoten trocken sind, man noch etwas davon nehmen kann, wenn sie sehr gut schmeckt. Es wird von der nötigen Butter, auf eine Büchse von 10 Liter 100 Gramm ungefähr, mit dem dazugehörigen Mehl ein Schwitzmehl gemacht, dazu kommen die Schoten, etwas Zucker, Salz, ganz wenig gestoßene Muskatblüte (½ Messerspitze), dieses ¼ Stunde langsam gekocht, dann grüne gewiegte Petersilie dazu und bald angerichtet, denn durch langes Stehen werden die Schoten schlecht. Wenn man Muskatblüte nicht liebt, kann sie fortbleiben.

463. Morcheln.

Die Morcheln werden von den sandigen Stielen befreit und mindestens sechsmal gewaschen, dann ganz so behandelt wie die Erbsen, nur tut man kein Salz dazu und macht die Büchsen nicht zu voll, da die Morcheln sich in der Sauce ausdehnen. Zum Gebrauch werden die Morcheln, wenn sie abgelaufen sind, feingewiegt, in einem Tiegel mit einem guten Stück Butter, etwas gestoßenem Pfeffer und einigen Löffeln Fleischbrühe durchgekocht und bald angerichtet. Außerdem kann man die Morcheln ganz zu Frikassee gebrauchen.

464. Schneidebohnen.

Nachdem sie gewaschen und geschnitten sind, werden sie wie die Schoten in kochendem Wasser, worin etwas Salz, einmal aufgekocht, in einen Napf geschöpft, etwas abgekühlt in die Büchse getan und von dem Wasser, worin sie gekocht sind, übergegossen, zugelötet und ½ Stunde gekocht. Nachher ist die Bereitung wie bei frischen Bohnen, nur daß sie kurze Zeit kochen müssen. Auch tut man sie in einen Durchschlag zum Ablaufen wie die Schoten.

465. Brechbohnen.

Sie werden abgezogen, gebrochen, gewaschen und übrigens ganz ebenso wie die vorigen behandelt. Zu ihrer Bereitung im Winter trocknet man sich etwas Pfefferkraut, welches nebst etwas frischer Petersilie und Hammelbrühe zu dem Schwitzmehl kommt, worin dann die Bohnen fertiggekocht werden. Es versteht sich, daß alle diese Gemüse nur jung recht gut zum Einmachen sind.

466. Champignons.

Sie werden geputzt, geviertelt, wenn sie zu groß sind, gewaschen, in kochendem Wasser, worin etwas

Salz geschüttet, einmal aufgekocht, wonach sie schön weiß werden. Man schöpft sie heraus, tut sie in die Büchse, füllt von dem Wasser, worin sie gekocht sind, über, läßt immer 2 Zentimeter breit von dem Rande der Büchse frei, läßt sie zulöten und kocht sie ¼ Stunde in der Büchse. Der Abputz der Champignons wird, wie schon bemerkt, ungewaschen zu Soja eingekocht (siehe Soja). Den Rest der Champignons, wenn man eine Büchse geöffnet, macht man mit Essig sauer und tut ihn in ein Glas.

467. Erdbeeren.

Frisch gepflückte Erdbeeren, und zwar trockne, nicht nach einem Regen gepflückte, werden vom Stiel befreit, gewogen und auf 3 Pfund Erdbeeren 1 Pfund Zucker genommen; dieser wird gerieben, die Früchte in die Büchse gelegt und lagenweise der Zucker dazwischen gestreut, zugelötet und 3 Minuten gekocht. Beim Gebrauch wird man finden, daß sie die Farbe verloren haben; man rührt nun einige Tropfen Alkermessaft mit dem Saft der Erdbeeren zusammen, übergießt diese damit und läßt sie einige Stunden damit stehen.

468. Johannisbeeren.

Nur große weiße Früchte sind hierzu tauglich. Man beert sie ab, nimmt auf 3 Pfund Beeren 1¼ Pfund Zucker und verfährt wie mit den Erdbeeren. Man kocht sie nur 3 Minuten in den Büchsen.

469. Gelbe Herzkirschen.

Nur sie sind geeignet, auf diese Art eingemacht zu werden, sie verlieren die Farbe nicht so sehr und schmecken gut; die Steine bleiben darin und verfährt man dann wie oben, nur wird 1 Pfund Zucker und 4 Pfund Kirschen genommen und 8 Minuten gekocht.

470. Aprikosen.

Man muß reife Früchte nehmen, schält sie und nimmt den Kern heraus. Darauf werden sie gewogen und auf 3 Pfund Aprikosen 1 Pfund Zucker gewogen; dieser entweder gerieben und lagenweise in die Büchsen zwischen die Früchte gestreut, oder in Wasser getaucht, klargekocht und löffelweise auf die Büchsen verteilt, zugelötet und 8—10 Minuten gekocht. Sind die Früchte nicht gut reif, so muß man etwas Zucker mehr nehmen.

471. Eingemachte Ananas.

1 Pfund Ananas, 1¼ Pfund Zucker; die Ananas werden von allen harten Stellen befreit und mit scharfem Messer in dünne Scheiben geschnitten, dann tut man die Ananas mit dem gestoßenen Zucker in einer Terrine, läßt sie eine Nacht damit stehen, legt die Scheiben dann in die Blechbüchsen halb voll, tut Saft darüber, aber nie ganz voll, läßt die Büchsen nach dem Löten 3 Minuten im Wasser kochen. Man kann die Ananas auch in Gläsern aufbewahren, nur muß man darauf achten, daß die Scheiben immer recht in dem Saft liegen; ist nicht so viel Saft vorhanden, tut man immer wieder Zucker dazu.

472. Reineclauden.

Auf 3 Pfund Früchte 1 Pfund Zucker; dieser klargekocht, über die in die Büchsen gepackten Pflaumen verteilt. Man glaube nicht, daß die Büchse mit Zucker gefüllt sein müsse, denn alle Früchte geben im Kochen so viel Saft, daß sie doch nachher darin schwimmen; diese müssen 10—12 Minuten kochen. Die Reineclauden behalten ihre Stiele. Will man dieselben grün aussehend haben, dann setzt man Wasser mit etwas Salz in einer kupfernen Kasserolle (nicht verzinnt) auf und tut die Pflaumen ein wenig hinein, läßt sie einmal aufkochen, legt sie auf ein Tuch zum Ablaufen und dann in die Büchsen.

473. Pfirsiche.

Man nehme reife Früchte, schäle sie, den Kern lasse man darin und rechne auf 3 Pfund Früchte 1 Pfund Zucker, den man klarkocht und über die Früchte füllt. Die Büchsen läßt man 8—10 Minuten kochen. Sind die Früchte sehr groß, dann zerteile man sie.

474. Blaue Pflaumen.

Man schält sie, läßt aber die Kerne darin und nimmt auf 4 Pfund Pflaumen 1 Pfund Zucker, den man klargekocht auf die Büchsen verteilt, diese dann ¼ Stunde kochen läßt.

475. Birnen.

Am besten sind Beurreblanc und Bergamotten dazu; man schält und halbiert sie, nimmt das Kernhaus heraus, auf 4 Pfund Birnen 1 Pfund Zucker klargekocht wird übergegossen, die Büchsen ½ Stunde gekocht. Die Birnen müssen recht bald, nachdem sie geschält sind, getötet und gekocht werden, sonst werden sie leicht braun.

Vogelwild in Büchsen.

476. Krammetsvögel (gut frisch).

Sie werden nicht ausgenommen, dressiert wie gewöhnlich, d. h. man legt den Kopf über den Rücken unter den linken Flügel nach vorn und steckt das rechte Beinchen durch die Augenhöhlen. So brät man sie in reiner Butter mit dem nötigen Salz, aber ohne Wacholderbeeren, weich; dann legt man sie in die Büchsen, die Brüste nach unten, gießt die Sauce über (sie braucht nicht überzustehen), läßt die Büchsen verlöten und kocht sie 3 Minuten. Im Kessel abgekühlt, trocknet und bewahrt man sie an luftigem, frostfreien Ort auf. Beim Gebrauch erwärmt man die Büchsen, brät die Butter mit Wacholder und läßt die Vögel darin gut durchbraten. Man nehme nur so viel Butter, wie zum gewöhnlichen Essen nötig ist.

477. Schnepfen.

Auch sie werden bekanntlich nicht ausgenommen. Man verfährt ganz wie oben, tut aber beim Gebrauch keinen Wacholder in die Butter, sondern richtet sie wie die frischen Schnepfen an. Um sie einzumachen, dürfen weder Krammetsvögel, noch Schnepfen, noch Rebhühner fumet haben, sondern müssen möglichst frisch eingebraten werden. Das Eingeweide läßt man darin und es müssen folgende Semmelschnitte gemacht werden.

478. Semmelschnitte zu eingelegten Schnepfen.

Man nehme entweder Tauben= oder Hühnerleber oder auch ein Stückchen Schweine= oder Kalbsleber, erstere Sorte ist feiner. Die Leber wird ganz feingewiegt, dann tut man gleich auf dem Brett 1 Teelöffel voll zerlassene, abgekühlte Butter, 2 Taubenlebern oder eine vom Huhn, 1 Teelöffel voll geriebenen Parmesankäse, ein gestoßenes Pfefferkorn und etwas Salz hinzu, mischt dies, streicht es auf die Semmelscheiben und brät sie mit etwas Butter von unten knusprig.

479. Rebhühner.

Sie werden ausgenommen, sonst wie das übrige Vogelwild in Butter weichgebraten; ebenso eingelegt, die Büchsen verlötet, 3 Minuten gekocht und zum Gebrauch wie die Schnepfen behandelt, nur keine Schnitte dazu gegeben.

480. Koteletten mit feinen Kräutern.

Sie schmecken sehr gut in Büchsen eingemacht; man bereitet sie ganz, wie schon in Nr. 61 gesagt, legt sie nun in die Büchsen, die Sauce über, gelötet und 2 Minuten gekocht; beim Gebrauch werden die Büchsen erst geöffnet, dann in kochendes Wasser gestellt, bis sie vollständig heiß sind und auf heißer Schüssel angerichtet.

Bei den Kalbskoteletten ist es ebenso, sie werden vollständig gebraten, eingelegt und ebenso behandelt.

Kuchen.

481. Baumkuchen.

3½ Pfund Butter werden abgeschmolzen, damit alles Salz und Milch zurückbleibt, dann kaltgestellt bis zum andern Tage. Nun zu Sahne gerührt, 3 Pfund geriebenen Zucker, von 3 Mandeln Eier das Gelbe nach und nach, sowie 1½ Pfund Kartoffelmehl und ebensoviel Weizenmehl immer löffelweise dazugerührt, zuletzt noch 16 Gramm feinen Zimt. 9 Nelken, 8 Gramm Kardamom und von 3 Zitronen die Schale abgerieben. Man kann auch ½ Pfund geriebene, süße Mandeln dazunehmen, will man ihn schöner haben. Gar zu lange muß man diesen Teig nicht rühren, er wird sonst zu locker; dann den Schnee der Eier hinzugetan. Zuletzt wird ein Guß von Eiweiß, feinem Zucker und Zitronensaft gerührt, bis er ganz weiß ist, und über die Zacken des Kuchens gegossen, wenn derselbe eben vom Feuer genommen wird und noch auf dem Baum sitzt.

Will man den Baumkuchen backen, so ist es eine Hauptsache, daß das Papier auf dem Baum gut befestigt wird. Man legt weißes, festes Papier um den

Baum, mehrere Bogen zusammen, nimmt dann Bind=
faden, bindet ihn an der untern breiten Seite des
Baumes, wo ein kleiner Nagel sein muß, fest, wickelt
ihn dann ziemlich gerade um den Baum, aber nicht
dicht, nur so, daß das Papier fest bleibt; am untern
Ende ist dann wieder ein Nagel, wo der Bindfaden be=
festigt wird. Nun nimmt man etwas geschmolzene
Butter, setzt den Baum ans Feuer, bestreicht ihn mit
der Butter, so viel, daß er ganz fettig ist und dreht ihn
so lange, bis das Papier recht heiß ist und Bläschen
von Butter austreten; dann erst fängt man an den
Teil daraufzugießen, was durchaus ganz unregel=
mäßig und unter langsamem Drehen geschehen muß,
damit sich die Zacken bilden; nach jedem Begießen muß
der Teig immer erst vollständig braun backen, ehe wieder
begossen wird. Ist der Kuchen fertig, nimmt man ihn
vom Feuer, setzt ihn recht fest und gießt nun unter
Drehen den Guß darüber; ist er angetrocknet, nimmt
man den Baum, schneidet an den beiden Enden den
Bindfaden los, stößt nun mit dem untern Ende an
einen festen Gegenstand, damit der Kuchen los wird;
dann zieht eine zweite Person den Kuchen behutsam ab
und setzt ihn sogleich auf die Schüssel; nun zieht man
von oben den Bindfaden und das Papier heraus.

482. Bandtorte.

Man nimmt die Hälfte derselben Stoffe wie zu dem
oben beschriebenen Baumkuchen, macht den Teig ganz
ebenso; streicht eine breite Mehlspeisenform mit Butter
aus, bestreut sie mit geriebener Semmel und füllt eine
Lage Teig, etwa wie ein kleiner Finger dick, hinein,
stellt die Form in die Tortenpfanne, gibt auch Hitze von
oben, und wenn die Lage bräunlich gebacken, gießt man
eine neue auf, und so fort, bis aller Teig in der Form
ist. Dann macht man einen Guß darüber. Dieser
Kuchen hält sich ziemlich lange, wie der vorige auch,

und ist deshalb auf dem Lande sehr angenehm. Die Hitze wird, wenn die erste Lage gar ist, immer nur von oben gegeben.

483. Marzipan.

1 Pfund süße Mandeln, worunter 40 Gramm bittere sein können, werden gebrüht, abgezogen, feingerieben, die Stückchen im Mörser gestoßen und die geriebene Masse auch noch, indem man nur immer wenig in den Mörser tut. Auf diese Weise werden sie recht, wie sie sein müssen, damit man es rollen und formen kann. Mandeln und 1 Pfund feingesiebter Zucker werden in einer Schüssel mit den Händen tüchtig geknetet, dazu gießt man 4 Löffel Rosenwasser. Dann nimmt man einen Teil Teig und rollt diesen auf dem mit Zucker bestreuten Backbrett so dünn, wie man es liebt, aus. Aus dem gerollten Teig sticht man nun mit einem Glase runde Kuchen oder nach aufgelegtem Papiermodell Herzen usw. aus. Dann schneidet man Streifen zum Rande, die man auf die mit Rosenwasser bestrichene Platte setzt. Die Formen bleiben unverändert, wenn man sie kaltstellt und erst am andern Tage in der Tortenpfanne, von oben nur, bäckt. Will man den Marzipan füllen, so bestreicht man ihn mit Gelee und deckt eine dünne Platte Marzipan über, dann den Rand; damit dieser festklebt, befeuchtet man den Marzipan an der Randstelle mit Rosenwasser. Ist er in der Tortenpfanne etwas von oben gebacken, was schnell geschieht, denn er darf nicht ausdorren, so überzieht man ihn mit einem Guß, der aus Rosenwasser und feinem Zucker, Zitronensaft darunter, gerührt wird, bis er wie Sahne aussieht. Darauf belegt man ihn mit feinem Eingemachten. Den Rand vom Marzipan kerbt man mit einem Messerrücken, daß er Zäckchen bekommt.

484. Makronentorte.

Das Weiße von 9 Eiern wird mit 1½ Pfund Zucker und dem Saft von 2 Zitronen so lange gerührt, bis es ganz weiß ist, etwa ¾ Stunde. Dann werden 1½ Pfund süße und 30 Gramm bittere Mandeln feingerieben, behutsam daruntergemischt. Nun knetet man auf einem Backbrett 130 Gramm Mehl, 100 Gramm Butter, 3 Eßlöffel Zucker und 1 Ei zu einem mürben Teig, rollt 2 dünne Platten davon, legt sie auf ein Blech und nun auf diese die Mandelmasse mit einem Eßlöffel immer Häufchen nebeneinander. Man verstreicht die Häufchen nicht, es muß nicht so glatt aussehen; die Torte wird mit nicht zu viel Unterhitze gelbbraun gebacken. Diese Torte belegt man mit beliebigem Eingemachten; auch kann man sie mit Guß wie zum Baumkuchen verzieren. Statt Teigplatte kann man Oblate nehmen. Diese Masse gibt 2 Torten.

485. Gestiefelte Mandeltorte.

Ein Mürbteig, wie eben angegeben, wird zu einer Torte mit Rand geformt und gebacken. ½ Pfund süße Mandeln, ein paar bittere dazu, abgezogen, die Hälfte auf dem Reibeisen feingerieben, die andere Hälfte der Länge nach feingeschnitten, für 25 Pfennig Zitronat, auch feingeschnitten. Dann 200 Gramm Zucker in Wasser getaucht, in verzinnter Kasserolle gekocht, bis er anfängt sich zu ziehen, die Mandeln hineingetan und 2 Teelöffel voll Zitronensaft dazu, wie auch das Zitronat, und auf dem Feuer gerührt, bis sich die Masse von der Kasserolle ablösen will, dann schlägt man 4 Eigelb mit 2 Löffel Wasser dazu und rührt es so lange auf dem Feuer, bis die Eier ziemlich gar sind. Vom Feuer genommen, durchzieht man diese Creme mit dem Schnee von 3 Eiern; die Teigplatte mit dem Rande wird inzwischen gelblichbraun gargebacken; dann legt man die abgekühlte Mandelcreme darüber und tut sie gleich wieder in den Ofen oder die Tortenpfanne, läßt sie ¼ Stunde backen, dann streicht man von 130 Gramm Zucker, etwas Wasser und Zitronensaft einen Guß darüber.

486. Mandeltorte.

1 Pfund gestoßener Zucker wird mit 8 ganzen Eiern und 8 Eigelb 1 Stunde gerührt, dann tut man 1¼ Pfund süße, abgebrühte und geriebene Mandeln, worunter einige bittere sind, wie auch 2 kleine Tassenköpfe voll geriebener Semmel dazu. Nun streicht man eine Blechform (breite Mehlspeisenform) mit Butter aus, bestreut sie mit Semmel, füllt die Masse hinein, bäckt sie in einem nicht zu heißen Ofen (1 Stunde), stürzt die Torte aus der Form und bestreut sie mit Zucker oder macht einen Guß wie zum Baumkuchen darüber.

487. Mandelkalatschen.

¾ Pfund frische Butter, ½ Pfund geriebenen Zucker, ¾ Pfund Mehl, 6 ganze Eier, ¾ Pfund Mandeln und die Schale einer Zitrone, auf Zucker abgerieben. Die abgeschälten Mandeln werden feingerieben. Die Butter mit dem Zucker und 6 Eiern recht dick und schäumig gerührt, die Mandelmasse und Zitrone dazu; zuletzt das Mehl. Von dieser Masse setzt man kleine Häufchen mit einem Löffel auf Papier und bäckt sie in nicht zu heißem Ofen langsam gar.

488. Mandelspäne.

1 Pfund süße Mandeln werden feingerieben, 1 Pfund geriebenen Zucker und 8 Eiweiß dazu, 1 Stunde gerührt, zuletzt 16 Gramm Kartoffelmehl dazugetan. Ein Kuchenblech mit Wachs oder Speck bestrichen; darauf streicht man die Masse in der Dicke eines Messerrückens und bäckt sie hellbraun, schneidet sie noch heiß in längliche Stücke und biegt sie über einen Holzlöffelstiel, damit sie sich krümmen.

489. Makronen.

1 Pfund Mandeln wird gerieben, 1 Pfund Zucker, das Weiße von 5 Eiern zu Schnee geschlagen, zusammengerührt, und das Ganze auf Oblate in Häufchen mit einem Teelöffel gelegt und bei gelinder Hitze gebacken.

490. Prager Kuchen Nr. 1.

¾ Pfund Mehl, ½ Pfund Butter, 3 Eigelb, 50 Gramm Zucker, etwas Zimt und Zitronenschale, abgerieben, werden zu einem Teig geknetet, ausgerollt und mit Formen ausgestochen. Wenn sie hellbraun gebacken sind, bestreicht man sie mit einem Zuckerguß, der von 3 Eiweiß mit 300 Gramm Zucker gemacht wird. Man bestreut dann den Guß mit Rosinen oder Mandeln (s. auch Nr. 531).

491. Danziger Zwieback.

1 Liter Mehl (reichlich), 1 Pfund Butter, 3 Eigelb, ½ Pfund Zucker, 3 Eßlöffel süße Sahne. Bestreut werden die Kuchen mit bitteren Mandeln für 10 Pfennig und mit süßen für 20 Pfennig, die grobgewiegt mit 100 Gramm Zucker gemischt werden. Die Butter wird zu Sahne gerührt, dann Ei, Zucker und Mehl dazugerührt; man macht mit der Hand Kugeln wie Kartoffeln groß, drückt sie auf dem Blech breit, macht in der Mitte eine kleine Vertiefung, bestreicht sie mit dem Ei, streut die Mandeln darauf und bäckt sie in guter Hitze gelbbraun; die Zwiebacke dürfen nicht zu nahe zusammenkommen, da der Teig etwas verläuft.

492. Sandtorte.

1¼ Pfund Butter wird am Tage vor dem Backen abgeschmolzen, d. h. man gießt von der geschmolzenen Butter die klare ab und läßt den Satz von Milch und

Salz zurück. Am andern Tage wird diese geklärte
Butter zu Sahne gerührt; dann werden 9 ganze Eier
und 1 Pfund geriebener Zucker nach und nach dazu=
getan und noch ½ Stunde gerührt; endlich die ab=
geriebene Schale einer Zitrone, ¾ Pfund Kartoffelmehl
und 125 Gramm Weizenmehl, das man vorher zu=
sammenmischen kann, dazugerührt. Wenn alles wohl
gemischt, streicht man die Form mit Butter aus, bestreut
sie mit geriebener Semmel, füllt den Teig hinein und
bäckt sie 1 Stunde in guter Hitze.

493. Marmorierte Sandtorte.

1¼ Pfund Butter wie oben zu Sahne gerührt,
1 Pfund Zucker und 8 Eigelb nach und nach dazu und
immer gerührt, dann ½ Pfund Mehl, ½ Pfund Stärke
nebst einer Stange Vanille in Zucker gestoßen, für
5 Pfennig Weingeist und endlich der Schnee der Eier
daruntergemischt. 125 Gramm feine Schokolade hat
man vorher gerieben und die Form ausgestrichen; jetzt
füllt man ein Dritteil des Teiges in die Form, streut
die Hälfte der Schokolade darüber, dann Teig, die andre
Schokolade und endlich das letzte Dritteil des Teiges;
dann schnell in den Ofen und 1 Stunde gebacken.

494. Blechkuchen wie Sandtorte.

1 Pfund Butter, 1 Pfund Zucker, 1 Pfund Mehl,
8 ganze Eier werden 1 Stunde gerührt, auf ein Blech
gestrichen, gewiegte Mandeln und Zucker darübergestreut.
Diese Masse gibt ein Kuchenblech ¾ voll, und weil der
Teig im Ofen sehr verläuft, muß man etwas vorlegen.
Nur hellgelb muß der Kuchen gebacken und noch warm
in längliche Stücke geschnitten werden.

495. Kleine Sandtortenplätzchen.

1½ Pfund Butter wird zu Sahne gerührt, 1 Pfund
Zucker, 5 ganze Eier, die abgeriebene Schale von

2 Zitronen, für 13 Pfennig Hirschhornsalz, 1¼ Pfund
Weizenmehl, 1 Pfund Kartoffelstärke. Man rührt Butter,
Zucker, Eier, Zitronenschale recht tüchtig, dann das Salz
und nun so viel Mehl dazu, wie sich noch rühren läßt,
alsdann muß man den Teig auf ein Backbrett nehmen
und gut mit dem noch übrigen Mehl durchkneten.
Darauf werden Kugeln wie eine Walnuß groß von
dem Teig gemacht, wenig breitgedrückt, mit Ei bestrichen und, mit Zucker und Mandeln bestreut, auf einem
Blech im Ofen gebacken.

496. Sahnetüten.

Man wiegt die Eier mit der Schale und nimmt
ebensoviel feingesiebten Zucker und Mehl, wie diese Gewicht haben. Also z. B. 12 Eier wiegen 1 Pfund, dann
ebensoviel Zucker und Mehl, der Zucker wird mit den
ganzen Eiern eine volle Stunde gerührt, dann das Mehl
dazu. Der Teig wird nicht steif genug zum Rollen und
nicht flüssig genug zum Verlaufen, man nimmt also ein
Stückchen davon, legt es auf das gut mit Speck bestrichene Blech und drückt es mit einem breiten Messer,
etwa so groß wie eine kleine Untertasse und so dick wie
ein Messerrücken, auseinander, bäckt diese Plätzchen im
Ofen hellbraun und rollt sie noch im Ofen wie eine
Tüte zusammen. Diese legt man auf eine Schüssel, die
Oeffnung der Tüte immer nach außen und füllt sie, ganz
kurz vor dem Anrichten mit geschlagener Sahne, die,
wie schon oft gesagt, mit Vanille und Zucker gewürzt
ist. Will man von diesen Tüten zum nächsten Tage
aufheben, so muß man sie in zugedeckter Terrine an
einem warmen Ort aufheben und natürlich dann erst
füllen. Am kalten Ort werden sie weich.

497. Portugieserkuchen.

1 Pfund frische Butter wird zu Sahne gerührt,
10 ganze Eier und 1 Pfund feingesiebter Zucker nebst

abgeriebener Zitronenschale noch ½ Stunde damit gerührt, dann 1 Pfund feines Mehl, es kann halb Kartoffelmehl sein, nach und nach dazu und leicht gerührt, damit es sich klar unter die Masse verteilt. Zu diesem Kuchen muß man kleine Formen haben, länglich viereckige oder runde flache Schalen, etwa wie ein Bierglas im Umfange, und die einen nach außen neigenden glatten Rand haben. Diese Formen streicht man mit Butter aus, füllt den Teig hinein und streicht ihn mit einem Messer in der Höhe des Randes gleich. Auf jeden der Kuchen legt man dann einige halbe Mandeln in die Mitte, bestreut sie noch gut mit Zucker und bäckt sie im Ofen hellgelb.

498. Königskuchen.

Der oben beschriebene Teig zu den Portugieserkuchen wird mit ½ Pfund Korinthen, welche man tags zuvor gewaschen und auf ein Tuch zum Abtrocknen geschüttet hat, vermischt und in einer Blechform gebacken. Sind die Korinthen nicht recht trocken, gerät der Kuchen nicht und wird klitschig. Für 25 Pfennig feingeschnittenes Zitronat kommt auch in den Teig (s. auch Nr. 513).

499. Königstorte.

Hierzu rührt man den Portugieserteig von ½ Pfund Butter usw. ein, bäckt davon einen Boden, etwa von der Hälfte des Teiges und fingerdick; diesen belegt man mit eingemachten Kirschen und Aprikosen, streicht darüber die zweite Hälfte des Teiges, läßt diese Torte durch Oberhitze im Ofen oder in der Tortenpfanne gar werden, glaciert sie dann mit einem Zuckerguß, wie er bei der gestiefelten Mandeltorte beschrieben ist, und wenn dieser getrocknet, verziert man sie mit beliebigem Eingemachten.

500. Englischer Plumcake.

Die Portugieserkuchenmasse von 1 Pfund Butter usw. wird mit 125 Gramm Korinthen, 125 Gramm Sultanrosinen, beide tags zuvor gereinigt und getrocknet, ferner für 25 Pfennig Zitronat, feingeschnitten, ebenso kandierte Orangenschale, der auf Zucker abgeriebenen Schale einer Zitrone und 125 Gramm grobgestoßenen Mandeln vermischt. Von dieser Masse füllt man flache Formen zweifingerdick voll und bäckt sie langsam im Ofen aus. Ist der Kuchen erkaltet, wird er in dünne Scheiben geschnitten, diese mit Zucker bestreut und im Ofen oder der Tortenpfanne ein wenig geröstet. Man gibt sie zu Tee oder Schokolade.

501. Magdalenenkuchen.

½ Pfund Butter wird zu Sahne, dann mit ebensoviel Zucker, 4 ganzen Eiern, 8 Eigelb und 125 Gramm gehackten Mandeln noch ¼ Stunde gerührt; dann schütte man löffelweise unter stetem Rühren ¾ Pfund Weizenmehl dazu; rühre es mit dem Obigen klar und streiche diese Masse fingerdick auf ein mit Butter bestrichenes Blech. Bestreue nun den Kuchen mit gewiegten Mandeln, überziehe ihn mit dem Schnee von 4 Eiern, der mit Zucker gemischt ist; steche zuweilen hin und wieder mit einem spitzen Messer hinein und backe so den Kuchen im Ofen hellgelb. Man schneidet ihn nachher in beliebige Stücke.

502. Wiener Torte.

Es wird 1 Pfund frische Butter zu Sahne, ebensoviel Zucker und 15 Eigelb ½ Stunde damit gerührt, nach und nach 1 Pfund Mehl hineingemischt, zuletzt der Schnee der Eier. Diese Masse teilt man in 5 gleiche Teile, legt sie auf 5 Bogen Papier, streicht sie sämtlich halbfingerdick auseinander, durchsticht diese Bogen ein wenig mit einem spitzen Messer und bäckt sie in einem nicht zu heißen Ofen hellgelb. Sobald auf diese Weise die 5 Platten abgebacken sind, stürzt man sie auf einen Bogen Papier um, zieht die, worauf sie gebacken sind, ab, bestreicht nun diese Platten mit Marmelade von Himbeeren, Aprikosen, oder mit Johannisbeergelee, nach Belieben. Die fünfte Platte deckt das Ganze; dann beschneidet man die Torte, um sie recht rund zu machen und überzieht sie mit dem bekannten, recht weiß= gerührten Zuckerguß, zu dem man 1 Teelöffel voll Zitronensaft hinzugenommen hat. Endlich belegt man die Torte mit eingemachten Früchten. Man legt die Papierplatten mit dem Teig auf ein Kuchenblech zum Backen in einen nicht zu heißen Ofen.

503. Butter- oder Blätterteig.

Man nehme 1 Pfund gute Butter, 1 Pfund Weizen= mehl, 1 ganzes Ei und ¼ Liter Wasser, gut gemessen, und verfahre auf folgende Weise: die Butter wird in kaltem Wasser mit der Holzkelle gut durchgearbeitet, in eine Scheibe von der Größe eines Tellers geformt und mit einem Stück Eis in frisches Wasser gelegt. Das Mehl schüttet man in eine kalte Kasserolle, macht in der Mitte eine Vertiefung, schlägt das Ei und ein Stück Butter von der Größe eines Eies da hinein, vermischt dies mit dem Ei und etwas von dem angegebenen Wasser vermittelst eines Holzlöffels, gießt das übrige Wasser nach und nach dazu, arbeitet nun diesen Teig recht gut durch und schlägt ihn mit dem Holzlöffel an den Seiten der Kasserolle so lange hoch auf, bis er sich gänzlich von denselben ablöst. Dies geschieht nicht etwa auf dem Feuer; Blätterteig muß im Gegenteil so kalt wie möglich bereitet werden. Nun bepudert man ein Brett mit Mehl, nimmt den Teig aus der Kasserolle, formt mit den Händen einen runden Kloß davon, be= pudert diesen auch mit Mehl, drückt ihn breit und rollt ihn mit dem Rollholz wie eine große runde Schüssel gleichmäßig aus. Die Butter wird nun aus dem Wasser genommen, auf einer reinen Serviette abgetrocknet und in die Mitte des Teiges gelegt; diesen klappt man über der Butter zusammen, daß sie ganz eingehüllt ist, schlägt mit der Hand den Teig etwas fest, hebt ihn auf, bepudert das Brett von neuem, auch den oberen Teil des Teiges mit Mehl und rollt diesen nun von der Breite eines halben Bogens Papier, aber dreimal so lang, aus. Ist etwas Mehl auf der Oberplatte des Teiges geblieben, so klopft man es mit dem Zipfel einer Serviette ab, und das muß man jedesmal beim Ausrollen des Teiges wiederholen. Nun klappt man das Drittel des Teiges der Länge nach auf seine Mitte und das andere Ende auf das letztere, so daß er also in 3 Schichten daliegt, hebt ihn nun wiederum auf, bepudert das Brett mit Mehl, legt den Teig so darauf, daß die offenen Seiten, wenn sie vor und rückwärts ausgerollt sind, die Endpunkte bilden; rollt dann den Teig wie das erstemal aus, klappt ihn ebenso zusammen, rollt ihn wieder aus und fährt so fort, bis man ihn auf die angegebene Art sechsmal zusammengeklappt und gerollt hat. Klebt bei lauer Luft der Teig am Brett und am Rollholz fest, so macht man ihn jedesmal mit dem Messer rein ab. Beim Ausrollen muß man nicht sehr auf den Teig drücken und jedesmal die Teigplatte von der Mitte aus nach den beiden Enden zu gleichmäßig dick ausrollen. — Hat man kein Eis, muß man die Butter in recht kaltes Brunnenwasser legen und bei warmer Witterung den Teig im kühlen Keller bereiten.

504. Torte von Blätterteig mit Eingemachtem.

Man darf den Blätterteig nicht sehr beschweren, weil er an sich schon schwer ausbäckt, rollt man ihn daher wie einen halben Finger dick aus, so ist es am besten, ihn ohne Füllung zu backen. Ist dies geschehen, so schneidet man oben eine Platte ab, nimmt das Innere, nicht Ausgebackene, heraus, füllt diese Torte mit beliebigem Eingemachten und deckt die abgeschnittene Platte darauf. Will man aber den Boden einer Torte vor dem Abbacken mit Eingemachtem belegen, so muß man den Teig nur einen Messerrücken dick ausrollen; dann bestreicht man eine solche runde Platte mit Ei, Gelb und Weiß zusammengeschlagen, belegt sie mit Eingemachtem, läßt aber den Rand 2 Zentimeter breit frei; schneidet nun von dem übrigen Teig ¾ Zentimeter breite Streifen, belegt damit die Torte wie ein Gitter, und drückt die Streifen immer am Rande etwas fest. Hierauf legt man auf den Rand einen 2 Zentimeter breiten Streifen oder sogenannte Bande von demselben Teig; nachdem man auch die Endstücke der auf dem Rande liegenden Vergitterung mit Ei bestrichen hat, bestreicht man auch Bande und Gitter mit Ei, zieht den Bogen Papier, auf welchen man die Torte vor ihrer Zusammenstellung gelegt hat, mit derselben auf ein Backblech und bäckt sie ¼ Stunde lang in einem gut geheizten Ofen. Sowie sie anfängt gelb zu werden, nimmt man sie behutsam aus dem Ofen, bestreut sie mit gesiebtem Zucker, läßt sie noch so lange im Ofen stehen, bis er geschmolzen ist, nimmt dann die fertigglacierte Torte heraus und läßt sie kalt werden.

505. Apfeltorte von Blätterteig.

Man rollt den Teig einen Finger dick aus, legt eine so viel kleinere Schüssel, wie der Rand breit sein soll, darauf und schneidet mit einem Messer etwa ½ Zentimeter tief um diese Schüssel herum in den Teig, dann kann man nach dem Backen diesen Deckel leicht abnehmen, vorher bestreicht man die Torte mit Ei, wie oben. Den Deckel nimmt man mit einem flachen Fischanrichtelöffel ab, nimmt behutsam das nicht Ausgebackene aus der Torte heraus, füllt diese mit einer guten Marmelade von Aepfeln einen guten halben Finger dick und legt den glacierten Deckel wieder darauf.

506. Kleine Torten von Blätterteig.

Von dem wie ein Federkiel dick ausgerollten Blätterteig sticht man mit einem Ausstecher von Blech runde

Böden von der Größe eines Weinglases aus, bestreicht einen davon mit Ei und sticht einen andern mit einem kleineren Glase in der Mitte aus, legt diesen Kranz auf den ersten Boden, so daß dies Törtchen also in der Mitte eine Höhlung bekommt, bestreicht nun das Ganze wieder mit Ei, nimmt sie, sobald sie im Ofen hellgelb gebacken sind, heraus, bestreut sie gehörig mit Zucker, läßt sie im Ofen glacieren und verfährt ebenso mit den übrigen. Diese Törtchen füllt man nachher nach Belieben mit Creme oder Eingemachtem, oder füllt sie mit einem feinen Frikassee, um sie warm als Pasteten zu Tisch zu geben.

507. Schweizer Pfannkuchen.

Sie sind nichts andres als dieser Blätterteig, von dem man runde Kuchen aussticht, etwas Marmelade in die Mitte legt, sie dann zusammenklappt, etwas andrückt, mit Ei bestreicht und wie oben glaciert.

508. Zuckerschnitte von Blätterteig.

Den einen Federkiel dick ausgerollten Blätterteig schneidet man in etwa 14 Zentimeter lange und 3 Zentimeter breite Streifen, bäckt sie im Ofen hellgelb, schlägt Eiweis zu nicht steifen Schnee, vermischt diesen gut mit Zucker, bestreicht die Schnitte damit recht dick, streut feingeschnittene Mandeln darüber und läßt die Kuchen oder vielmehr diesen Guß im Ofen gelbbraun werden.

509. Dessauer Teekuchen.

1 Pfund gute fette Butter wird am Tage vor dem Backen des Kuchens gewaschen und wie eine Scheibe geformt, in kaltes Wasser gelegt und in den Keller gestellt. Am Backtage schüttet man 1 Pfund Mehl auf das Kuchenbrett, trocknet die kalte Butter ab und

krümelt ein Vierteil davon in das Mehl, in letzteres macht man eine Vertiefung und tut 4 ganze Eier, 65 Gramm Zucker und 1 Tassenkopf voll kalter süßer Sahne hinein. Hiervon knetet man einen festen Teig (so rasch wie möglich, damit er nicht von der Wärme der Hände weich wird); diesen rollt man aus, legt die Butter in die Mitte, klappt den Teig über, rollt ihn wieder aus und so fünfmal. Zum fünftenmal rolle ihn wie einen Messerrücken dick aus und lege ihn auf ein mit Mehl bestreutes Backblech. Hier ritze leicht mit einem Messer solche Streife lang und quer in den Teig, wie man nachher schneiden will. Dann steche mit einer silbernen Gabel, aber so tief, daß die Gabel das Blech berührt, reihenweise den Kuchen etwas durch, bestreiche ihn mit warmer Butter und schiebe ihn in den Backofen, wo er etwas rasche Hitze haben muß. Wenn er gut gelbbraun ist, bestreue ihn mit 130 Gramm Zucker, worunter 8 Gramm feingestoßener Zimt gemischt ist; schiebe ihn wieder in den Ofen, und ist der Zucker braun geworden, so ist der Kuchen gut. Man nehme sich in acht, daß der Kuchen bei der raschen Hitze nicht zu braun werde.

510. Aniskuchen.

8 ganze Eier werden mit 1 Pfund Zucker 1 Stunde gerührt, dann 1 Pfund Mehl dazu und etwas gestoßener Anis. Man rührt dies den Abend ein, und tut die kleinen Häufchen schon den Abend vorher auf das Blech und den andern Morgen werden sie gebacken.

511. Mürbe Teekuchen.

1 Pfund Butter wird ausgewaschen, in kaltes Wasser gelegt, um wieder recht steif zu werden. Auf das Kuchenbrett schüttet man 1 Pfund Mehl, macht eine Vertiefung hinein, tut 6 Eßlöffel voll Zucker, 2 ganze Eier und die Butter hinein. Dies knetet man rasch zu einem

festen Teig, macht eine oder mehrere Kugeln davon, rollt diese recht dünn aus, indem man etwas Mehl auf das Brett streut, auch das Rollholz damit abreibt, dann sticht man mit einem Weinglase kleine Kuchen aus, legt sie auf ein Backblech mit Mehl bestreut, bestreicht sie mit Ei, streut Zucker und gestoßene Mandeln darüber und läßt sie bei gelinder Hitze gelbbraun backen. Sollen diese Kuchen aufbewahrt werden, muß man sie heiß in eine Porzellanterrine oder ein großes Glas tun und fest zudecken. Von dem Mehl nimmt man so viel zum Ausrollen ab, auch behält man 1 Eiweis zum Bestreichen zurück. Auch kann man statt Mandeln nur grobkörnigen Zucker überstreuen.

512. Zimtröllchen.

½ Pfund Mehl, 125 Gramm Zucker, 3 Eier, 50 Gramm Butter, ½ Liter Milch, etwas abgeriebene Zitronenschale und gestoßenen Zimt; die Butter geschmolzen, dann alles untereinandergerührt und in einem mit Speck ausgestrichenen Kucheneisen gebacken (siehe auch Nr. 539).

513. Königskuchen auf andre Art.

1 Pfund Kartoffelstärke, 1 Pfund Zucker, 1 Pfund Butter, 10 Eier, die abgeriebene Schale einer Zitrone, 60 Gramm bittere Mandeln gerieben; die Butter wird zu Sahne gerührt, dann Eigelb und Zucker dazu und 1 Stunde gerührt; dann ganz zuletzt die Stärke und gleich den Schnee der Eier. In einer mit Butter ausgestrichenen und mit Semmel bestreuten Form 1 Stunde gebacken (siehe Nr. 498).

514. Tausendjahrkuchen.

130 Gramm Butter zu Sahne gerührt, 130 Gramm Mehl, 5 Eier, 130 Gramm Zucker, die abgeriebene

Schale einer Zitrone. Die Form wird mit Butter ausgestrichen und mit Semmel bestreut, sodann in gelinder Hitze gebacken.

515. Schneebälle.

½ Liter Wasser wird aufgesetzt mit einem Stückchen Butter wie eine Walnuß groß; wenn das Wasser kocht, schütte so viel Mehl unter beständigem Rühren dazu, wie irgend hineingeht und rühre es so lange auf dem Feuer, bis es von der Kasserolle losläßt, davon tut man den Teig in eine Schüssel, läßt ihn ein wenig stehen und rührt dann gleich 6 ganze Eier und 3 Eigelb hinein. Klöße wie eine Walnuß groß, werden mit einem Löffel in das heiße Fett getan und gelbbraun ausgebacken. Man nimmt halb Rinder= oder Hammeltalg und halb Butter oder Schmalz dazu. Die Schneebälle legt man erst auf Löschpapier und bestreut sie sehr reichlich mit Zucker (siehe auch Nr. 333).

516. Aufläufer.

¼ Liter Milch, ½ Pfund Butter, ¾ Pfund Mehl, werden zusammen abgebacken. Wenn es abgekühlt ist, tut man 35 Gramm Zucker und 10 ganze Eier hinzu. Dann werden ganz kleine Klößchen abgestochen und in halb Schmalz und halb Rinderfett gebacken, auf Löschpapier gelegt und mit Zucker bestreut. Hierzu kann man eine Obstsauce geben.

517. Englische Schnitte.

Rühre 1 Pfund Butter zu Sahne, tue 9 Eigelb, 1 Pfund geriebenen Zucker, 1 Pfund Mehl, etwas gestoßenen Zimt und Zitronenschale dazu und rühre alles gut untereinander; streiche einen Finger dick von dem Teig auf ein Blech, bestreue ihn mit geschnittenen Mandeln und kleinen Rosinen und backe ihn gelbbraun. Man schneidet den Kuchen in Streifen.

518. Obstkuchen.

Bereite den Mürbteig wie oben zu den Teekuchen angegeben, rolle eine beliebig große Platte, bestreiche sie mit Ei, damit der Rand, den man von dem dazu zurückgelassenen Teig in Streifen schneidet, oder wie eine kleine Rolle herumlegt, anklebt; backe diesen Kuchen auf dem mit Mehl bestreuten Blech gelbbraun, lege vorher eingezuckerte und geschmorte Kirschen, doch ohne Saft, darauf, bestreue sie noch gut mit Zucker und schiebe den Kuchen noch einmal in den Ofen, wo er ¼ Stunde bleiben muß. Denselben Teig belegt man mit Aprikosen, Pflaumen, Aepfeln und schmort das Obst in klargekochtem Zucker langsam gar. Rostocker Aepfel sind am besten hierzu zu verwenden. Man schält sie, sticht das Kernhaus aus und dämpft sie in geklärtem Zucker. Die Aepfel schneidet man kalt in Scheiben und belegt den Kuchen recht voll damit; die erkaltete Sauce wird Gelee, den man in Streifen schneidet und wie ein Gitter über die Aepfel legt.

519. Mürbteig auf andre Art.

1 Pfund Mehl, ¾ Pfund ausgewaschene Butter, ½ Pfund Zucker, 1 Ei und 1 Glas Rum oder Arrak; im übrigen ebenso geknetet und gerollt wie oben.

520. Reistorte.

Man bäckt eine große oder beliebige kleine Torten von Mürbteig, stellt einen etwas hohen Rand darauf; bäckt sie auf dem Blech im Ofen gelbbraun. Die Torte füllt man mit Ris à la Malte, überzieht diesen mit Zuckerguß und belegt sie nach Belieben mit Eingemachtem oder Apfelsinen, die man in 8 Teilchen reißt, ohne die innere feine Haut zu verletzen, und so in kochenden Zucker getaucht hat.

521. Zitronencremetorte.

Man bäckt die Torte wie oben und füllt sie mit der kalten Zitronencreme; deren Bereitung ist folgende: Zehn Eigelb mit dem Saft einer schönen Zitrone und 160 Gramm Zucker nebst etwas abgeriebener Schale werden 1 Stunde gerührt. Zuletzt den Schnee von 6 Eiern dazu und 33 Gramm Gelatine, die vorher in einem Glase Rheinwein aufgelöst war. Sobald die Torte kalt ist, füllt man die Creme hinein und stellt sie kalt. Diese Creme reicht für 2 Torten.

522. Apfelsinencremetorte.

Ganz wie die vorige Torte, nur bereitet man die Creme halb mit Apfelsinen und halb mit Zitrone und verziert sie mit Achtelstückchen der Frucht, die man in geklärten Zucker getaucht hat.

523. Sächsischer Kuchen.

Man nimmt dazu 1 Pfund feines Mehl, ¾ Pfund Butter, 50 Gramm Zucker, 3 Eigelb und 1½ Löffel Rum. Die Butter wird zu Sahne gerührt, das übrige nach und nach hineingetan, der Teig in der Stärke eines kleinen Fingers ausgerollt, mit Ei bestrichen, mit Zucker und Mandeln bestreut und im Ofen gelbbraun gebacken; oder man macht von Eiweiß und Zucker einen Guß darüber.

524. Brottorte.

Schneide grobes Roggenbrot in Scheiben, röste sie auf der Herdplatte, stoße sie klein und siebe sie durch. 8 Eigelb, ¾ Pfund Zucker und die abgeriebene Schale einer Zitrone; rühre ¾ Stunde lang, tue dann 130 Gr. von dem gesiebten Brote dazu, auch etwas gestoßenen Zimt und 6 Nelken, zuletzt das zu Schnee geschlagene

Eiweiß. Fülle eine mit Butter ausgestrichene Form ¾ voll und backe sie bei gelinder Hitze eine Stunde im Ofen.

525. Biskuit.

Man schlage 1 Pfund feingesiebten Zucker mit 11 ganzen Eiern und 11 Eigelb in einem großen Topfe mit einer Schaumrute eine Stunde lang. Ziehe alsdann ¾ Pfund Weizenmehl behutsam darunter, fülle diese Masse sogleich in eine ausgestrichene und mit Semmel bestreute Form von Blech und backe sie eine Stunde in einem nicht zu heißen Ofen hellgelb. Dies ist ein sehr gutes Biskuit, das man auch zu Mehlspeisen, z. B. zu der römischen Speise verwenden kann.

526. Zitronenbiskuit.

1 Pfund Zucker, ebensoviel Eier mit der Schale gewogen und zwei mehr, von diesen wird das Gelbe mit dem Zucker eine Stunde gerührt; dann kommt der Saft und die abgeriebene Schale einer schönen Zitrone dazu, löffelweise ½ Pfund Kartoffelstärke und zuletzt der Schnee der Eier; dann gleich in die ausgestrichene Form gefüllt und in dem nicht zu heißen Ofen etwa eine Stunde gebacken.

527. Mandelbiskuit.

Unter die oben beschriebene Masse tut man 200 Gramm feingeriebene süße Mandeln, worunter einige bittere sein müssen, und eine auf Zucker abgeriebene Zitronenschale und bäckt sie wie schon gesagt.

528. Biskuit mit Schokoladenguß.

Nachdem man das Biskuit gebacken und in beliebige Stücke geschnitten hat, überzieht man diese mit folgendem Guß: ½ Pfund feingesiebter Zucker wird mit so viel Eiweiß angefeuchtet, daß dies einen dicken Teig bildet, diesen rührt man in einem Porzellannapf mit einem Holzlöffel eine halbe Stunde lang; dann mischt man klargeschmolzene Schokolade so viel darunter, bis der Guß schwarzbraun aussieht und läßt ihn im Ofen trocknen. Die Schokolade reibt man und setzt sie mit ganz wenig Wasser aufs Feuer, rührt sie bis sie geschmolzen ist.

529. Zwieback von Biskuit.

Man bäckt diese Biskuitmasse wie Nr. 525, worin man noch 16 Gramm gut verlesenen Anis gestreut hat, in länglich viereckigen Formen. Ist sie erkaltet, schneidet man sie in Scheiben, wie ein kleiner Finger dick, und läßt diese auf einem Blech im Ofen ganz hellbraun rösten. Diesen Zwieback gibt man zum Wein.

530. Französischer Zuckerkuchen.

Man schlage ½ Pfund geriebenen Zucker, 6 Eigelb und 1 ganzes Ei ¾ Stunde lang, tue dann 60 Gramm feingeschnittene kandierte Orangenschale, 200 Gramm Mehl und den Schnee von 6 Eiern dazu; fülle diese Masse in die mit Butter ausgestrichenen Formen der Portugieserkuchen und backe sie langsam gar.

531. Prager Kuchen Nr. 2.

330 Gramm Mehl schüttet man auf ein Brett, macht eine Vertiefung und tut 4 Eigelb und 4 Löffel Sahne, die man vorher zusammenquirlt, hinein, rührt diesen Teig mit einem Löffel schnell zusammen und knetet dann mit den Händen 200 Gramm Butter, die vorher gewaschen und getrocknet ist, dazu. Diesen Teig rollt man, indem etwas Mehl auf das Brett gestreut wird, wie einen Messerrücken dick aus, sticht mit einem Wein=

glase kleine Kuchen ab und legt sie auf das Kuchenblech. Das Weiße der Eier wird unterdes mit 330 Gramm Zucker ganz weißgerührt, auf jeden Kuchen mit einem Löffel ein Häufchen davon aufgelegt. Darauf legt man noch 3 Stückchen feingeschnittene Mandeln und bäckt sie im Ofen gelbbraun. Diese Masse gibt etwa 70 Kuchen (siehe auch Nr. 490).

532. Schokoladenkuchen Nr. 1.

130 Gramm geriebene Schokolade, von 4 Eiern der Schnee, 200 Gramm Zucker und 60 Gramm Mehl werden gut durcheinander gerührt, teelöffelweise auf ein mit Butter bestrichenes Blech gelegt und schnell gebacken.

533. Schokoladenkuchen Nr. 2.

1 Pfund geriebener Zucker wird mit 6 Eiweiß eine Stunde geschlagen, 100 Gramm geriebene Schokolade und ½ Schote gestoßene Vanille dazugerührt, löffelweise auf das bestrichene Blech gelegt und bei wenig Hitze gebacken.

534. Baisers.

Der recht steifgeschlagene Schnee von 9 Eiern wird nach und nach mit 1 Pfund feingesiebtem Zucker durchschlagen; Papier auf ein Blech gelegt, darauf mit einem silbernen Löffel Häufchen gelegt und in einem Ofen, der höchstens 46 Grad Hitze hat, 1 Stunde gebacken. Sind sie dann schön semmelgelb, so nimmt man sie heraus und stellt sie recht warm, etwa oben auf den Ofen. Will man sie als Schalen benutzen, so drückt man noch warm eine Vertiefung hinein. Man füllt dann diese Schalen mit Schnee.

535. Waffeln Nr. 1.

1 Pfund Weizenmehl und 1 Pfund geschmolzene Butter schlage man mit der Kelle ½ Stunde lang, daß

es ganz schäumig wird; dann quirle man 8 Eier, tue sie allmählich zu der Masse und schlage es gut durcheinander, gieße nach und nach ¾ Liter warme Milch und zuletzt einige Löffel aufgelöste Hefe dazu, lasse den Teig aufgehen und backe sie in dem gut ausgestrichenen Waffeleisen; bestreue sie warm mit Zucker und Zimt.

536. Waffeln Nr. 2.

Man nehme 4 Tassenköpfe voll geschmolzene Butter, von der das Salz zurückgelassen ist und rühre sie kalt; dann schlage man von 8 Eiern das Gelbe, 8 Tassenköpfe voll Milch und 8 voll Mehl dazu. Das Weiße von den Eiern wird zu Schaum geschlagen und zuletzt, nebst der abgeriebenen Schale einer Zitrone, dazugetan. Der Teig darf nicht an das Feuer gesetzt werden. Man bäckt sie wie die Obigen.

537. Saure Sahnenwaffeln.

½ Liter saure Sahne wird zu Schaum geschlagen, von 12 Eiern das Gelbe, 125 Gramm Kartoffelmehl, ½ Pfund feines Weizenmehl, 125 Gramm Butter, das Weiße der Eier, zu Schnee geschlagen, dazugerührt. Sobald sie aus dem Waffeleisen kommen, werden sie reichlich mit Zucker und Zimt bestreut.

538. Kalte oder Eisenwaffeln.

8 Eigelb und 1 Liter süße Sahne quirle gut durcheinander, tue ½ Pfund Zucker, gestoßenen Kardamom, Zimt und von einer Zitrone die abgeriebene Schale und zuletzt 1 Pfund Weizenmehl dazu. Wenn der Teig gut durchgerührt ist, backe ihn in einem Zimtröllcheneisen, welches vorher auf beiden Seiten warmgemacht und mit einer Speckschwarte bestrichen worden ist. Es muß nur so viel Teig in das Eisen getan werden, daß es bedeckt ist, denn die Kuchen dürfen nicht dick sein. Sobald sie

braun sind, wickelt man sie, in dem Eisen liegend, auf ein rundes Holz, tut sie gleich in eine verschlossene Büchse und hebt sie am warmen Orte auf. Man kann diesen Teig auch in ganz kleinen Waffeleisen backen.

539. Zimtröllchen.

125 Gramm Butter werden zu Sahne gerührt, 125 Gramm Zucker, ebensoviel Mehl, 3 Eier, 80 Gramm feingestoßener Zimt und die Schale einer Zitrone dazugerührt; der Teig im Zimtröllcheneisen gebacken und heiß gerollt (siehe auch Nr. 512).

540. Aufläufer zur Suppe.

Lege ½ Pfund Butter, recht gut ausgewaschen, daß kein Salz darin bleibt, in ¼ Liter Wasser (reichlich), setze es aufs Feuer und wenn es kocht, schütte unter beständigem Rühren ½ Pfund feines Weizenmehl dazu und rühre es auf gelindem Feuer, bis das Mehl gar ist; dann tue es in eine tiefe Schüssel, und wenn es kalt ist, schlage 9 Eier hinein, tue auch Muskatblüte dazu. ½ Stunde muß dieser Teig noch gerührt werden; dann nimmt man ein Backblech, bestreut es mit Mehl, setzt Häufchen wie eine Walnuß groß von dem Teig darauf und bäckt sie schön gelbbraun.

541. Aufläufer oder Windbeutel.

1 Liter Milch, 1 Pfund Butter, 125 Gramm Zucker werden zusammen aufgesetzt, und wenn dies kocht, 1¼ Pfund Mehl hineingetan und so lange gerührt, bis sich der Teig von der Kasserolle löst, und noch etwas länger, denn wenn das Mehl nicht recht gar ist, gehen die Kuchen nicht auf. Der Teig wird in eine tiefe Schüssel getan, und wenn er abgekühlt ist, 20 Eier dazugeschlagen und tüchtig ½ Stunde lang gerührt. Das Blech wird mit Butter bestrichen und mit Mehl

bestreut, dann Häuschen von dem Teig darauf gesetzt und mit feingestoßenen Mandeln und Zucker bestreut; 100 Gramm Mandeln gebraucht man dazu. Bäckt man diese Kuchen klein, so gibt es über 100 Stück. Man gibt sie dann zum Kaffee. Bäckt man sie größer, so schneidet man sie durch und füllt sie mit geschlagener Sahne oder Creme.

542. Windbeutel.

¼ Liter Wasser, 60 Gramm Zucker und 200 Gramm Butter werden in einer Kasserolle gekocht, 200 Gramm Mehl dazugetan und so lange auf dem Feuer gerührt, bis sich die Masse gut ablöst. In einer Schüssel erkaltet, rührt man 6 Eigelb und die abgeriebene Schale einer Zitrone dazu. Dann setzt man mit einem Löffel Häufchen auf ein mit Butter bestrichenes Blech und läßt sie sogleich in mäßiger Hitze gelbbraun backen; dann in der Nähe des Ofens erkalten, damit sie recht hoch bleiben und bestreut sie mit Zucker und Zimt.

543. Schürzkuchen Nr. 1.

Tue 12 Eigelb, einen Tassenkopf voll süßer Sahne, ½ Tassenkopf voll rein abgeschmolzener Butter (nicht heiß), 125 Gramm Zucker und die abgeriebene Schale einer Zitrone in einen Napf, rühre es gut mit der Kelle und gib so viel Mehl hinein, daß es ein fester Teig wird; streue Mehl auf ein Backbrett, lege ein Stück Teig darauf und rolle es so dünn, wie nur irgend möglich, aus. Davon schneide mit dem Küchenrädchen Streifen, etwa zweifingerbreit und eineinhalbfingerlang, ritze mit dem Rade ein Loch in die Mitte und schürze das eine Ende des Streifens durch dieses Loch, lege die so zubereiteten Kuchen einstweilen auf ein mit Mehl bestreutes Brett. Inzwischen wird eine flache Kasserolle oder ein eiserner Tiegel mit Rinderfett, oder halb Butter halb Schmalz, aufgesetzt, und wenn das Fett heiß ist, von den Kuchen so viele hineingelegt, wie Platz nebeneinander haben, und gelbbraun ausgebacken. Mit der Schaumkelle herausgenommen, auf Löschpapier gelegt; dann auf die Schüssel und mit Zucker bestreut. Es ist gut, 2 Löffel voll Spiritus vor dem Backen in das Fett zu gießen, doch nicht auf dem Feuer, denn das Fett steigt dabei in die Höhe und läuft über.

544. Schürzkuchen Nr. 2.

Man rühre 35 Gramm Butter zu Sahne, tue 4 Eigelb, 6 Löffel süße Sahne, 7 Löffel Zucker und so viel Mehl, daß sich der Teig recht dünn ausrollen läßt, dazu. Im übrigen wie oben.

545. Spritzkuchen.

Man stelle 1 Liter Milch in einer Kasserolle aufs Feuer, wenn sie kocht, rühre allmählich 1 Pfund und 60 Gramm feines Mehl dazu; unter beständigem Rühren muß dieses recht gar werden. Dann tue den Teig in eine tiefe Schüssel, und wenn er kalt ist, schlage nach und nach 18 ganze Eier dazu. Die abgeriebene Schale einer Zitrone rührt man zuletzt hinein; dann setzt man Rinderfett aufs Feuer, und wenn es heiß ist, fülle man die Kuchenspritze mit dem Teig und spritze die Kuchen hinein, indem man die Spritze so führt, wie man die Kuchen haben will, runde Kringel oder wie eine 8 geformt. Sind sie gelbbraun, legt man sie erst auf Löschpapier und bestreut sie dann mit Zucker. Von derselben Masse bäckt man die Schneebälle, indem man mit dem Löffel runde Klöße absticht. Wie schon oben gesagt, tut man Spiritus in das Fett.

546. Pfannkuchen Nr. 1.

Rühre abends vor dem Backen 50 Gramm trockene Hefe in einem Topf mit ¼ Liter Milch klar und stelle ihn warm. Nun werden ¾ Pfund Butter geschmolzen und zu Sahne gerührt, 125 Gramm Zucker, eine abgeriebene Zitronenschale, 4 ganze Eier, 8 Eigelb, 1 Pfund Mehl und die Milch mit der Hefe dazugerührt. Diesen Teig deckt man in dem Napf, worin er bereitet ist, mit einem Tuch zu und stellt ihn in die Nähe des warmen Ofens. Am andern Morgen rollt man den Teig aus, wobei man noch etwas Mehl einkneten muß, aber so wenig wie möglich, er darf nicht zu steif sein, und sticht mit einem Bierglase die Kuchen ab, belegt einen jeden in der Mitte mit einem Teelöffel voll recht starker und süßer Marmelade von Himbeeren, klappt den Kuchen zu und drückt den Teig am Rande etwas fest. Will man sie rund haben, legt man Teig über die Marmelade und sticht dann erst, aber mit einem Weinglase, ab. So legt man die Kuchen auf ein Brett, nahe dem warmen Ofen, und läßt sie nochmals aufgehen, was in einer halben Stunde geschieht; dann bäckt man sie in heißem Fett, halb Butter halb Talg oder Schmalz, schön braun. Man nimmt sie mit dem Schaumlöffel heraus und legt sie, wie all dieses Gebäck, erst auf Löschpapier und bestreut sie mit Zucker.

Verwendet man Schmalz zum Ausbacken, so versteht es sich von selbst, daß es rein ausgelassenes sein muß, nicht mit Majoran und Zwiebeln bereitetes.

Es muß stets so viel Fett in dem Gefäß sein, daß die Kuchen schwimmen. Spiritus darf in dem Fett nicht vergessen werden.

547. Pfannkuchen Nr. 2.

Man nehme knapp 2 Pfund Mehl, ½ Pfund Butter, das Gelbe von 8 Eiern, 125 Gramm Zucker, 30 Gramm gestoßene süße Mandeln, 80 Gramm trockene Hefe oder 3 Tassenköpfe voll dicker Weißbierhefe, etwas Salz und drei Achtel Liter Milch und verfahre damit wie folgt:

Nachdem man die trockene Hefe mit etwas lauwarmer Milch klargerührt hat, tut man zwei Hände voll von dem abgewogenen Mehl, sowie etwas von der angegebenen Menge Milch dazu, arbeitet dies mit dem Holzlöffel zu einem nicht zu festen Teig zusammen und stellt diesen an einen warmen Ort, damit er sich hebe. Unterdessen rührt man die Butter mit dem Gelben der Eier, dem gestoßenen Zucker und dem Salz zu Sahne, schüttet nach und nach von dem Mehl dazu und gießt die Milch ebenfalls nach und nach darauf. Ist dies geschehen, so tut man den aufgegangenen Stellteig hin= ein, arbeitet dann alles zusammen, stellt ihn dann an einen nicht zu warmen Ort, damit er sich langsam hebt, was binnen 2 Stunden geschehen kann, und formt dann die Kuchen, wie bei den vorigen angegeben.

548. Stollen.

3½ Liter Mehl, 1½ Pfund Butter, 120 Gramm Hefe in lauwarmer Milch aufgelöst, 1 Pfund große Rosinen, 125 Gramm kleine Rosinen, die Schale einer Zitrone, ½ Pfund gestoßene süße Mandeln, Milch so viel, daß der Teig gut fest bleibt, ¾ Pfund Zucker, 6 ganze Eier; die Eier und die Hefe mit lauwarmer Milch werden zu einem festen Teig gerührt, etwas von dem Mehl bleibt zurück, man streut es über und legt die Butter in Stückchen darauf, setzt den Teig an einen warmen Ort, und wenn er gegangen und die Butter ganz eingesunken ist, dann wird der Teig tüchtig mit der Kelle durchgeschlagen, daß sich Butter und alles ver= einigt, dann tut man den Teig auf ein mit Mehl bestreutes Brett, formt eine dicke längliche Platte davon, daß, wenn man diese zusammenklappt, sie die Form eines Brotes erhält; auf diese Platte streut man nun die Rosinen, Mandeln, Zitronen und Zucker, von dem etwas zum Ueberstreuen bleibt. Ist alles ausgestreut, klappt man ihn zusammen, legt ihn auf ein Blech zum Aufgehen, wozu er an einen warmen Ort gestellt wird. Ist er aufgegangen, streicht man zerlassene Butter über und bäckt ihn 1 Stunde gut bräunlich. Sowie die Stollen aus dem Ofen kommen, werden sie gleich wieder mit Butter bestrichen und viel Zucker darüber gestreut.

549. Napfkuchen Nr. 1.

Man macht den Teig wie zu den Pfannkuchen Nr. 2, vermischt ihn mit ½ Pfund ausgekernten Rosinen, 125 Gramm Korinthen, abgeriebener Zitronenschale und 60 Gramm kleingeschnittener, kandierter Orangenschale. Die Napfkuchenform wird mit Butter ausgestrichen, mit langgeschnittenen Mandeln ausgestreut, dann mit dem Teig ¾ voll gefüllt. Ist der Teig dann langsam aufgegangen, wird der Kuchen eine Stunde gebacken.

550. Napfkuchen Nr. 2.

1 Pfund Butter wird zu Sahne gerührt. 50 Gramm trockene Hefe mit etwas lauwarmer Milch und ein wenig Zucker in einem Topf klargerührt und warmgestellt, aber ja nicht heiß. Zu der Butter tut man ½ Pfund Zucker, 8 ganze Eier, 2 Pfund Mehl, die abgeriebene Zitronenschale und dann die aufgegangene Hefe, 1 Pfund große Rosinen, und arbeitet die Masse gut durch. Der Teig muß ziemlich steif bleiben; das Maß der Milch, etwa 1½ Tasse und lauwarm, kann man nicht genau angeben, weil das Mehl verschieden quillt. Der Teig wird dann zugedeckt, an einen gut geheizten Ofen gestellt und braucht mehrere Stunden zum Aufgehen. Ist er aufgegangen, streicht man die Form mit Butter aus, streut Mandeln hinein und füllt sie mit dem Teig ¾ voll. Dann läßt man ihn nochmals aufgehen, daß sich die Formen füllen und bäckt ihn 1 Stunde.

551. Gewöhnlicher Napfkuchen.

1 Pfund Butter zu Sahne gerührt, 5 bis 6 Eier, ½ Pfund Zucker, 3½ Liter Mehl, 100 Gramm auf=

gelöste Hefe, Rosinen nach Belieben, etwas abgeriebene Zitronenschale oder einige Tropfen Zitronenöl, Milch so viel, daß es ein steifer Teig bleibt. Zu diesem Kuchen kann man sehr gut etwas Schweineschmalz unter die Butter nehmen. Die Bereitung ganz so, wie schon oben gesagt.

552. Abgeriebener Napfkuchen.

Es gehört dazu: 1 Pfund Mehl, ½ Pfund Butter, 10 ganze Eier, 100 Gramm Zucker, 33 Gramm trockene Hefe, 125 Gramm Korinthen, etwas Salz, 1 abgeriebene Zitronenschale und 60 Gramm feingeschnittenes Zitronat. Die Butter wird den Tag vorher abgeschmolzen und zu Sahne gerührt, dann kommt unter stetem Rühren 1 Löffel Mehl, 1 Ei, sowie die mit lauwarmer Milch klargerührte Hefe nach und nach dazu. Sind Mehl, Eier und Hefe hinein verrührt, tut man die übrigen Bestandteile dazu. Im ganzen muß der Kuchen 1 Stunde gerührt werden; nun füllt man die mit Butter ausgestrichene Form damit halb voll, läßt den Teig recht langsam in der Form aufgehen und bäckt diesen Kuchen in einem nicht zu heißen Ofen wie den Napfkuchen.

553. Streuselkuchen.

Man macht den Hefeteig wie zu den Pfannkuchen Nr. 2, rollt ihn auf einem mit Mehl bepuderten Blech einen halben Finger dick aus, macht rings herum einen Rand, läßt den Teig aufgehen, rührt unterdessen zu einem solchen Blechkuchen 125 Gramm geklärte Butter mit 60 Gramm Mehl, 125 Gramm Zucker und 125 Gramm gewiegte Mandeln zu einer flüssigen Masse, überzieht mit derselben den indes aufgegangenen Kuchen einen Messerrücken dick und bäckt ihn so im Ofen gelbbraun.

554. Braunschweiger Kuchen.

Zu dem Pfannkuchenteig Nr. 2 tut man ½ Pfund Rosinen, 125 Gramm Korinthen, 1 abgeriebene Zitronen=

schale, etwas feingeschnittenes Zitronat und 30 Gramm geriebene süße Mandeln, rührt alles gut durcheinander, rollt auf einem mit Mehl bestreuten Blech den Teig einen halben Finger dick aus, macht einen Rand herum, läßt den Teig aufgehen, bepflückt ihn mit frischer Butter, bestreut ihn dick mit Zucker und bäckt ihn in einem gut geheizten Ofen, so daß er eine schöne Glasur bekommt.

555. Große Brezel.

Denselben Teig wie zu den obigen Kuchen rollt man, nachdem er aufgegangen, wie eine lange Wurst, an beiden Enden etwas dünner, legt davon auf ein mit Mehl bestreutes Blech eine Brezel in die gehörige Form, läßt sie wieder aufgehen, bestreicht sie dann mit zerlassener Butter und läßt sie in nicht zu heißem Ofen eine Stunde backen. Sobald sie herausgenommen, bestreicht man sie gut mit Eiweißschnee, darauf streut man feingeschnittene Mandeln und dann feingeriebenen Zucker recht dick und schiebt sie noch etwas in den Ofen.

556. Butterbrezel.

1½ Pfund Mehl, ¼ Liter Milch, 6 Eier und 40 Gramm trockene Hefe in lauwarmer Milch klargerührt und nebst einem Löffel voll Zucker aufgehen lassen. Mehl, Milch und Eier werden zusammengerührt, die Hefe dazu; dann wird der Teig an den Ofen gestellt und muß ein paar Stunden gehen. Nun legt man ihn auf ein mit Mehl bestreutes Brett, rollt ihn ganz platt, streicht ¾ Pfund Butter, die in der warmen Stube gestanden, darüber, klappt ihn zusammen, rollt ihn wieder auseinander, bestreut ihn mit ½ Pfund großen Rosinen, klappt ihn wieder zusammen und formt nun die Brezel; legt sie auf ein mit Mehl bestreutes Blech und läßt sie noch etwas aufgehen. Dann bestreicht man sie mit einem gequirlten Ei, bestreut sie mit 125 Gramm lang=

geschnittenen Mandeln und darüber mit einem Tassen=
kopf voll Zucker, worunter etwas Zimt gemischt ist. Eine
Stunde muß sie backen.

557. Kirschkuchen von Hefeteig.

Den Teig zu den Pfannkuchen Nr. 2 rollt man auf
einem mit Mehl bestreuten Brett aus, formt einen Rand
herum, läßt ihn nochmals aufgehen, bestreut ihn dick
mit Zucker und belegt ihn reichlich mit sauren Kirschen,
welche man, nachdem sie ausgesteint, etwas ausgedrückt
hat; bestreut diese wiederum stark mit Zucker und bäckt
den Kuchen im Ofen gar.

Alle diese auf einem Blech gebackenen Kuchen müssen
immer so wie sie aus dem Ofen kommen, von dem Blech
abgenommen werden; das geht am besten, wenn man
ein kaltes Blech unter den Kuchen schiebt und ihn dann
von demselben auf eine Kuchenschüssel ohne Rand be=
hutsam gleiten läßt, worauf man ihn nochmals mit Zucker
bestreut.

Denselben Teig benutzt man zu ungeschältem Pflau=
men= und Apfelkuchen, ebenso zu Mohn= und Käsekuchen.
Den Mohn reibt man, etwa ½ Liter, in der Reibesatte
mit etwas süßer Sahne, rührt 2 ganze Eier und 2 Ei=
gelb und den nötigen Zucker nebst einigen geriebenen
bitteren Mandeln dazu; wenn man es liebt, auch Korin=
then, belegt den aufgegangenen Kuchen damit und bäckt
ihn im Ofen gar.

Den frischen weißen Käse reibt man auch mit einigen
Eiern und ein paar Löffeln süßer Sahne in der Satte,
versüßt ihn gehörig, vermischt ihn mit Korinthen und
füllt ihn über den aufgegangenen Kuchen.

558. Schwedisches Teebrot.

Man nehme 1 Pfund Mehl, 125 Gramm Butter,
etwas Salz, 60 Gramm Zucker, 30 Gramm trockene
Hefe und ¼ Liter Milch.

Mehl, Salz und Zucker tut man in eine tiefe Schüssel, läßt die Butter in der Milch warm werden, rührt hiermit das Mehl von der Mitte aus nach und nach zusammen, tut dann die mit Milch klargerührte Hefe dazu; arbeitet diesen Teig mit einem Holzlöffel tüchtig zusammen, bis er sich von der Schüssel loslöst, bestreut den Teig mit etwas Mehl und stellt die Schüssel an einen warmen Ort, damit er langsam aufgeht. Ist dies geschehen, formt man längliche Brote, legt sie in einiger Entfernung auf ein mit Mehl bepudertes Blech, läßt sie nochmals aufgehen, bestreicht sie mit Ei, welches mit etwas Milch gequirlt ist, und bäckt sie in nicht zu heißem Ofen. Sie sind auf dem Lande sehr angenehm, da man sie 6 bis 8 Tage aufbewahren kann.

559. Zwieback Nr. 1.

Von dem oben beschriebenen Hefeteig formt man fingerlange und ebenso dicke Rollen, legt sie auf ein mit Mehl bestreutes Blech dicht nebeneinander, läßt sie etwas aufgehen, bestreicht sie dann mit etwas geschmolzener Butter oder mit Ei in Milch gequirlt und bäckt sie hellgelb ab. So kann man den Zwieback vorrätig haben und ihn nach Bedarf in halbfingerbreite Scheiben schneiden, die man nebeneinander auf ein Blech legt und in einem gut geheizten Ofen gelbbraun röstet. Bestreicht man diesen Zwieback vor dem Rösten mit Butter und streut Zucker und gestoßene Mandeln darüber, so erhält man ein sehr angenehmes Kaffeegebäck.

560. Zwieback Nr. 2.

350 Gramm Mehl, ¼ Liter Milch, 125 Gramm Butter, 2 Eier, 34 Gramm Hefe, ein wenig Salz und 34 Gramm Zucker. Die Hefe wird mit ganz wenig Milch, ein wenig Mehl und ½ Teelöffel Zucker warmgestellt zum Aufgehen. Dann stellt man die Milch, Zucker und Butter aufs Feuer; ist es warm, aber ja

nicht heiß, dann rührt man Eier, Mehl und Milch, auch die Hefe zusammen, formt auf einem mit Mehl bestreuten Brett Kugeln wie eine Walnuß groß; legt dieselben auf ein Blech, läßt sie gut aufgehen und bäckt sie. Dann werden die Zwiebacke durchgeschnitten und gleich geröstet. Will man diese Zwiebacke fetter haben, nimmt man 20 Gramm Butter mehr dazu.

561. Runde oder lange Zwiebacke.

Man nimmt 2½ Pfund Mehl, ½ Liter Milch, ½ Pfund Butter, ½ Pfund Zucker, 2 ganze Eier und 3 Eigelb und 70—80 Gramm Hefe. Die Hefe wird mit Milch und Mehl zu einem leichten Teig gerührt und man läßt es ein wenig gehen. Unterdessen rührt man die Butter zu Sahne, tut dann 2 ganze Eier und 3 Eigelb, wie auch den Zucker hinzu, und wenn der Teig gegangen, arbeitet man alles gut durcheinander und schlägt den Teig so lange, bis er fein und blasig wird. Dann läßt man ihn aufgehen, wozu vielleicht 1 Stunde erforderlich ist. Nun gibt man dem Teig die gehörige Festigkeit mit dem übrigen Mehl, formt dann die Zwiebacke entweder in runde Häufchen oder in Form eines ganz schmalen langen Brotes, läßt sie nochmals gehen, bestreicht sie mit Butter und Ei und bäckt sie bei mäßiger Hitze. Wenn man die Zwiebacke gebrauchen will, durchschneidet man die runden Häufchen und die lange Form schräg und lasse sie bräunlich auf beiden Seiten rösten.

562. Kümmelstangen.

½ Pfund Mehl wird mit 16 Gramm Hefe und etwas lauer Milch zu einem sogenannten Hefenstück geformt und zum Aufgehen an einen warmen Ort gestellt; ist es gut aufgegangen, knetet man es mit noch ½ Pfund Mehl, 125 Gramm Butter und einem Eigelb zu einem leichten Teig, aus dem man Stangen formt, die mit Eigelb und Wasser bestrichen, mit Salz und Kümmel bestreut und im Ofen gebacken werden.

563. Geriebener Napfkuchen Nr. 1.

Wasche 1 Pfund gute Butter aus, reibe sie zu Sahne, tue 200 Gramm Zucker dazu und rühre es; dann nimm von 16 Eiern das Gelbe, von 1 Zitrone die abgeriebene Schale, und wenn dies alles wieder gut durcheinandergerührt ist, tue 33 Gramm in wenig lauwarmer Milch klargerührte trockene Hefe und 1¼ Pfund Weizenmehl dazu, rühre es wieder gut, wenigstens ¼ Stunde. Nun schlage das Weiße der 16 Eier zu Schnee, mische ihn mit dem Teig, streiche eine Napfkuchenform mit Butter aus, tue die Masse hinein, lasse sie aufgehen, dann im Backofen 1 Stunde backen. Die Form darf nur wenig über halb voll sein. Diese Masse gibt einen großen Kuchen.

564. Geriebener Napfkuchen Nr. 2.

1 Pfund Butter zu Sahne gerührt, ½ Pfund Zucker, 60 Gramm geriebene Mandeln, worunter einige bittere, 16 Eigelb, 1 Zitronenschale, 3 Gramm trockene Hefe, 1 Pfund Mehl, der Schnee der 16 Eier, zubereitet wie der vorige Kuchen.

565. Ischeler Röhrchen.

½ Pfund Mehl wird mit 125 Gramm Butter und ½ Tassenkopf kaltem Wasser zu einem steifen Teig geknetet. Das Backbrett wird leicht mit Mehl bestreut und der Teig ganz dünn ausgerollt, in fingerlange und fast ebenso breite viereckige Stücke geschnitten, dann mit Eiweiß bestrichen und leicht zusammengerollt. Aeußerlich auch mit Eiweiß bestrichen und dann mit etwas Kümmel und Salz bestreut. So legt man die Röhrchen auf ein Backblech und bäckt sie im Ofen gelbbraun. Es ist zum Tee und Kaffee ein sehr angenehmes Gebäck. Sie müssen frisch gegessen werden und schmecken sehr gut.

566. Mörserkuchen.

Man macht von 7 Eigelb, ¼ Liter Sahne, etwas Zucker und 1 Pfund Mehl einen Teig, den man dünn ausrollt und in kleine eckige Stücke schneidet, alsdann in abgeklärter Butter garbrät. Nun läutert man 1½ Pfd. Zucker und tut 200 Gramm länglich geschnittene Mandeln, 125 Gramm Zitronat, etwas gestoßene Nelken und Zimt und dann die in einem Napf zerriebenen kleinen Kuchen hinein. Diese Masse drückt man fest in eine Form, worin sie eine Nacht stehen bleibt und dann umgestürzt wird. Sollte sich der Kuchen nicht gut umstürzen lassen, so stellt man die Form einige Augenblicke in heißes Wasser. Eine blecherne Mehlspeisen= oder Kuchenform ist hierzu passend. Ein Zuckerguß darüber= gestrichen verziert den Kuchen.

567. Gewürzkuchen.

½ Pfund Butter wird zu Sahne gerührt, ½ Pfund Zucker, 2 ganze Eier, 8 Gramm Zimt, 4 Gramm Kardamom, 10 Nelken, ein wenig Muskatblüte, ganz wenig Ingwer und ¾ Pfund Mehl dazugetan. Wenn alles gut verrührt ist, tut man den Teig auf ein Backblech, das weder mit Butter bestrichen, noch mit Mehl bestreut ist, und streicht ihn mit einem in heißes Wasser getauchten breiten Messer glatt. Ist der Kuchen gelb= braun gebacken, schneidet man ihn auf dem Blech in Stücke, etwa fingerlang und zweifingerbreit; der Kuchen muß nur wie ein guter Messerrücken dick aufgestrichen werden. In einem gut zugedeckten Gefäß kann man ihn längere Zeit aufbewahren.

568. Französischer Pfefferkuchen.

Die zu verschiedenen Pfefferkuchen nötige Pottasche wird folgendermaßen vorbereitet, ehe man sie zu dem Teig mischt: 60 Gramm Pottasche rührt man in einem Tassenkopf mit Wasser durch, läßt sie so 1 Stunde lang stehen, gießt alsdann das Wasser behutsam ab, rührt die Pottasche nun mit etwas Arrak oder Wasser klar und tut sie so in den Teig. ¾ Pfund süße, 50 Gramm bittere Mandeln werden gebrüht, abgezogen und 1 Schote Vanille mit etwas Zucker feingestoßen, 8 Gramm Nelken, 8 Gramm Kardamom, 16 Gramm Zimt, alles feingestoßen, die Schale einer Zitrone abgerieben. Nun setzt man 1½ Pfund Honig in einer Kasserolle aufs Feuer, tut 2 Pfund feingestoßenen Zucker dazu und läßt dies zusammen recht klarkochen; dann gießt man es in eine tiefe Schüssel, tut gleich unter beständigem Rühren 2 Liter Mehl (knapp) dazu und rührt es so lange, bis es ganz steif wird. Inzwischen tut man auch die Gewürze und Mandeln nebst einem Teelöffel voll Pottasche, wie oben gesagt, aufgelöst, hinein. Dann wird das Backbrett mit Mehl bestreut, der Teig dünn ausgerollt und mit einem großen Glase ausgestochen. Diese Kuchen legt man auf ein mit Speck bestrichenes Blech und läßt sie in sehr gelinder Hitze backen. Sie müssen an einem warmen Ort zugedeckt aufbewahrt werden, sonst werden sie weich. Schon weich gewordene Kuchen kann man in der Ofenröhre wieder knusprig machen. Die angegebene Portion gibt eine Menge Kuchen. Der Teig kann den Tag vor dem Backen bereitet werden.

569. Französischer Pfefferkuchen, lockerer.

4 Liter Weizenmehl werden mit 1½ Pfund süßen und 60 Gramm bitteren Mandeln, welche feingerieben werden, vermischt, 3 Pfund Honig aufs Feuer gesetzt, und wenn er kocht, 3½ Pfund Zucker löffelweise dazugetan, dann kochend zu dem Mehl gegossen, 16 Gramm

Zimt, 16 Gramm Nelken, 8 Gramm Kardamom, feingestoßen, und die abgeriebene Schale von 2 Zitronen dazugerührt, dann 60 Gramm Pottasche, wie oben aufgelöst, recht tüchtig mit dem Teig durchgearbeitet; man rollt ihn wie einen Messerrücken dick aus, sticht ihn mit einem Wasserglase aus und bäckt ihn wie oben gelbbraun. Die Masse gibt ungefähr 200 Pfefferkuchen.

570. Pfefferkuchen.

1 Liter Honig, 2 Liter Weizenmehl, 100 Gramm geriebene Mandeln, 18 Nelken mit 1 Eßlöffel voll Zimt, gestoßen, die Schale einer abgeriebenen Zitrone, 60 Gr. kandierte Pomeranzenschale, feingeschnitten, alles tüchtig mit der Kelle durchgearbeitet; um dies zu können, muß man den Honig vorher heißmachen, er ist sonst zu steif. Ein Blech wird gut mit Mehl bestreut und der Teig zweifingerdick daraufgestrichen, ½ Stunde an einen warmen Ort gestellt und in nicht zu heißem Ofen, etwa 1½ Stunde, langsam gebacken (siehe auch Nr. 577).

571. Pfeffernüsse.

1 Pfund Honig, 125 Gramm Kochzucker, 125 Gramm Butter, Gewürz nach Belieben, 1 Teelöffel voll Pottasche, Mehl soviel man hineinkneten kann. Der Teig muß 1 Tag stehen, dann macht man fingerdicke Rollen, schneidet die Nüsse davon ab, legt sie auf ein mit Mehl bestreutes Blech und bäckt sie in gelinder Hitze im Ofen.

572. Stralsunder Pfeffernüsse.

2 Pfund Sirup und 2 Pfund Zucker werden gekocht, 50 Gramm gereinigte Pottasche, wie oben gesagt, aufgelöst dazugetan; 5 Pfund Weizenmehl schüttet man in eine tiefe Schüssel, pflückt 200 Gramm Butter darunter und gießt den kochenden Sirup und Zucker darüber und

rührt es tüchtig durch. Dann stößt man 8 Gramm Nelken, ebensoviel englisch Gewürz, 16 Gramm Zimt, 8 Gramm Kardamom, 4 Gramm Muskatblüte, reibt 2 Zitronen ab, und knetet dies alles in den Teig, von dem man fingerdicke Rollen macht, die Nüsse abschneidet und in mäßiger Hitze bäckt.

573. Weiße Pfeffernüsse.

4 ganze Eier werden gerührt und mit 1 Pfund Zucker und 1 Pfund Mehl gut durchknetet; dann tut man Zitronenschale, gestoßenen Zimt und Kardamom dazu, knetet es tüchtig durch, formt fingerdicke Rollen, schneidet die Nüsse davon, legt sie auf ein Blech und bäckt sie bei mäßiger Hitze.

574. Zuckernüsse.

1 Pfund Zucker, 1 Pfund Mehl, 8 ganze Eier, Kardamom nach Belieben, 1 Messerspitze Hirschhornsalz, alles zusammengeknetet, aber nicht zu viel gerührt, damit der Teig nicht zu dünne werde. Dann wird das Blech mit Butter bestrichen, der Teig in kleinen Häufchen daraufgelegt und bei mäßiger Hitze rasch gebacken.

575. Zuckernüsse auf andre Art.

1 Pfund Zucker, 1 Tasse Sahne, ½ Tasse Milch, für 10 Pfg. Hirschhornsalz, 3 Eier und so viel Mehl, daß der Teig fest wird, alles zusammengerührt, mit einem kleinen Glase Nüsse ausgestochen und langsam gebacken.

576. Thorner Pfefferkuchen.

1 Pfund Honig wird mit 1 Pfund Zucker klargekocht, dann läßt man ihn abkühlen (lauwarm), tut 1 Pfund geschnittene Mandeln, 16 Gramm, wie angegeben, aufgelöste Pottasche, 8 Gramm feingestoßenen Zimt, 12 Nelken,

8 Gramm Kardamom, eine halbe Muskatnuß und 12 weiße Pfefferkörner dazu und rührt 1 Pfund Roggenmehl hinein, so daß dies ein lockerer Teig wird, zu welchem man, falls er zu dünn sein sollte, noch etwas Mehl tun muß. Diesen Teig läßt man eine Nacht an einem warmen Ort aufgehen, stellt ihn ein paar Stunden in einen luftigen Keller, rollt ihn aus, formt beliebige Kuchen, bäckt sie in einem nicht zu heißen Ofen, bestreicht sie mit einem Zuckerguß und läßt denselben im Ofen antrocknen. Zu dem Guß nimmt man ½ Pfund feinsten Zucker, so viel Eiweiß, daß es sich wie ein dicker Teig rührt, ein paar Tropfen Zitronensaft und rührt so lange, bis er ganz weiß aussieht.

577. Pfefferkuchen.

5 Pfund Honig werden mit ¾ Pfund Butter, 1 Pfund Zucker, 60 Gramm Hirschhornsalz, das in Rosenwasser aufgelöst ist, aufs Feuer gesetzt. Sowie es anfängt zu steigen, wird es in eine große Schüssel gegossen und hinzugetan: ½ Pfund feingewiegte süße und 60 Gramm bittere Mandeln, die gewiegte Schale von 2 Zitronen, 30 Gramm Nelken, 16 Gramm Kardamom und 30 Gr. Zimt, alles gestoßen. Mehl nach Gutdünken, so daß es ein recht fester Teig wird. Dann setzt man ihn an einen warmen Ort, läßt ihn 24 Stunden stehen, dann wird er abgeschnitten und ausgerollt, so daß er die Stärke eines halben Fingers behält. Die Bleche reibt man mit Speck ab, sticht den Teig mit Formen aus, legt ihn auf die Bleche und läßt ihn in gelinder Hitze backen. Ist der Kuchen gar, bestreicht man ihn mit dem Guß, bestehend aus dem Schnee von 4 Eiern, ½ Pfund Zucker und dem Saft einer Zitrone. Dann schiebt man ihn noch einmal in den Ofen und läßt ihn trocknen (siehe auch Nr. 570).

Verschiedene Getränke.

578. Ananasbowle.

Auf eine Flasche Rhein= oder Moselwein rechnet man 80 Gramm Zucker, wenn man eingezuckerte Ananas nimmt; verwendet man die Frucht frisch, muß man reich= lich 125 Gramm Zucker nehmen, dieser wird mit wenig Wein angefeuchtet, in die Terrine oder Bowle getan, ist er geschmolzen, tut man die Ananasscheiben dazu und übergießt sie mit einer Flasche Wein. So läßt man sie zugedeckt 2 Stunden stehen nud tut erst kurz vor dem Gebrauch den übrigen Wein dazu. Wenn man es liebt, zuletzt und schon bei der Tafel, 1 Flasche Cham= pagner. Auf diese braucht man keinen Zucker zu rechnen. In kaltes Wasser oder auf Eis muß man den Wein stellen.

579. Bischof.

Dazu nimmt man Rotwein und rechnet auf die Flasche 100 bis 120 Gramm Zucker. Ist derselbe ge= schmolzen und der Wein aufgegossen, schält man eine grüne Pomeranze so fein wie möglich, legt die Schale in den Wein und versucht nach ½ Stunde, ob der Wein kräftig genug danach schmeckt. Ist das der Fall, nimmt man die Schale heraus. Man kann ebensowohl gelbe Pomeranzen anwenden. Will man vielen Wein so wür= zen, und die Pomeranze ist vielleicht nur klein, so tut man wohl, die feine Schale nebst der Frucht in ein Weinglas zu legen und etwas Wasser darauf zu gießen, das Wasser laugt sie mehr aus als der Wein, und dann tut man nach Geschmack von dem Pomeranzenwasser zum Wein hinzu.

580. Punsch Nr. 1.

1 Flasche Arrak, 2 Flaschen Rotwein, 3 Flaschen Wasser, 1½ Pfund Zucker, der Saft einer halben Zitrone.

Man legt den Zucker in eine Terrine, gießt das kochende Wasser dazu, sowie Wein, Arrak und Zitrone; gut schmeckt es, ein wenig Zucker auf Zitrone abzureiben, aber ganz wenig oder auch statt Zitronensäure ist ein Teelöffel voll Johannisbeergelee gut. Man stellt den Punsch mehrere Stunden, wenn es geht, warm und tut ihn vor dem Gebrauch in den Teekessel, damit er, ehe er getrunken wird, recht heiß ist.

581. Punsch Nr. 2.

2 Flaschen Rheinwein, ½ Liter guten Arrak, 1½ Liter Wasser, der Saft einer halben Zitrone, 1 Stückchen Zucker auf Zitrone abgerieben, aber ganz wenig, 1¼ Pfund Zucker. Das zusammen wird mit Wasser aufgekocht, dann gießt man Wein und Arrak dazu, ebenso den Zitronensaft, läßt dies bis zum Kochen kommen, gießt ihn dann in eine Porzellanterrine und stellt ihn gut zugedeckt warm. Sehr gut schmeckt zu diesem Punsch etwas Ananas, dann reibt man keine Zitrone ab. ¼ Stunde vor dem Geben des Punsches gießt man ihn in einen Kessel und macht ihn recht heiß.

582. Eierpunsch.

Ein knapper Liter Wasser wird mit ¾ Pfund gestoßenem Zucker, 1 Löffel Zitronensaft, ¼ Liter Arrak, 2 ganzen Eiern und 2 Eigelb gut in einer tiefen Kasserolle geschlagen, dann aufs Feuer gesetzt und unter beständigem Schlagen gargemacht; die Hauptsache ist, daß der Pnusch recht schäumig ist und auch dann sofort getrunken wird.

583. Punsch à la Romaine.

Zu 1 Liter Rheinwein und 1 Flasche Champagner nimmt man ½ Flasche feinsten Rum, 1½ Pfund Zucker, welchen man mit kaltem Wasser anfeuchtet, und den Saft von 4 Zitronen, mischt alles gut zusammen, gießt es in die Eisbüchse, behandelt es wie das Gefrorene und macht es öfter von den Seiten der Büchse los. Dieses Getränk muß dünnflüssig bleiben. Zuletzt schlägt man das Weiße von 4 Eiern zu steifem Schnee, mischt unter denselben 100 Gramm feingestoßenen Zucker, zieht ihn kurz vor dem Servieren dieses Punsches in der Eisbüchse mit durch und reicht nachher diesen Punsch in Champagner=gläsern herum.

584. Gefrorener Punsch.

Man reibe 4 Zitronen auf 2 Pfund Zucker ein ganz wenig ab, koche denselben mit 1 Liter Wasser klar, schäume ihn rein ab, nehme ihn alsdann vom Feuer, drücke den Saft der Zitronen hinein, gieße ihn durch ein Sieb und lasse ihn kalt werden. Ist dies geschehen, gieße man 1½ Flasche guten Rheinwein dazu, fülle nun alles in eine Eisbüchse, verfahre im übrigen hiermit wie beim Gefrorenen, öffne alle 10 Minuten die Büchse, steche das, was sich an den Seiten angesetzt hat, davon los und gieße immer ein Glas feinen Arrak oder echten Jamaikarum dazu, bis nach und nach ½ Flasche hin=eingekommen ist. Dies Getränk muß, wenn es fertig ist dickflüssig sein. Man füllt es aus der Büchse so=gleich in die dazu bestimmten Gläser und gibt ihn schnell herum.

585. Gefrorener Punsch Nr. 2.

Man schneidet Ananas in Scheiben und gießt 1 Flasche Rheinwein darauf, tut 2 Pfund Zucker mit Wasser angefeuchtet dazu, deckt die Terrine zu und läßt sie mehrere Stunden stehen. Alsdann drückt man den Saft von 2 Zitronen hinein, gießt alles durch ein Sieb und nebst einer Flasche Champagner in die Eisbüchse, verfährt im übrigen auf die angegebene Weise und reicht diesen Punsch in Champagnergläsern herum.

586. Glühwein.

Rotwein wird mit einigen ganzen Nelken und ganzem Zimt und Zucker aufgekocht und in Gläsern gegeben.

587. Chaudeau.

In einer verzinnten Kasserolle schlägt man mit der Schaumrute 4 ganze Eier und 4 Eigelb nebst ½ Pfund Zucker zu Schaum; stellt die Kasserolle auf gelindes Feuer und gießt mit der linken Hand, während man mit der rechten immerfort den Schaum schlägt, 1 Flasche Rheinwein dazu. Zuletzt tut man noch einen Teelöffel voll Zitronensaft dazu, und schlägt ihn auf dem Feuer, bis das Ei gar ist, dann muß er sofort getrunken werden.

588. Schokolade.

Die Schokolade wird gestoßen oder gerieben, in die dazu bestimmte Milch oder Wasser kochend hineingetan und so lange gequirlt, bis die Schokolade gar und recht schäumig ist. Bei schöner feiner Schokolade nimmt man in der Regel nur Wasser und tut dann auf jede Tasse Schokolade 1 Teelöffel voll Schlagsahne. Wenn sie mit Milch bereitet wird, zieht man sie mit einigen Eigelb ab. Auf 1 Liter Milch 120 Gramm Schokolade, und 180 bis 200 Gramm bei Wasserschokolade.

589. Mandelmilch.

Nachdem man 200 Gramm süße Mandeln, worunter auch einige bittere sein können, gebrüht und geschält hat, reibt man sie in einem Reibnapf mit wenig Wasser recht fein, gießt 1 reichliches Liter Wasser dazu, versüßt dies mit ½ Pfund Zucker, gießt es durch ein Haarsieb und gibt diese Mandelmilch in Gläsern herum.

590. Polnischer Tee.

Man kocht 1¹/₈ Liter Weißbier und 1 Flasche Weißwein mit fein abgeschälter Zitronenschale, 1 Pfund Zucker, 8 Gramm ganzem Zimt und einer Prise Salz auf, zieht dies mit 8 Eigelb ab und gießt zuletzt noch ½ Glas feinen Arrak dazu; Wein und Arrak können auch fortbleiben.

591. Warmbier.

Weißbier wird mit Zucker, Zitronenschale und Zimt aufgekocht, mit Eigelb, worin ein wenig Kartoffelstärke, abgezogen; auch kann das Bier mit Korinthen, die vorher aufgekocht sind, gegeben werden; dann wird es mit wenig Kartoffelmehl abgerührt und keine Eier dazugetan.

592. Champagnerbier.

18 Liter Wasser werden mit 1 Pfund Zucker aufgekocht; da hinein, wenn es ganz abgekühlt ist, kommen 50 Gramm Hefe, damit muß es eine Nacht zugedeckt stehen, die Hefe wird gut abgefüllt und dann das Bier vorsichtig abgegossen; nun tut man eine Stange feinen Zimt und 48 Nelken, wie auch 10 Tropfen Zitronenöl oder die fein abgeschälte Schale einer Zitrone hinein, läßt es nun zugedeckt einige Stunden stehen, zieht es auf Flaschen, korkt sie recht fest und stellt sie gleich in den Keller; in 3—4 Tagen ist es gut.

Vom Pökeln, Räuchern, Wurstmachen.

593. Spickgänse.

Die Gänsebrust wird sauber von dem unnützen Fett befreit, die kleinen Rippenknochen und das Rückenblut ausgeschnitten; dann wischt man sie mit einem Tuch recht trocken aus. Auf 2 Spickbrüste nimmt man 3 gute Hände voll Salz und 2 Messerspitzen Salpeter, mischt dieses und reibt damit die Fleischseite tüchtig ein. Dann streut man von diesem Salz in eine Mulde, legt die Brüste mit der Schwartenseite nach unten hinein, streut das noch übrige Salz darüber und stellt die Mulde kalt. Sobald sich Lake gebildet hat, begießt man die Brüste täglich einigemal damit. 4—5 Tage müssen sie in dieser Lake pökeln, dann nimmt man sie heraus, trocknet sie ab und wickelt sie in weißes Papier, nur nicht zu fest, auch muß es oben und unten offen bleiben, damit der Rauch hindurchziehen kann. So hängt man sie in den Rauch, der nicht zu heiß sein darf. In 5—6 Tagen sind sie gut und müssen an einem luftigen, trockenen Orte aufbewahrt werden, wo sie aber nicht gefrieren können. Das Band wird am unteren Ende zum Aufhängen durchgezogen.

594. Ausbraten des Schmalzes.

Gänse- sowie Schweinefett teilt man in Flumen- oder Fliesenfett und Darmfett; das erstere ist das beste, deshalb bratet man jedes besonders aus. Flumen- wie Darmfett muß wenigstens 12 Stunden wässern und man muß mehrmals frisches Wasser geben, dann läßt man es ablaufen, schneidet es klein, tut es in einen Kessel oder in eine Kasserolle und läßt es auf gelindem Feuer ausbraten. Wenn es eine Zeitlang gebraten hat, schöpft man es mit einer Holzkelle ein wenig in die Höhe; schlägt es in der Kelle Bläschen, als ob es darin koche, ist es Zeit, etwas Thymian, Majoran, Zwiebeln und Aepfel hineinzutun. Man tut gut, das Gefäß ein paar Minuten vom Feuer zu nehmen, ehe man die Aepfel hineintut, es kocht sonst sehr leicht über; man überfülle auch nie ein Gefäß mit Fett, mache es immer nur ¾ voll, denn das Ueberkochen ist dabei gefährlich. Sind nun in dem vom Feuer gesetzten Schmalz die Aepfel weich geworden, dann wird es durch einen Durchschlag in die Töpfe gegossen. Die Grieben werden dann noch mehr ausgebraten, dies Schmalz dann aber in einen eigenen Topf gegossen, denn es wird etwas braun; die Grieben werden tüchtig gesalzen. Das weiße Schmalz läßt man etwas abkühlen und rührt dann gleichfalls etwas Salz hinein. Das Fett der ersten Gänse im Herbst gibt kein steifes Schmalz, man muß daher kurz vor dem Ausfüllen ein wenig Rinder= oder Hammel= talg hineintun; auf das Fett einer Gans nimmt man Talg in etwa Walnußgröße.

Die Schweineflume wird nicht gewässert, desto mehr aber das Darmfett; das Ausbraten geschieht auf die= selbe Weise wie bei Gänsefett. Rinder= und Hammel= talg ebenso, aber man tut weder Zwiebeln, Kraut, Aepfel noch Salz dazu, und die Gefäße, die es aufnehmen sollen, spült man mit kaltem Wasser aus, läßt das Fett eine gute Zeit abkühlen, ehe man es in die nassen Ge= fäße gießt, sonst sprudelt es über. Ist der Talg dann ganz erkaltet, stürzt man ihn und hebt ihn so als „Talgboden" auf. Man kann auch ganz wenig Wasser in den Schüsseln lassen, dann hebt sich der Talg besser aus.

595. Rindertalg mit Milch ausgebraten.

Man nimmt hierzu den Rindernierentalg, schneidet ihn in kleine Stücke, setzt 6 Pfund Talg mit 1¼ Liter Milch auf und läßt es unter öfterem Umrühren aus= braten, bis es klar ist und die Probe gemacht werden kann, daß es im Löffel kocht, wie beim Schmalz be= schrieben ist, dann füllt man den Talg in einen Stein= topf und gebraucht ihn zum Braten und Ausbacken von Kuchen usw.

596. Ueber das Einpökeln von Schweinen und Ochsen.

Das Fleisch gibt die beste Lake, wenn man es nicht lange nach dem Schlachten erst hängen läßt; z. B. ist das Vieh morgens geschlachtet worden, läßt man es nachmittags aushauen und gleich nachher einsalzen. Auf ein großes Schwein rechnet man 80 Gramm Salpeter mit 10 Liter Salz gemischt; auf einen Ochsen 230 Gramm Salpeter mit 20 Liter Salz gemischt. Die großen Stücke, wie Schinken, Schultern werden erst tüchtig mit Salz und Salpeter eingerieben, dann in das Faß, welches ganz dicht sein muß, damit die Lake nicht etwa ablaufe, möglichst fest eingepackt. Dies erreicht man, indem man die kleinen Fleischstücke zwischen die Schultern, Schinken und Speckseiten legt und so jede Lücke möglichst ausfüllt. Salz und Salpeter werden immer dazwischen und endlich oben übergestreut, ein Brett darauf gelegt und nun mit einem Feldstein beschwert. Das Faß muß mit einem Tuch zugedeckt werden, damit keine Luft dazu komme; so bleibt die Tonne im luftigen Keller stehen. Von dem kleinen Fleisch kann man nach 14 Tagen kochen; Schinken, Schultern, Speckseiten und Köpfe müssen 4—5 Wochen pökeln, dann kommen sie in den Rauch, wo sie 4 Wochen hängen bleiben, wenn der Rauch stark genug ist. Will man Fleisch recht lange für den Sommer halten, so muß man es gleich in ein Faß legen, das zugeschlagen und oft umgedreht wird.

597. Hamburger Rauchfleisch.

Zu 20 Pfund Rinderbrust nimmt man $7/8$ Liter Wasser, setzt es mit ½ Pfund Salz, 125 Gramm Zucker und 24 Gramm Salpeter aufs Feuer und läßt es gut durchkochen; ist es kalt, gießt man es über das Fleisch, welches man unzugedeckt in einem tiefen Napf in den Keller stellt. Täglich begießt man das Fleisch mit der Lake, und sollte diese etwa beschlagen, so nimmt man dies ab, kocht die Lake von neuem mit etwas Salz auf und gießt sie ganz kalt wieder über das Fleisch. Nach 14—20 Tagen ist das Fleisch gut, dann wird es 2—3 Tage geräuchert.

Rinderzungen werden auf diese Art auch sehr gut; auch kann man kleine Stücke Rindfleisch so einlegen, und sie, ohne erst zu räuchern, kochen; ebenfalls Schweinefleisch, das man nicht lange aufbewahren, sondern bald essen will. Wenn das Fleisch lange in der Lake liegt, schadet es durchaus nichts.

598. Roulade von Rindfleisch.

Hierzu nimmt man beim Schlachten eines Ochsen oder einer Kuh das Bauchfleisch; die Haut wird von beiden Seiten abgezogen, dann mit feinen frischen Speckstreifen belegt, darauf streut man etwas Thymian, gestoßenes Gewürz, Pfeffer, Salz und ganz wenig Salpeter, rollt nun das Fleisch, so fest es irgend möglich ist, zusammen, bindet die Rollen mit feinem Bindfaden und legt sie mit in das Pökelfaß oder in die Pökellake, wie zu Hamburger Rauchfleisch gesagt ist, läßt sie darin einige Wochen liegen und kocht sie dann recht weich, legt sie nach dem Kochen unter ein Brett, das man etwas beschwert und schneidet es zum Gebrauch in dünne Scheiben.

599. Feine Fleischwurst.

Auf 7 Pfund mageres Schweinefleisch rechnet man 2 Pfund Fett, schabt alles ganz fein, wiegt es noch gut durch und sucht jede Faser heraus. Diese Masse durchhackt man mit 160 Gramm Salz, 16 Gramm gestoßenem Salpeter und 16 Gramm ganzem Pfeffer. Dann wird es in die zusammengenähten Fliesen oder guten feinen Rinderdärme gestopft. Man legt die Wurst auf ein Brett, legt ein zweites darüber, beschwert dies mit Gewichten und läßt sie so bis zum andern Morgen liegen. Dann drückt und streicht man die Wurst noch so fest wie möglich, bindet oder spult sie zu, und haben sich Windstellen dennoch gebildet, sticht man mit einer Nadel hinein.

600. Jauersche Würstchen.

Man nimmt das Fleisch von dem Mürbbraten und der Karbonade des Schweines, wiegt es sehr fein und sehnt es aus; 3 Pfund mageres Fleisch und 1 Pfund ganz fein in Würfel geschnittenes Fett von dem Rückstrang werden zusammengerührt mit ½ Liter kaltem Wasser, Salz nach Geschmack, etwas gestoßenem Kümmel, gestoßenem Pfeffer und ganz fein geriebenem Thymian, nicht zu wenig; dann nimmt man die dünnen Därme dazu, stopft gut fingerlange Würstchen, nicht zu steif, bindet sie zu und läßt einen kleinen Raum; dann bindet man wieder zu der nächsten Wurst. So macht man eine ganze Menge in einem Ende, hängt sie bald in den Rauch, der nicht zu warm sein darf und räuchert sie 20—24 Stunden gut; hängt sie dann kalt und wenn man sie gebrauchen will, so schneidet man so viele Würstchen ab und legt sie in kochendes Wasser, damit sie ganz durchwärmen. Man richtet sie auch in heißem Wasser an.

601. Feine Fleischwurst (sehr gut).

7 Pfund mageres Schweinefleisch, worunter der Mürbbraten, das andre vom Rücken, werden in Würfel geschnitten, dann ganz feingewiegt, wie es irgend geht, auf dem Brett gleich ausgesehnt, d. h. alle Fasern und Stückchen herausgesucht, das Fleisch nicht viel mit den Händen gedrückt und in eine Schüssel gelegt; nun nimmt man 1 Pfund Fett vom Rücken, schneidet dies auch fein und wiegt es ebenso, und zuletzt tut man 1 Pfund Fliesenfett, ebenfalls geschnitten, dazu, wiegt es mit dem andern fein und sehnt es auch aus. Dann wird das Fleisch zu dem Fett getan und 160 Gramm Salz, 16 Gramm Salpeter (gestoßen) und 24 Gramm ganzem Pfeffer. Dies alles wiegt man lange auf dem Brett durch, bis es ganz vermischt ist, dann schmeckt man, ob Salz genug ist; das Salz ist so verschieden, daß

man auch vorsichtig sein kann und erst mit 120 Gramm Salz anfängt und nach dem Schmecken nachtut. Diese Wurst wird sofort in die genähten Fliesen, die man vorher in warmem Wasser gut weichgemacht hat, gestopft; auch nimmt man Enden von Fettdarm oder Rinderdärme. In ersteren hält sich die Wurst sehr lange gut, nur darf sie dann nicht zu wenig Rauch haben. Ist die Wurst gestopft, so nimmt man eine Schüssel mit recht heißem Wasser, hält das offene Ende zu und zieht die Wurst durch das Wasser, nimmt dann ein Tuch und drückt damit die Wurst recht fest zusammen, was dann leicht geht, die Windstellen sticht man mit eine großen Nadel; dann wird die Wurst gebunden und sofort in den Rauch geschickt; ist der Rauch stark, so ist sie in 14 Tagen gut, d. h. als Dauerwurst muß sie länger und langsam räuchern; Rauch von Sägespänen ist der beste.

602. Gewöhnliche Fleischwurst.

Man schneidet das Fleisch, wiegt es gut, nimmt nur die gröbsten Stücke und Sehnen heraus, tut diesen Abgang unter die Lungwurst; etwas Fett sitzt gleich an dem Fleisch, deshalb darf man nicht noch besonders Fett darunter nehmen. Ist es also gewiegt oder gehackt, tut man Salz, Thymian, Pfeffer, Salpeter und etwas gestoßenen Kümmel dazu, mengt es gut durch, stopft es in Rinderdärme und behandelt dann wie oben angegeben.

603. Rinderwurst.

Gutes Rindfleisch wird geschabt, gewiegt und ausgesehnt, dann nimmt man auf 4 Pfund Rindfleisch 1 Pfund ganz fein geschnittenes Schweinefett und ½ Pfund Fliesenfett, feingewiegt. Alles wird mit Salz, Salpeter (siehe feine Fleischwurst, wo das Maß angegeben ist) und ganzem Pfeffer gemengt, dann gestopft und wie oben behandelt.

604. Lungwurst.

Man schneidet die Lungen in Würfel, tut den sehnigen Fleisch- und Fettabgang der Fleischwürste dazu, wiegt alles recht fein, tut Salz, Kümmel, Thymian, Majoran und gestoßene Pfeffer hinzu, stopft sie in dünne Rinder- oder Schweinedärme, aber nicht fest, sonst platzt sie beim Kochen auf. Die Würste werden gebunden und 8—10 Tage geräuchert. Will man sie den Leuten erst im Sommer geben, müssen sie länger räuchern. Man kann auch die Nieren und das Herz hierzu verwenden, wenn es nicht anderweitig gebraucht wird.

605. Bratwurst.

Besonders gut dazu ist das Fleisch vom Rücken, es wird geschabt und dann noch gut gewiegt und ausgesehnt. Vom Rückstrangfett schneidet man 1 Pfund so feinwürfelig, wie es möglich ist; wenn man 3 Pfund Fleisch geschabt hat, gießt man Weißbier darauf und tut Salz, gestoßenen Pfeffer oder nach Belieben gestoßene Nelken, englisch Gewürz, Thymian und gestoßenen Kümmel dazu. Alles wird gut untereinander gemischt. Der Fleischteig darf nicht flüssig, muß aber recht geschmeidig sein, deshalb darf man nicht zu wenig Bier nehmen. Die Würste stopft man in dünne Schweinedärme und bindet sie erst zu, wenn man davon schmoren will; dies geschieht mit Bier eine gute halbe Stunde. Man bräunt mit etwas braunem Saft oder Zucker; zuletzt nimmt man etwas von dem Schmalz, das aus der Wurst gekocht ist, tut wenig Mehl dazu und schwitzt es zu der Sauce. Man muß die Wurst während des Schmorens nicht stechen, sonst kocht das Fett aus. Hat man kein Bier, kann man auch kaltes Wasser und ein wenig Rum in die Wurst nehmen.

606. Kalte Leberwurst.

Die Schweineleber wird ½ Tag und die Nacht gewässert, am Tage erneuert man das Wasser mehrmals, steckt sie in ganz kochendes Wasser, worin sie ein wenig liegen bleibt, bis sie eine weißliche Haut bekommt; dann nimmt man sie heraus. Hierauf wird sie geschnitten, ganz feingewiegt und mit etwas kalter Fleischbrühe durch einen Durchschlag gerührt. Tags zuvor muß man die Kehlbraten (d. i. das Stück, welches zwischen den Backenknochen mit der Zunge herausgeschnitten wird) und die Wammen (diese sitzen am Bauch des Schweines) in Wasser und Salz weich, aber nicht zu weich kochen; die Wammen werden eher weich als die Kehlbraten. Dieses legt man in eine Mulde oder auf ein Brett zum Abkühlen. Tags darauf schneidet man das Fett der Kehlbraten und soviel wie nötig auch von den Wammen ganz feinwürfelig. Zu einer Leber gehört ein guter Teller voll Fett, von dem Fleisch kommt gar nichts hinein. Die durchgerührte Leber darf nicht steifer wie ein Eierkuchenteig sein, sonst rührt man etwas Fleischbrühe zu. Nun dämpft man 6—8 Zwiebeln, feingewiegt, in Schmalz gar, sie dürfen aber ja nicht braun werden, läßt sie abkühlen und tut sie zu der Leber nebst Salz, grobgestoßenem Pfeffer, wenig Nelken und Gewürz, durchgesiebtem Thymian und Majoran und 2 Eßlöffel voll Weizenmehl. Man kostet, ob die Leber gut schmeckt oder noch mit Salz usw. nachgeholfen werden muß. Zu dieser Wurst nimmt man die dünnen Fettdärme und schneidet nicht sehr lange Enden, wovon das eine zugebunden oder mit einem Holzspießchen zugesteckt wird; dann füllt man mit einem Löffel die Masse in die Därme, aber nur gut ¾ voll, weil die Leber beim Kochen quillt. Die Würste werden in warmes Wasser gelegt und auf gelindem Feuer 1½ Stunde gekocht, ohne sie zu stechen. Man legt die gekochten Würste in eine Mulde und gleich darauf recht gerade auf ein Brett zum Erkalten. Zwei Tage läßt man sie in gelindem Rauch hängen, dann hält sie sich länger, schmeckt auch sehr angenehm danach. Es ist gut, eine ganz kleine Wurst als Probe zu kochen und daran zu probieren, ob sie gar ist; das Fett muß ganz besonders feingeschnitten sein.

607. Süße Leberwurst.

Die Leber wird ganz wie bei der kalten Wurst bereitet, nur verdünnt man sie noch mehr durch Brühe. Auf eine halbe Leber nimmt man für 5 Pfennig alte Semmel, weicht sie in kaltem Wasser, drückt sie aus und rührt sie durch einen Durchschlag dazu. Dann tut man Salz, wenig Thymian und Majoran, Gewürz und Nelken, Zucker und Korinthen, sauber gewaschen, und 1 Löffel Mehl, zuletzt kommt das feingeschnittene Fett, worunter auch das damit durchwachsene Fleisch sein kann, dazu. Zu dieser Wurst werden die dünnen Krausdärme vom Schwein genommen, und ebenso wie die vorige Wurst gekocht. Man ißt sie warm und macht sie in einer Bratpfanne in wenig Butter oder Schmalz bräunlich und heiß.

608. Reiswurst.

Der Reis wird gut abgebrüht, dann ohne viel zu rühren in Wasser und 1 Stück Butter weichgekocht. Dann vermischt man ihn mit etwas abgeriebener Zitronenschale, Zucker, einigen Eigelb, etwas Salz, gut gereinigten Korinthen und etwas kleingeschnittenem (schon weichgekochtem) Fett. Dieser Reis wird in die dünnen Schweinedärme gestopft und nur kurze Zeit gekocht. Diese Würste kocht man immer zuerst, damit sie ja nicht etwa einen Zwiebelgeschmack annehmen; nach diesen wird die kalte Leberwurst, dann die süße Leberwurst, Blutwurst, die Braunschweiger und zuletzt die Grützwurst gekocht. Da der Reis gar ist, darf man die Würste nur ziehen lassen; bei schnellem Kochen platzen sie leicht. Gewärmt wie die Leberwurst.

609. Süße Blutwurst.

Das Blut wird durch einen feinen Durchschlag gegossen, damit alles Stückenblut zurückbleibt. Dann weicht man zu ungefähr 2¼ Liter Blut für 10 Pfennig alte Semmel in kaltem Wasser, drückt sie aus und rührt sie durch einen Durchschlag zu dem Blut, tut eine gute Menge gekochtes und feingeschnittenes Fett hinein, dann 2 kleine Löffel Mehl, Salz, Gewürz, Nelken, ganz wenig Thymian, aber reichlich Zucker und wenigstens ¾ Pfund große ausgekernte Rosinen. Dann muß man kosten und nachhelfen, wo etwa zu wenig ist. Es darf auch nicht zu wenig Fett sein, und man muß darauf achten, dieses, wie auch die Rosinen, gleichmäßig beim Stopfen zu verteilen. Die Würste werden gut ¾ voll gefüllt und Schweinekrausdärme dazu genommen. Beim Kochen wird auch die Probewurst gemacht. Alle süße Wurst kann man auch in der Pfanne mit Butter braten; denn gut durchwärmt muß sie angerichtet werden.

610. Gewöhnliche Grützwurst.

Hierzu nimmt man Buchweizen- oder auch Gerstgrütze; die Grütze wird in Fleischbrühe, die man beim Schlachten stets übrig hat, gekocht, aber nicht zu weich; ist sie kalt, tut man das Blut und alles Ueberbleibsel von Fleisch und Schwarte, feingeschnitten, dazu, und in Ermangelung dieses, etwas Grieben hinein, auch kann man Talggrieben mit dazu verwenden, dann Salz, viel Thymian und Majoran, gestoßenes Gewürz, und ist die Grütze etwas dünn, nimmt man einige Kellen Mehl dazu; alles gut durchgerührt, in dünne Därme, wie man sie übrig hat, gestopft, auch kann man in Därmenot den Magen zu dieser Wurst verwenden; gekocht wie alle andre Wurst.

611. Braunschweiger Wurst.

Zu dieser Wurst schneidet man das Herz, die Nieren, die Zunge, eine gute Portion Schwarte, etwas Fett, alles erst recht weichgekocht, in große Würfel oder längliche Stücke und gießt wenig Blut darauf, denn die Masse muß ganz steif von Fleisch bleiben, das Blut ist hier nur Bindemittel. Man tut Salz, Gewürz, Nelken, Thymian und Majoran dazu, es muß recht kräftig schmecken. Man stopft die Masse in die ganz dicken Krausdärme, genannt Budende, vom Schwein. Diese Wurst darf nicht locker gefüllt werden, sondern muß recht voll sein; sie platzt leicht, wenn man sie stark kochen läßt, deshalb darf sie eigentlich nur ziehen und wenig kochen, etwa 2 Stunden. Nachdem sie herausgenommen und in der Mulde abgekühlt ist, legt man sie zwischen 2 Bretter, beschwert sie gut und hängt sie am andern Tage in den Rauch, wo sie 4—6 Tage bleiben muß. Dann hält sie sich über 4 Wochen. Man bindet sie für den Rauch in dünnen Musselin, da sie leicht entzweigeht.

612. Preßkopf.

Der Schweinskopf wird in Wasser und Salz recht weichgekocht. Nachdem er ganz erkaltet ist, schneidet man die Schwarte ab, in so großen Stücken wie möglich, denn man muß einen Stern daraus schneiden können, so groß wie der Boden des Durchschlags. Natürlich kann man diesen Stern aus mehreren Stücken formen. Es wird eine Serviette in den Durchschlag gelegt, der Stern darauf (die Fettseite der Schwarte nach oben), dann wird der ganze Kopf in feine Scheiben geschnitten und lagenweise fett und mager über den Stern gelegt, etwas Salz, Pfeffer, Gewürz, Thymian dazwischen gestreut, und wenn man es liebt, auch einige gewiegte Zwiebeln. Wenn alles Fleisch eingepackt ist, wird das Tuch recht fest zugebunden; die Brühe von dem Kopf in einem tiefen Topf aufgesetzt, ein starker Quirlstiel übergelegt und das Tuch daran in den Topf gehängt, damit der Preßkopf ganz in der Brühe mit etwas Essig kochen und doch nicht anbrennen kann. So muß er 1½ Stunde langsam kochen, dann legt man ihn mit dem Tuche auf ein Brett, ein anderes darüber und beschwert es gut. Am andern Tage nimmt man den Preßkopf aus der Serviette heraus, und wickelt ihn in ein in Essig getauchtes Tuch. So kann man ihn am besten aufheben, Er wird mit Remoladensauce gegeben. Man kann auch eine rot gepökelte, weichgekochte Rinderzunge, in Scheiben geschnitten, dazwischen legen (es sieht sehr gut aus und ist ebenso wohlschmeckend), oder auch recht weichgekochtes Pökelrindfleisch. Man achte darauf, daß der Preßkopf nicht zu fett wird.

613. Eisbein in Gelee.

Das dicke Beinstück, welches oben vom Schinken und der Schulter abgehauen wird, läßt man gut wässern, setzt es in emailliertem Topf mit so viel Wasser und Salz, daß es übersteht, auf, schäumt es, tut dann so viel Weinessig hinzu, daß es angenehm sauer ist, auch ganzes Gewürz und Lorbeerblätter; läßt sodann alles zugedeckt langsam weichkochen. Behutsam wird dann das Fleisch herausgenommen, auf ein Brett gelegt, geschickt die Knochen herausgezogen und in kleine Näpfe getan. Ist es noch zuviel Brühe, muß sie einkochen, dann wird sie durch ein Tuch gegossen und die Formen mit dem Fleisch damit gefüllt. Will man dergleichen länger aufbewahren, gießt man, nachdem es kalt ist, Schmalz oder Talg oben über. Das Eisbein wird in Scheiben angerichtet, mit dem eigenen Gelee belegt; man gibt Remoladensauce dazu. Auch kann man es mit Eiern, Pfeffergurken und Zitronenschale hübsch belegen.

614. Schweinesülze.

Dazu werden einige Schweinefüße nud etwas mit Fett durchwachsenes Fleisch in Wasser und Salz recht weichgekocht. Kalt geworden, wird es in mittelgroße Würfel geschnitten, in den Schmortopf getan, die durchgegossene Brühe, etwas Weinessig, Pfeffer, Gewürz, ein paar Nelken, feingestoßen, auch ein wenig Thymian dazu; alles gut durchgekocht, in Formen gegossen. Man stürzt die Sülze und gibt Remoladensauce dazu.

615. Gänseleberwurst.

Die Lebern werden einen ganzen Tag gewässert, das Wasser oft erneut. Auch kann etwas Kalbsleber zu Hilfe genommen werden; dann werden sie ganz fein gewiegt und mit etwas Brühe durch den Durchschlag gerührt. Am Tage vorher kocht man ein Stück fettes Schweinefleisch vom Rücken gut weich, schneidet es in ganz feine Würfel, mischt es mit der Leber und tut Salz, feingewiegte und in Butter oder Schmalz weich und weiß gedämpfte Zwiebeln, etwas Thymian, Majoran, Pfeffer und Gewürz hinzu. Auf 12 Lebern kommt noch 1 Löffel Mehl dazu und für 8 Pfennig alte in Wasser geweichte Semmel, die gut in einem Tuch ausgedrückt und durch einen Durchschlag gerührt wird. Die Wurst wird in die abgezogenen Gänsehälse oder in Schweinedärme gestopft und ebenso gekocht wie Leberwurst. Die Leber muß durch einen recht feinen Durchschlag oder ein Drahtsieb gerührt werden.

616. Gänseflume.

Die Gänseflume wird einen ganzen Tag gewässert, öfters frisches Wasser gegeben. Dann nimmt man sie auf ein Brett, läßt sie ablaufen und schabt das Fett rein aus den Häuten heraus, wiegt es noch fein, tut dann Salz, etwas durchgesiebten Majoran, Thymian und ein Teil gewiegte Zwiebeln dazu. Dieses alles muß recht gut durcheinander gerührt werden, dann drückt man es fest in ein Glas oder einen Topf und läßt es 8 Tage durchziehen, ehe man es auf Brot oder Semmel ißt. Diese Flume kann monatelang aufbewahrt werden, nur darf sie nicht zu wenig Salz haben.

617. Spickgänse ohne Knochen.

Aus der Gänsebrust löst man den Knochen behutsam heraus; man fängt am Flügelende an zu schneiden von beiden Seiten und läßt so wenig als möglich Fleisch am Knochen. Es muß eigentlich, wenn es geschickt gemacht wird, kein Fleisch daran bleiben. Wenn das Fleisch von beiden Enden gelöst ist, zieht es sich vollständig vom Knochen los. Das Fett von den Seiten wird noch abgeschnitten, dann streut man eine kleine Messerspitze Salpeter und recht viel Salz auf die Brust, reibt dies gut ein, näht dieselbe mit starkem Faden geschickt zusammen und legt nun die Brüste in eine Mulde oder Schüssel, bestreut sie gut mit Salz, füllt täglich öfter die Lake über und läßt sie 5—6 Tage in der Lake liegen; dann werden sie einen Tag oder eine Nacht mit einem Brett und Stein beschwert, in Papier gewickelt, aber nicht zu fest, oben und unten offen, und 8—10 Tage geräuchert; bei gelindem Rauch etwas länger. Diese Spickgänse halten sich sehr gut und sind zarter als die mit Knochen.

Verschiedene erprobte Hausmittel und Rezepte.

618. Apfeltee.

Von einer Mandel guter Borsdorfer Aepfel schäle und vierteile man die Hälfte und schneide das Kernhaus heraus; die zweite Hälfte bleibt ungeschält, aber das Kernhaus muß auch heraus; so tue man sie nebst 60 Gr. gewaschenen Korinthen und 125 Gr. braunem Kandiszucker in einen Porzellantopf, und gieße 1 Liter kochendes Wasser darauf; decke den Topf zu und lasse den Tee an warmer Stelle (etwa in der Ofenröhre) ziehen, nicht kochen. Ist der Zucker geschmolzen, rührt man gut um, und der Tee ist nun zum Gebrauch fertig. Er ist ein sehr gutes Mittel gegen Husten. Man trinkt davon, wenn der Reiz zum Husten kommt, eine kleine Tasse voll und läßt den Topf immer warm stehen, um das Getränk stets bereit zu haben.

619. Mittel gegen lange anhaltenden Husten.

150 Gramm Gummiarabikum, ebensoviel Kartoffelmehl, 8 Gramm Veilchenwurzel, alles fein pulverisiert und gut untereinander gemischt. Dies teilt man in kleine Pulver, ein jedes von 12 Gramm, und trinkt jeden Morgen eins davon, in wenig Milch klargerührt und in einer Tasse Milch aufgekocht nud mit Zucker versüßt.

620. Schwedische Tropfen.

40 Gramm Aloe, 4 Gramm Majoran, 4 Gramm Zitwersamen, 4 Gramm Enzian, 4 Gramm Safran, 4 Gramm Rhabarber, 4 Gramm weißen Agaricus oder Lärchenschwamm, 8 Gramm venetianischen Theriak, alles dies bester Qualität und pulverisiert in der Apotheke zu haben. Dieses Pulver wird in eine große Flasche getan 1¼ Liter bester Franzbranntwein darauf gegossen, an einen kühlen, nicht von der Sonne beschienenen Ort gestellt und 9 Tage lang jeden Tag dreimal gut umgeschüttelt. Dann gieße man langsam den Trank klar ab in eine andre Flasche, auf den Satz aber noch einmal 1 Liter Franzbranntwein, und schüttele abermals 9 Tage lang dreimal täglich die Flasche um. Dann vermischt man diesen zweiten Aufguß, ebenfalls ganz klar abgegossen, mit dem ersten, und die Tropfen sind fertig. Man gebraucht sie bei Anfällen von Kolik, Magenbeschwerden, Kopfschmerzen, die aus dem Unterleib stammen und ähnlichen Erscheinungen. Bei schwachem Magen nehme man täglich 1 Teelöffel davon in Rotwein, vor der Suppe.

621. Franzbranntwein mit Salz.

Man trockne ½ Pfund Salz, schütte es in eine Flasche und gieße echten Franzbranntwein darauf. Alles

Salz löst sich nicht auf, bei gutem Franzbranntwein bleibt ein großer Satz, der genügend sich auflöst, um heilsam zu wirken. Bei leichten Verwundungen wendet man dies Mittel mit bestem Erfolg an.

622. Feiner Käse.

4 Pfund weißen, sacht ausgepreßten Käse tut man in einen Topf und läßt ihn 8 Tage stehen; dann gießt man die Molke, die sich noch gebildet hat, rein ab, tut den Käse, den man etwas verrührt, in eine Kasserolle, gibt ½ Pfund zerlassene frische Butter, nach Geschmack Salz und Kümmel hinzu und läßt diese Masse bei stetem Umrühren ungefähr 1 Stunde kochen, bis sie ganz dick ist. Dann gießt man ein halbes Weinglas guten Kognak dazu und läßt den Käse noch einmal damit durchkochen. In beliebige Formen gegossen muß er erkalten.

623. Apfelsalbe.

Man muß 1 Liter Borsdorfer Aepfel bis zum Mai aufheben, dann schält und viertelt man sie und nimmt das Kernhaus heraus; so läßt man sie 4 Tage in einem Porzellantopf, mit Rosenwasser übergossen, verdeckt stehen; dann setzt man sie in verzinnter Kasserolle mit dem Rosenwasser auf gelindes Feuer, tut 1 Pfund frische, ungesalzene Grasbutter und ½ Pfund große Rosinen dazu, und läßt dies alles, von dem Augenblick an, wo es zu kochen anfängt, eine gute halbe Stunde kochen. Dann gießt man es durch ein Tuch in ein Porzellan= gefäß, läßt es erkalten und schöpft dann oben die Salbe ab, die man fest in Kruken drückt, zubindet und an einem kühlen Ort aufbewahrt. Sehr heilsam bei Wunden, die nicht zuheilen wollen. Die Salbe heilt nicht zu schnell, sondern wo es nötig ist, befördert sie die Eiterung. Man streicht sie auf Leinwand und legt sie so auf die Wunde, die sie angenehm kühlt.

624. Apfelpomade.

1 Mandel Borsdorfer Aepfel geschält, geviertelt, das Kernhaus ausgeschnitten, in einen Porzellantopf getan, folgendes Pulver dazwischen gestreut: 16 Gramm Benzoe, 8 Gramm Zimt, 8 Gramm Nelken, 8 Gramm Muskatnuß, alles feingestoßen. Hierauf gieße man für 20 Pfennig Rosenwasser, so daß es übersteht, binde den Topf fest zu und lasse ihn so 8 Tage stehen. Am sechsten Tage lege man 1 Pfund frische Schweineflume in kaltes Wasser, erneue das Wasser einigemal, schneide das Fett am zweiten Tage in Würfel und brate es gelinde, dann Rosenwasser, Aepfel usw., dies eine Stunde zusammen gekocht; dann durch einen Musselinlappen gegossen, läßt man es abkühlen, schöpft das Fett rein ab und vermischt es mit weißem Wachs für 10 Pfennig, das man dazu schmelzen muß, und rührt tüchtig zusammen.

625. Seifenrezept.

18 Liter Flußwasser werden mit 4 Pfund Seifenstein aufgesetzt, ist dieser ganz verkocht, tut man 12 Pfund Talg dazu, läßt dies langsam 2 Stunden kochen und rührt öfters um, gießt auch in der letzten halben Stunde noch nach und nach 6 Liter Wasser dazu, und ganz zuletzt 2 Hände Salz. Ist die Seife damit durchgekocht, so probiert man, ob sie gut ist. Man wäscht ein Stückchen Zeug damit, und schäumt sie, so ist die Seife fertig; fühlt sie sich aber noch fettig an, so muß noch Wasser dazugegossen und etwas länger gekocht werden. Dann füllt man sie in ein Gefäß, wo sie lange stehen muß, bis sie ganz kalt ist; dann erst wird sie ausgeschnitten und zum Trocknen gelegt.

626. Schwarze Seife.

Nachdem man weiße Seife gekocht hat, verwendet man die übrig gebliebene Lauge zu dieser Seife. Dann nimmt man 8 Pfund Fett (Hammelfett), setzt das mit 13 Liter von der Seifenlauge auf, ist sie sehr braun, gießt man noch etwas weiches Wasser dazu, das kocht man 3 gute Stunden und gießt inzwischen 13 Liter starke Lauge, die von 3 Pfund Seifenstein bereitet ist, nach und nach dazu. Der Seifenstein wird mit dem weichen Wasser kochend aufgelöst; dann tut man 1 Pfund Pottasche dazu und kocht es noch ¼ Stunde damit. Nun nimmt man den Kessel vom Feuer und gießt 20 Liter schwache Seifenlauge dazu, macht eine starke Rute von Reisern und schlägt die Masse ½ Stunde lang, bis sie ganz schäumig und eben wird; dann tut man die Seife in Fässer zum Kaltwerden und Gebrauch.

627. Seife auf kaltem Wege zu bereiten.

Auf 2 Pfund Talg nimmt man 1 Pfund Natronlauge. Der Talg wird geschmolzen, die Natronlauge hineingegossen und an einem kühlen Ort so lange gerührt, bis die Masse erkaltet ist. Dann gießt man die Seife in eine beliebige Form, sie wird in wenigen Stunden hart, und man tut gut sie auszuschneiden, ehe sie zu fest wird. Die zurückgebliebene Lauge ist so scharf, daß man die Hände davor in acht nehmen muß; sie kann nur mit vielem Wasser verdünnt gebraucht werden.

628. Silberseife.

1 Pfund fein pulverisierte Schlämmkreide, 120 Gramm weiße Seife. Die Seife wird mit weichem Wasser klargekocht, dann die Schlämmkreide dazugetan und es so lange auf heißer Stelle gerührt, bis es ein steifer Brei ist. Nun formt man in der Hand beliebige Kugeln davon und trocknet sie auf einem Brett. Jedes angelaufene Silber wird hiermit blank, wenn man es mit einem wollenen Lappen, der in heißes Wasser getaucht und mit Seife bestrichen ist, tüchtig abwäscht. Dann trocknet man es mit einem weichen Tuch tüchtig ab.

629. Wollenes Zeug zu waschen.

Man löst französische Seife in weichem Wasser auf und wäscht die bunten wollenen Stoffe lauwarm darin rein, spült und läßt sie ablaufen, denn man darf sie nicht ausringen; halb getrocknet werden sie dann auf der linken Seite geplättet. Ebenso macht man es mit Seide, die man dann mit aufgelöstem dünnen Gummitragant mittels eines Schwammes bestreichen und gleich plätten kann.

630. Seidenes Zeug zu waschen.

Seidene Stoffe, namentlich schwarze, welche also die Farbe nicht verlieren können, legt man nur 2 Tage und 2 Nächte in reichliches Flußwasser, gießt dieses ein paarmal ab und frisches darauf. Dann nimmt man das Zeug heraus und läßt es ablaufen, denn es darf nicht ausgerungen werden, und plättet es halbtrocken auf der linken Seite. Sollten Fettflecke darin sein, so muß man das Zeug glatt auf ein Brett legen und mit einem wollenen Lappen, den man mit französischer Seife einreibt, so lange abreiben, bis es rein ist; dieses geschieht, ehe man es ins Wasser legt, niemals aber wie andre Zeuge in den Händen reiben, denn es behält jedes Fältchen, welches dadurch entsteht; das Plätten bringt diese Knittern nicht wieder heraus, deshalb darf man es auch nicht ausringen.

631. Rezept zum Stubenbohnern.

½ Pfund gelbes Wachs, 125 Gramm Orleans, 125 Gramm Pottasche, 50 Gramm Terpentinöl, 50 Gramm Kurkuma, ½ Pfund Soda. 3½ Liter weiches Wasser werden zusammen ½ Stunde gekocht, nachdem vorher das Wachs geschmolzen. Kochend mit einem starken Pinsel längs der Dielen gestrichen und recht gleichmäßig verrieben; nach einigen Stunden kann es gebürstet werden.

Inhaltsverzeichnis.

A

	Nr.	Seite
Aal	112	53
— Aspik von	301	114
— Roulade von	113	53
— zu räuchern	132	59
— mit Weißbier	302	115
— und Hecht	114	54
Ananas in Büchsen	471	180
— mit Schlagsahne	404	154
Ananasbowle	578	223
Ananaseis	401	153
Aniskuchen	510	197
Aepfel, Borsdorfer, in Gelee	377	144
in Zucker	419	160
— geschmorte	274	105
Apfelgelee	447	171
Apfelklöße	38	17
Apfelkompott	283	107
Apfelmus	273	104
Apfelpomade	624	244
Apfelsaft	455	174
Apfelsalbe	623	243
Apfelschnitte	322	123
Apfelspeise, einfach	320	122
Apfeltee	618	241
Apfeltorte von Blätterteig	505	195
Apfelsinen, eingemachte	433	166
Apfelsinencremetorte	522	201
Apfelsineneis	398	152
Apfelsinenspeise, kalte	390	149
Aprikosen in Büchsen	470	80
Aprikosenkompott	279	106
Aprikosenmarmelade	438	168
Aprikosensauce	245	93
Artischocken	160	68
Aspik	73	34
— von Lachs oder Aal	301	114
Auerhahn	256	98
Aufläufer	516	199
— oder Windbeutel	541	206
— zur Suppe	540	206
Austernsauce z. Fisch oder Pute	211	84

B

	Nr.	Seite
Backpflaumenkompott	282	107
Baisers	534	204
Bandtorte	482	184
Barse mit Petersilie	115	54
— ausgebackene	133	59
— nackte	116	54
Baumkuchen	481	183
Bavaroise	363	139
Béchamelle-Kartoffeln	140	61
Béchamelle-Sauce	214	85
— auf andere Art	215	85
Beefsteak	59	26
Belle-Alliance	278	106
Beurreblanc in Essig	423	162
— mit Ingwer	424	162
Biersuppe mit Brot	16	9
Birnen in Büchsen	475	181
— in Zucker	418	160
— geschmorte	275	105

	Nr.	Seite
Birnen und Klöße	191	78
Bischof	579	223
Biskuit	525	202
— mit Schokoladenguß	528	202
— von Zwieback	529	203
— (Zitronen-)	526	202
— (Mandel-)	527	202
Blancmanger	350	134
— auf andere Art	351	134
— von Grieß	352	135
Blätterteig	503	193
Blaubeeren	441	169
Blaubeerenkompott	284	108
Blechkuchen wie Sandtorte	494	189
Blei mit Bier	110	51
Blumenkohl	169	72
Blutwurst, süße	609	237
Bohnen, kleine grüne in Essig	427	163
— (Brech-)	146	63
— — in Büchsen	465	178
— saure	147	63
— (Schneide-)	145	63
— — in Büchsen	464	178
— weiße, m. Aepfeln	149	64
— mit Milch	148	64
Bohnenpüree	183	76
Bohnensalat	293	111
Bombeneis	393	151
Bouillon von Rindfleisch	1	3
— auf schnelle Art	2	4
Bouletten	52	23
Brathechte	106	50
Bratwurst	605	234
Braunschweiger Kuchen	554	212
Braunschweiger Wurst	611	237
Brechbohnen	146	63
— in Büchsen	465	178
Brezel, große	555	213
— (Butter-)	556	213
Brombeermarmelade	456	175

	Nr.	Seite
Brotpudding Nr. 1	307	117
— Nr. 2	308	117
Brottorte	524	201
Brühreis	185	76
Buchweizengrütze (gestürzt)	349	134
Burgunder Sauce zu Schinken	207	83
Butterbrezel	556	213
Buttersauce, dicke	226	89
Buttersuppen, über die	21	11
Butterteig	503	193

C

	Nr.	Seite
Champagnerbier	592	227
Champignons in Büchsen	466	178
— Gemüse von	158	67
— panierte	159	68
Charlotte v. Aepfeln	317	121
— — mit Mürbteig	321	123
Charlotte v. Aepfeln mit Schwarzbrot	318	122
Chaudeau (Getränk)	587	226
Chaudeau-Sauce	241	92
Creme mit Kirschen	372	142
— von Schokolade	361	138
Crème légère en fantôme	378	145
Currysuppe	9	7

D

	Nr.	Seite
Dampfnudeln	334	128
Diplomatenspeise	365	139

E

	Nr.	Seite
Eier mit Speck	198	81
— gebackene, à la Béchamelle	200	81
— verlorene	197	80
— (Mostrich-)	193	79
— (Sardellen-)	199	81
— (Setz- od. Spiegel-)	196	80

	Nr.	Seite
Eierkuchen	325	124
— auf andere Art	326	125
— gebrühter	328	125
— (Semmel-)	329	126
Eiermilch	28	13
Eierpunsch	582	224
Eierschnee z. schlagen	327	125
Einmachen in Blechbüchsen	460	176
Einpökeln, über das	596	229
Eis, siehe die speziellen Namen.		
Eis, Gefrieren desselben	391	150
Eisbein in Gelee	613	239
Endiviensalat	299	113
Ente, wilde	258	98
Enten mit Maronen	65	29
Entenbraten	251	96
Erbsen, grüne (Schoten)	144	62
— — in Büchsen	462	177
Erbsen, Püree von gelben	179	75
— — mit Sauerkohl	180	75
Erbssauce zu Hamburger Rauchfleisch	204	82
Erbssuppe	11	8
Erdbeeren mit Schlagsahne	387	148
— eingemachte	434	166
— — in Büchsen	467	179
Erdbeerenreis	395	152
— mit Sahne	396	152
Erdbeerensaft	450	173
Estragonessig	413	158

F

	Nr.	Seite
Fasanen	255	97
Fastenspeise von Nudeln	335	128
Fische in Salz und Wasser zu kochen	103	48
Fischfrikassee	62	27
Fischklöße	37	16
Fischpastetchen, Pariser	70	31
Fischsalat	285	108
Flammeri von Sago in Rotwein	354	135
Fleischgelee	73	34
Fleischklöße	36	15
Fleischmus, englisches	53	23
Fleischpudding	45	20
Fleischwurst, feine	599	231
— — (sehr gut)	601	232
— (gewöhnliche)	602	233
Forellen	121	56
— mariniert	129	58
Franzbranntwein mit Salz	621	242
Fricandeaus von Kalbfleisch	46	21
Frikassee (Fisch-)	62	27
— (Hühner-)	67	30
— (Kalbfleisch-)	44	20
— (Tauben-)	67	30
Fürst Pückler	356	136

G

	Nr.	Seite
Gänsebraten	250	95
Gänseflume	616	240
Gänseleberpastete	81	39
Gänseleberwurst	615	240
Gänsesülze	80	38
Gekröse	85	41
Gelatine, Auflösen der	348	133
Gelée à la Hortense	446	171
Gelee von Quitten	448	172
Gewürzkuchen	567	218
Glaskirschen, eingemachte	432	165
Glühwein	586	226
Gratin von Hecht	50	22
Grießklöße	33	15
Grießspeise mit gefüllten Aepfeln	313	119
Grünkohl	176	74
Grütze, rote	355	136

	Nr.	Seite
Grützwurst, gewöhnliche	610	237
Gulasch	83	40
Gurken, siehe die spezellen Namen.		
— farcierte	170	72
— geschmorte	175	73
— geschn. frische mit Oel	412	158
Gurkensalat	295	112

H

	Nr.	Seite
Hafersuppe	22	11
Hagebutten	429	164
Hamburger Rauchfleisch	56	24
	597	230
Hammelfleisch, französisches	84	41
— Roulade von	58	25
— Steak von	60	25
Hammelkeule mit Milch	268	102
— auf andere Art	269	102
Hammelkoteletten	89	43
— mit feinen Kräutern	61	26
— auf dem Rost	90	43
Hammelrücken	266	101
— wild gemachter	267	101
Haschee	82	40
Hase, Polnischer	272	103
Hasenbraten	261	99
Hecht mit Petersilie	104	49
— gespickter	108	50
— Gratin von	50	22
— (Brat-)	106	50
— (Krumm-)	107	50
— (Schüssel-)	105	49
— und Aal	114	54
Heringe, frische, gebratene	126	57
— gesalzene, gebratene	125	57
— marinierte	130	58
— — auf andere Art	131	58
Heringskartoffeln	143	62
Heringsalat	286	108
Herzkirschen, gelbe, in Büchsen	469	179
Himbeereis	397	162
Himbeeressig	454	174
Himbeergelee	444	170
Himbeermarmelade	437	168
Himbeersaft	451	173
Himbeersauce	244	93
Hirschziemer	260	99
Hühnerbraten	248	95
Hühnerfrikassee	67	30
Hühnersuppe	4	5
Hummer	135	60
Hustenmittel	619	242

J

	Nr.	Seite
Jauersche Würstchen	600	232
Johannisbeeren in Büchsen	468	179
—ganze, eingemachte	436	167
Johannisbeerengelee	445	171
Johannisbeerensaft	452	174
Italienischer Salat	287	109

K

	Nr.	Seite
Kabinettspudding	310	118
Kaffeecreme	379	145
Kalbfleischsuppe	3	4
Kalbsbraten	263	100
— aufschwitzen	96	46
Kalbsbrust, geschmorte	86	41
Kalbshirn (kalt)	77	36
Kalbskeule, angeschlagene	95	45
Kalbskopf	76	36
Kalbskoteletten	88	42
Kalbsleber, gespickte	64	29
— Pain von	78	37
Kalbsmilch, gespickte mit Trüffeln	63	28
Kalbsziemer	264	100

	Nr.	Seite
Kalbszunge	55	14
Kaltschale von Bier	27	13
— von Wein mit Reis	26	12
Kapernsauce, braune	223	88
Karauschen mit Petersilie	104	49
Karpfen mit Bier	110	51
— blau	111	52
Kartoffeln, gebackene	139	61
— gebratene	142	62
— geriebene (Kartoffelmus)	138	61
— mit Specksauce	141	62
— (Béchamelle-)	140	61
— (Herings-)	143	62
— (Petersilien-)	136	60
— auf andere Art	137	60
Kartoffelklöße	39	17
— auf andere Art	40	17
Kartoffelsalat	288	109
— auf andere Art	289	109
— —	290	109
Kartoffelspeise	314	120
— auf andere Art	315	120
— —	316	121
Kartoffelsuppe	10	7
Käse, feiner	622	243
Kastaniencreme	386	148
Kaulbarse	127	57
Kirschflammeri	353	135
Kirschfleisch	431	165
Kirschkuchen von Hefeteig	557	214
Kirschsaft	453	174
Kirschsauce	243	93
Kirschen, gelbe (Herz-), in Büchsen	469	179
— geschmorte	277	105
— (Glas-), eingemachte	432	165
— saure, in Essig	421	160
— süße, in Essig	422	160
Klops	41	18
— mit weißer Sauce	42	19
Klöße zu frischen Birnen oder Backobst	34	15

	Nr.	Seite
Klöße ausgebackene, von Reißmehl od. Weizengrieß	336	128
Kohl, farcierter	167	71
Kohlrabi	156	67
— auf Spargelart	157	67
Königskuchen	498	191
— auf andere Art	513	198
Königstorte	499	191
Kopfsalat	292	111
— mit Sahne	292a	111
— mit Speck	294	111
Koteletten von Fischfarce	94	45
— (Hammel-)	89	43
— in Büchsen	480	183
— mit fein. Kräutern	61	26
— auf dem Rost	90	43
— von jungen Hühnern	92	44
— (Kalbs-)	88	42
— (Schweine-)	91	43
— von Zander	93	44
Krammetsvögel	252	96
— in Büchsen	476	181
Kräuteressig, feiner	414	158
Kräutersauce	216	86
Krebse	134	59
Krebsbutter	47	21
Krebsgericht	49	22
Krebsnasen, gefüllte	48	21
Kroketts	75	35
Kuchen, siehe die speziellen Namen.		
Kümmelstangen	562	216
Kürbis in Essig	426	153

L

	Nr.	Seite
Lachs	122	56
— zu räuchern	123	56
— Aspik von	301	114
— Sautée von	99	47
Leberfarce in Gelee	72	33
Leberwurst, kalte	606	235
— süße	607	236
Limonadencreme	389	149

	Nr.	Seite
Linsen	181	75
— auf andere Art	182	75
Linsenpüree	183	76
Linsensuppe	12	8
Lungwurst	604	234

M

	Nr.	Seite
Makkaroni	188	77
— mit Hecht	190	78
— mit Parmesan	189	77
Madeirasauce	231	90
Magdalenenkuchen	501	192
Makronen	489	188
Makroneneis	405	155
Makronenspeise mit Äpfeln	319	122
— kalte	385	147
Makronentorte	484	185
Mandelbiskuit	527	202
Mandelkalatschen	487	187
Mandelmilch	589	226
Mandelnudelmehlspeise	345	132
Mandelspäne	488	187
Mandeltorte	486	187
— gestiefelte	485	186
Maräne	120	55
— kleine	128	58
Maraschinoeis	394	152
Maronenpüree	171	72
Marzipan	483	185
Mayonnaise	219	87
— auf andere Art	220	87
Mayonnaisensauce	221	87
Meerrettichsauce	205	83
— mit süßer Sahne	206	83
— zu Karpfen	225	88
Mehlspeise von Makkaroni	346	132
— von Nudeln	344	131
— von Reisgrieß	312	119
— warme	339	130
— warme auf andere Art	340	130
— — mit Kirschen	332	127
Mehlsuppe	23	11

	Nr.	Seite
Melonen in Essig	425	163
Milchgelee	371	142
Milchreis	186	77
Milchsuppe mit Klieben	19	10
— mit Klößen	18	10
Morcheln in Büchsen	463	178
Morchelgemüse	154	66
Morchelsauce	210	84
Mörserkuchen	566	218
Mostricheier	193	79
Mostrichsauce	227	89
Mürbteig	519	200
Mussauce zu gebratener Gänsesülze	239	92

N

	Nr.	Seite
Napfkuchen Nr. 1	549	211
— Nr. 2	550	211
— abgeriebener	552	212
— gerieb. Nr. 1	563	217
— — Nr. 2	564	217
— gewöhnlicher	551	211
Natalienspeise	367	140
Nesselrode	402	154
Nudeln, Fastenspeise von	335	128
Nußeis	403	154
Nußmus	380	146
Nußspeise	381	146

O

	Nr.	Seite
Obstkuchen	518	200
Obstsuppen, über die	24	12
Omelette aux fines herbes	331	126
— soufflée	330	126
— zum Verzieren feiner Gemüse	324	124

P

	Nr.	Seite
Pain von Kalbsleber	78	37
Panequins en rocher	343	131
— mit Rum	342	131

	Nr.	Seite
Papierkästchen	98	47
Pastetchen (Pariser Fisch-)	70	31
Pastete von Rebhühnern	71	32
Perlzwiebeln	415	159
Petersilienkartoffeln	136	60
—	137	60
Pfannkuchen Nr. 1	546	208
— Nr. 2	547	209
— Schweizer	507	196
Pfeffergurken	408	156
Pfefferkuchen	570	220
— auf andere Art	577	222
— Französischer	568	219
— — locker	569	219
— (Thorner)	576	221
Pfeffernüsse	571	220
— (Stralsunder)	572	220
— weiße	573	221
Pfirsiche in Büchsen	473	181
— Kompott von	280	107
Pflaumen in Essig	420	160
— blaue, in Büchsen	474	181
— geschmorte	276	105
— Mus von geschälten	443	170
Pflaumenmus	442	169
Pflaumensuppe	25	12
Plinsen (siehe auch Panequins)	323	124
Plumcake, englischer	500	191
Plumpudding	303	115
— (englisch)	304	116
Polnischer Hase	272	103
Pomeranzen (eingemachte)	430	164
Portugieserkuchen	497	190
Prager Kuchen Nr. 1	490	188
— Nr. 2	531	203
Preißelbeeren	439	168
— mit Birnen	440	168
Preßkopf	612	238
Pudding(Brot-),Nr.1	307	117
— — Nr. 2	308	117
— (Kabinetts-)	310	118

	Nr.	Seite
Pudding(Schwemm-)	305	116
— mit Rosinen	306	117
— (Semmel-)	309	118
Punsch Nr. 1	580	223
— Nr. 2	581	224
— à la Romaine	583	224
— gefrorener, Nr. 1	584	225
— — Nr. 2	585	225
Punschsauce	242	93
Pute mit Austernsauce	68	30
— farcierte	69	30
Putenbraten	247	94

Q

Quitten	458	175
— Gelee von	448	172
Quittenbrot	459	175

R

Ragout fin en coquilles	43	19
Ramequins	97	46
Rauchfleisch, Hamburger	56	24
— —	597	230
Rebhühner	254	97
— in Büchsen	479	182
— Pastete von	71	32
Rehbraten (Ziemer)	259	98
Reineclauden in Büchsen	472	180
— eingemachte	435	167
Reis mit Äpfeln	187	77
— mit Huhn	184	76
— (Brüh-)	185	76
— (Milch-)	186	77
Reisschnitte	337	129
Reistorte	520	200
Reiswurst	608	236
(siehe auch unter „Ris")		
Remoladensauce	218	86
Rezept zum Stubenbohnern	631	246

	Nr.	Seite
Rindermürbbraten	271	103
Rinderschmorstück	51	22
Rindertalg mit Milch ausgebraten	595	229
Rinderwurst	603	233
Rinderzunge mit brauner Sauce	54	24
Rindfleisch, Roulade von frischem	58	25
— Roulade von gepökeltem	598	231
Rippenspeer	87	42
Ris à la Malta	359	137
— à la Princesse	358	137
— à la Saxe	357	136
(siehe auch unter „Reis")		
Roastbeef	270	103
Röhrchen, Ischeler	565	216
Römische Speise	383	146
Rosenkohl	166	70
Rosinensauce	224	88
Rotkohl	162	69
Roulade von Aal	113	53
— von Rindfleisch (frisch)	58	25
— — (gepökelt)	598	231
Rüben, rote	410	157
— Teltower	177	74
— — mit Hecht	178	74
Rührei	194	79
— mit Parmesankäse	195	80
Rumspeise	360	137

S

	Nr.	Seite
Sächsischer Kuchen	523	201
Sahnetüten	496	190
Sahnewaffeln, saure	537	205
Salat mit Sahne	292a	111
— gemischter	297	112
— Italienischer	287	109
— à la Nostiz	298	112
Salzgurken	406	155
Sandtorte	492	188
— marmorierte	493	189

	Nr.	Seite
Sandtortenplätzchen	495	189
Sardellen, ausgebackene	101	48
— —	102	48
Sardellenbutter	202	82
Sardelleneier	199	81
Sardellenessenz	417	159
Sardellensauce	222	87
Sardellenschnitte	201	81
Saucen siehe die speziellen Namen		
Sauce, braune zu Rindfleisch oder Ragout	203	82
— holländische, zu Hühnern	212	85
— — mit Milch	213	85
— — geschlagene	237	91
— kalte, zu Gänse- oder Schweinesülze	217	86
— zu kalten Fischen	234	91
— zu Karpfen	240	92
— von gebackenen Kirschen	246	93
— zu wildem Schweinskopf	238	92
— à l'Espagnole	229	89
— à la maître d'hôtel	228	89
— à la Robert	235	91
— à la Soubise	236	91
— à la Suisse	233	90
Sauerkohl	161	68
Sautée von Lachs in Papierkästen	99	47
— von Zander	100	47
Schildkrötensuppe	6	5
Schinken in Burgunder	66	29
Schlagsahne	347	133
— mit Ananas	404	154
— — Erdbeeren	387	148
— — Mandeln	364	139
— — Pumpernickel	374	143
Schlei	117	55
— mit Dill und Milch	118	55

	Nr.	Seite
Schmalz, Ausbraten des	594	228
Schneebälle	333	127
— auf andere Art	515	199
Schneidebohnen	145	63
— mit Milch	148	64
— in Büchsen	464	178
Schnepfen	253	97
— in Büchsen	477	182
Schnitte, englische	517	199
Schnitzel, Wiener	57	25
Schokolade	588	226
— Creme von	361	138
— Soufflée von	338	129
Schokoladencreme, leichte	373	143
Schokoladenkuchen Nr. 1	532	204
— Nr. 2	533	204
Schokoladenspeise	341	130
Schokoladensuppe	17	10
Schoten	144	62
— in Büchsen	462	177
Schürzkuchen Nr. 1	543	207
— Nr. 2	544	208
Schüsselhecht	105	49
Schwarzsauer	192	79
Schwarzwurzeln	172	73
Schweinekoteletten	91	44
Schweinerücken	265	101
Schweinesülze	614	239
Schweinskopf, wilder	74	34
Schwemmklöße	32	14
Schwemmpudding	305	116
— mit Rosinen	306	117
Schwitzmehl	30	14
Seidenes Zeug zu waschen	630	246
Seife auf kaltem Wege zu bereiten	627	245
— schwarze	626	244
— Silber-	628	245
Seifenrezept	625	244
Sellerie	173	73
— farcierter	174	73
Selleriesalat	291	109

	Nr.	Seite
Semmeleierkuchen	329	126
Semmelgelee	382	146
Semmelklöße	35	15
Semmelpudding	309	118
Semmelschnitten zu eingel. Schnepfen	478	182
Senfgurken	407	156
Setzeier	196	80
Silberseife	628	245
Soja	416	159
Soufflé von Schokolade	338	129
Spargel	150	64
— gebrochener	151	65
— mit Mohrrüben	152	65
— — und Krebsen	153	65
— in Büchsen	461	176
Spargelsalat	296	112
Speckgelee	388	149
Specksalat	294	111
Specksauce	209	84
Speise, Römische	383	146
— kalte, von Äpfeln	362	138
— — mit Arrak	384	147
Spickgänse	593	227
— ohne Knochen	617	241
Spiegeleier	196	80
Spinat	155	66
Spritzkuchen	545	208
Stachelbeeren	457	175
— Kompott von	281	107
Steak von Hammelfleisch	60	26
Stinte, gebratene	124	57
— in polnischer Sauce	119	55
Stollen	548	210
Streuselkuchen	553	212
Stubenbohnern, Rezept zum	631	246
Sultanspeise	366	140
Sülze	79	37
Suppen, siehe die speziellen Namen.		
Suppe à la jardinière	8	7

	Nr.	Seite
Suppe à la reine	7	6
— mit Sauerampfer	14	9

T

	Nr.	Seite
Taubenbraten	249	95
Taubenfrikassee	67	30
Taubensuppe	5	5
Tausendjahrkuchen	514	198
Teltower Rübchen	177	74
— — mit Hecht	178	74
Tee, Polnischer	590	227
Teebrot, Schwedisches	558	214
Teekuchen, Dessauer	509	196
— mürbe	511	197
Tomatensauce	232	90
Torte von Blätterteig	504	194
— Wiener	502	192
Torten, kleine, von Blätterteig	506	195
Trappe	257	98
Tropfen, Schwedische	620	242
Trüffelsauce	230	90
Tuttifrutti (Eis)	400	153
— (Russischer Topf)	449	172

V

	Nr.	Seite
Vanillencreme	368	141
Vanilleneis	392	151

W

	Nr.	Seite
Waffeln Nr. 1	535	204
— Nr. 2	536	205
— kalte oder Eisen-	538	205
— saure Sahnen	537	205
Walnüsse	428	163
Warmbier	591	227
Weincreme	370	142
Weingelee	375	143
— auf andere Art	376	144
Weinsuppe	20	10
— mit Sago	15	9
Weißbiersuppe	29	14
Weißkohl	163	69
— mit Milch	168	71
Weißkohlpudding	165	70
Weißsauer	80	38

	Nr.	Seite
Weizen, Türkischer	411	157
Wiener Schnitzel	57	25
Wiener Torte	502	192
Wildente	258	98
Wildfilet	262	100
Wildsuppe	13	8
Windbeutel	541	206
—	542	207
Wirsing- oder Savoyerkohl	164	70
Wollenes Zeug zu waschen	629	246
Wurst, s. auch: Blut-, Leber, Lung- usw.		
— Braunschweiger	611	237
Würstchen, Jauersche	600	232
Wurzelsalat	300	113

Z

	Nr.	Seite
Zander mit Parmesankäse	109	51
— Sauté von	100	47
Zimtröllchen	512	198
—	539	206
Zitronenbiskuit	526	202
Zitronencremetorte	521	201
Zitroneneis	399	153
Zitronenmehlspeise	311	119
Zitronenspeise, kalte	369	141
Zucker, brauner	31	14
Zuckergurken	409	157
Zuckerkuchen, Französischer	530	203
Zuckernüsse	574	221
— auf andere Art	575	221
Zuckerschnitte von Blätterteig	508	196
Zungenessen von Kalbszungen	55	24
Zwieback Nr. 1	559	215
— Nr. 2	560	215
— runde oder lange	561	216
— von Biskuit	529	203
— Danziger	491	188
Zwiebelsauce zu Hühnern	208	83